HISTOIRE DU ROMANTISME

THÉOPHILE GAUTIER

© 2024, Théophile Gautier (domaine public)
Édition : BoD · Books on Demand, 31 avenue Saint-Rémy, 57600 Forbach, bod@bod.fr
Impression : Libri Plureos GmbH, Friedensallee 273, 22763 Hamburg (Allemagne)
ISBN : 978-2-3225-2623-9
Dépôt légal : Décembre 2024

TABLE DES MATIÈRES

Avertissement

1. Première rencontre
2. Le petit cénacle
3. Suite du petit cénacle
4. Le compagnon miraculeux
5. Graziano
6. Célestin Nanteuil
7. Autres médaillons — Philothée O'neddy
8. Gérard de Nerval
9. Le carton vert
10. La légende du gilet rouge
11. Première représentation d'Hernani
12. Hernani

NOTICES ROMANTIQUES

1. La reprise d'Hernani
2. Vente du mobilier de Victor Hugo en 1852
3. Gérard De Nerval
4. Reprise de Chatterton
5. Alfred De Vigny
6. La Reprise D'antony
7. Félicien Mallefille
8. Nestor Roqueplan
9. J. Bouchardy
10. Alexandre Soumet
11. Camille Roqueplan
12. Eugène Delacroix

13. Eugène Devéria
14. Camille Flers
15. Louis Boulanger
16. Théodore Rousseau
17. Froment Meurice
18. Barye
19. Hippolyte Monpou
20. Hector Berlioz
21. Madame Dorval
22. Frédérick Lemaître
23. Bocage
24. Mademoiselle Georges

Les progrès de la poésie française depuis 1830

AVERTISSEMENT

On trouvera dans le présent livre cette phrase : « *L'homme fait des projets, sans compter sur la mort, et nul n'est sûr d'achever la ligne commencée.* »

Théophile Gautier avait dans ses derniers jours formé bien des projets qu'il n'a pas eu le temps de réaliser, et, dans toute la plénitude de sa puissance intellectuelle, la plume lui glissa des doigts. Malgré toute son énergie, il lui fut impossible d'achever « *la ligne commencée.* »

Le hasard, ou, pour dire plus juste, un concours particulier de circonstances, qui ne saurait en rien intéresser le lecteur, a voulu qu'il nous fût permis de recueillir la tradition la plus précise de ses projets. Pendant bien des années les plans de reconstruction de son œuvre furent l'objet de causeries de chaque jour entre Théophile Gautier et nous. Déjà à une époque où nous ne pensions pas que jamais il nous serait donné d'achever cette difficile tâche, nous avions dans une faible proportion collaboré à de premiers essais ; l'exécution en fut interrompue par les événements qui agitèrent ces dernières années. Le travail préparatoire n'en fut pas moins continué, et nous espérions bien avoir le bonheur d'aider notre illustre ami dans l'accomplissement de son travail. La Mort en a décidé autrement, et nous voici aujourd'hui chargé de la lourde responsabilité d'entreprendre sans lui ce que nous eussions été si joyeux et si fier d'achever sous ses ordres.

La série des volumes que nous allons publier se composera d'œuvres qui seront nouvelles pour la presque totalité du public.

On ne saurait dire qu'elles sont inédites dans le sens absolu du terme, puisque les éléments qui les composent ont déjà paru dans les journaux et dans les revues ; mais, sauf des exceptions extrêmement rares, tous les ouvrages réputés inédits qui sont publiés de nos jours se trouvent dans le même cas.

Dans un feuilleton (15 juillet 1854) Théophile Gautier disait :

« La librairie ne produit guère que des réimpressions. Il semble que chacun, en attendant l'ère nouvelle qui va s'ouvrir, recueille ses titres et ramasse son bagage dispersé dans les journaux et les revues. Peu de livres sont inédits. La plupart des ouvrages ont paru au moins par fragments, mais c'est avec plaisir qu'on retrouve réunis et reliés pour la bibliothèque ces mémoires, ces études, ces romans, ces nouvelles, éparpillés au vent de la publicité. Beaucoup ont jeté ainsi leurs meilleures pages qu'ils ont oubliées et dont la postérité se souviendra. »

Pour Théophile Gautier, plus que pour tout autre, il est aisé de réunir ces pages que la postérité réclame dès maintenant.

En effet, le plus fréquemment il ne procédait point sans un but déterminé, et maint feuilleton qui paraissait au public une production absolument distincte, était la suite d'autres feuilletons publiés à des époques différentes. Bien souvent il avait projeté d'écrire tel ou tel ouvrage d'ensemble ; mais les nécessités du journal ou les exigences de la vie l'avaient forcé à retarder l'exécution de son œuvre. Néanmoins rien ne pouvait le contraindre à abandonner son idée première, et, comme nous venons de le dire, il la reprenait avec des intermittences qui n'altéraient jamais en rien la clarté et la netteté de sa conception.

Après quarante années de ce travail (entrecoupé mais non interrompu), il s'est trouvé que Gautier a, petit à petit, réalisé la plupart de ses rêves, sans que le public s'en doutât, sans que le poète, trop insoucieux de sa gloire, s'en rendit bien clairement compte lui-même.

Grâce au concours d'un bibliophile, d'un lettré qui, dans son excessive modestie, nous a interdit de prononcer son nom, mais qui ne saurait pousser l'exigence jusqu'à nous refuser le plaisir de lui exprimer ici nos remerciements, il nous a été possible de posséder la liste de tout ce que *Théophile Gautier a écrit depuis 1830 jusqu'à 1872.*

Quand nous eûmes connaissance de ce précieux document, nos conversations avec Gautier prirent un caractère plus net ; il nous indiqua d'une façon plus exacte l'usage qu'il voulait faire de chaque sorte de choses ; les conceptions d'autrefois se réveillèrent dans son esprit, et il nous les communiqua.

Le plan général de notre travail a donc été entièrement discuté avec lui et sera exécuté selon sa volonté. Si nous avons aussi longtemps tardé à produire notre œuvre, c'est qu'il nous a fallu parcourir une quantité très considérable d'articles et d'études disséminés un peu partout. Ayant noté tous ces articles et toutes ces études, nous les avons groupés suivant les instructions que nous avions reçues ; c'est à nous seul qu'est resté, faute d'enseignements précis, le soin de classifications de détails. Nous nous y appliquerons de notre mieux ; nous chercherons les plus rationnelles suivant l'essence des sujets traités, tout en respectant avec toute la rigueur que les circonstances permettront, l'ordre chronologique, afin de créer en même temps que des livres intéressants et amusants par eux-mêmes, une sorte d'historique des progrès et des transformations du génie de l'auteur.

Serons-nous obligé de donner en tête de chaque volume l'explication de notre plan et de justifier, ouvrage par ouvrage, pour ainsi dire, de l'emploi de nos précieux matériaux ? Nous en avons grand-peur, et déjà pour l'*Histoire du Romantisme* que nous donnons aujourd'hui au public, nous y sommes forcé.

La première partie du volume, l'histoire du Romantisme proprement dite, étant restée inachevée alors que l'auteur espérait la mener à bonne fin, il nous fallut chercher quels étaient les éléments qui pouvaient sinon la terminer, du moins la compléter le mieux possible. Ils se présentèrent à nous plus facilement que nous ne l'aurions cru d'abord, et voici comment :

Toutes les fois que « tombait un des vaillants soldats de l'armée romantique, » toutes les fois qu'un des lutteurs de cette grande époque — « qui restera comme une des époques climatériques du génie humain, » — tombait, son compagnon d'armes lui donnait publiquement une parole d'adieu, résumant devant notre génération quelques particularités de sa vie et notifiant les plus importants de ses travaux ; quelquefois aussi, il arrivait qu'à propos d'une exposition ou d'une représentation les ressouvenirs d'autrefois tombant de la plume du critique, l'histoire de l'époque, la peinture des personnages romantiques apparaissaient à travers un simple compte rendu.

De tous les éléments recueillis en vertu de notre système et de notre parti-pris, nous avons formé un tout que nous avons groupé sous le titre de *Notices romantiques*. Nous avons partagé les notices en cinq groupes : — *Littérateurs,* — *Peintres,* — *Sculpteurs,* — *Musiciens,* — *Comédiens,* — et classé chaque groupe par ordre chronologique.

Ainsi donc jusqu'ici l'ouvrage est formé de deux parties bien distinctes qui se complètent l'une l'autre. Une troisième partie va venir, et celle-ci, abandonnant l'histoire générale du Romantisme, montrera son développement, ses conséquences et pour ainsi dire sa conclusion, mais en restreignant son examen à la poésie française.

Pourquoi ne pas le dire ? Cette troisième partie n'est pas composée d'autre chose que d'une étude sur la Poésie qui fut faite pour le ministère de l'instruction publique et jointe à la collection des rapports sur l'Exposition universelle de 1867. Cette étude part de 1830 et va jusqu'à 1868, quoique, pour les nécessités du moment, les rapports officiels imprimés par les soins du ministre aient porté sur leurs titres qu'elle partait de 1848 seulement.

Tel est donc dans son ensemble le travail que nous avons accompli. Il se divise en trois sections bien définies :

1° Les origines du Romantisme ;

2° Des notices sur la vie des principaux romantiques ;

3° Les conséquences du mouvement romantique et son influence sur la poésie française jusqu'à nos jours.

Nous épargnerons au public l'esthétique et la critique des menus détails d'exécution.

Après avoir pris l'avis de membres de la famille et de plusieurs des plus intimes amis de l'auteur, voilà tout ce que dans notre âme et conscience nous avons cru pouvoir faire de meilleur. Si notre maître et notre ami était encore là pour nous juger, certes dans son inépuisable bienveillance, dans sa bonté inépuisable, il nous donnerait l'absolution de nos fautes, — car nous en avons commis, nous n'en doutons pas. — Le souvenir de dix ans d'une amitié et d'une intimité de chaque jour nous a donné le courage d'entreprendre notre œuvre, et il nous conservera celui de la mener à bonne fin.

M. D.

Janvier 1874.

PREMIÈRE RENCONTRE

HISTOIRE

De ceux qui, répondant au cor d'Hernani, s'engagèrent à sa suite dans l'âpre montagne du Romantisme et en défendirent si vaillamment les défilés contre les attaques des classiques, il ne survit qu'un petit nombre de vétérans disparaissant chaque jour comme les médaillés de Sainte-Hélène. Nous avons eu l'honneur d'être enrôlé dans ces jeunes bandes qui combattaient pour l'idéal, la poésie et la liberté de l'art, avec un enthousiasme, une bravoure et un dévouement qu'on ne connaît plus aujourd'hui. Le chef rayonnant reste toujours debout sur sa gloire comme une statue sur une colonne d'airain, mais le souvenir des soldats obscurs va bientôt se perdre, et c'est un devoir pour ceux qui ont fait partie de la grande armée littéraire d'en raconter les exploits oubliés.

Les générations actuelles doivent se figurer difficilement l'effervescence des esprits à cette époque ; il s'opérait un mouvement pareil à celui de la Renaissance. Une sève de vie nouvelle circulait impétueusement. Tout germait, tout bourgeonnait, tout éclatait à la fois. Des parfums vertigineux se dégageaient des fleurs ; l'air grisait, on était fou de lyrisme et d'art. Il semblait qu'on vînt de retrouver le grand secret perdu, et cela était vrai, on avait retrouvé la poésie.

On ne saurait imaginer à quel degré d'insignifiance et de pâleur en était arrivée la littérature. La peinture ne valait guère mieux. Les derniers élèves de David étalaient leur coloris fade sur les vieux poncifs gréco-romains. Les classiques trouvaient cela parfaitement beau ; mais devant ces chefs-d'œuvre, leur admiration ne pouvait s'empêcher de mettre la main devant la bouche pour masquer un bâillement, — ce qui ne les rendait pas plus indulgents pour les artistes de la jeune école, qu'ils appelaient des sauvages tatoués et qu'ils accusaient de peindre avec « Un balai ivre. » On ne laissait pas tomber leurs insultes à terre ; on leur renvoyait *momies* pour *sauvages*, et de part et d'autre on se méprisait parfaitement.

En ce temps-là, notre vocation littéraire n'était pas encore décidée, et l'on nous aurait bien étonné si l'on nous eût dit que nous serions journaliste. La perspective d'un tel avenir nous eût assurément peu séduit. Notre intention était d'être peintre, et dans cette idée nous étions entré à l'atelier de Rioult, situé près du temple protestant de la rue Saint-Antoine, et que sa proximité du collège Charlemagne, où nous finissions nos études, nous rendait préférable à toute autre par la facilité qu'elle nous donnait de combiner les séances et les classes. Bien des fois nous avons regretté de ne pas avoir suivi notre première impulsion.

On voit ce qu'on a fait, et la réalité toujours sévère vous donne votre mesure, mais on peut rêver ce qu'on aurait fait bien plus beau, bien plus grand, bien plus magnifique ; — la page a été noircie, la toile est restée blanche, et rien n'empêche d'y supposer, comme le Frenhœffer du *Chef-d'œuvre inconnu* de Balzac, une Vénus près de laquelle les femmes nues du Titien ne seraient que d'informes barbouillages. Innocente illusion, secret subterfuge de l'amour propre qui ne fait de mal à personne et qui console toujours un peu : il est doux de se dire, quand on a jeté le pinceau pour la plume : Quel grand peintre j'aurais été ! Pourvu que nos lecteurs ne soient pas de notre avis et ne trouvent pas aussi que nous eussions mieux fait de persister dans notre première voie !

On lisait beaucoup alors dans les ateliers. Les rapins aimaient les lettres, et leur éducation spéciale les mettant en rapport familier avec la nature, les rendait plus propres à sentir les images et les couleurs de la poésie nouvelle. Ils ne répugnaient nullement aux détails précis et pittoresques si désagréables aux classiques. Habitués à leur libre langage entremêlé de termes techniques, le mot propre n'avait pour eux rien de choquant. Nous parlons des jeunes rapins, car il y avait aussi les élèves bien sages, fidèles au dictionnaire de Chompré et au tendon d'Achille, estimés du professeur et cités par lui pour exemple. Mais ils ne jouissaient d'aucune popularité, et l'on regardait avec pitié leur sobre palette où ne brillait ni vert véronèse, ni jaune indien, ni laque de Smyrne, ni aucune des couleurs séditieuses proscrites par l'Institut.

Chateaubriand peut être considéré comme l'aïeul ou, si vous l'aimez mieux, comme le Sachem du Romantisme en France. Dans le *Génie du Christianisme* il restaura la cathédrale gothique ; dans les *Natchez* il rouvrit la grande nature fermée ; dans *René*, il inventa la mélancolie et la passion moderne. Par malheur, à cet esprit si poétique manquaient précisément les deux ailes de la poésie — le vers ; — ces ailes, Victor Hugo les avait, et d'une envergure immense, allant d'un bout à l'autre du ciel lyrique. Il montait, il planait, il décrivait des cercle, il se jouait avec une liberté et une puissance qui rappelaient le vol de l'aigle.

Quel temps merveilleux ! Walter Scott était alors dans toute sa fleur de succès ; on s'initiait aux mystères du *Faust* de Gœthe, qui contient tout, selon l'expression de madame de Staël, et même quelque chose d'un peu plus que tout. On découvrait Shakespeare sous la traduction un peu raccommodée de Letourneur, et les poèmes de lord Byron, *le Corsaire, Lara, le Giaour, Manfred, Beppo, Don Juan*, nous arrivaient de l'Orient, qui n'était pas banal encore. Comme tout cela était jeune, nouveau, étrangement coloré, d'enivrante et forte saveur ! La tête nous en tournait ; il semblait qu'on entrait dans des mondes inconnus. À chaque page on rencontrait des sujets de compositions qu'on se hâtait de crayonner ou d'esquisser furtivement, car de tels motifs n'eussent pas été du goût du maître et auraient pu, découverts, nous valoir un bon coup d'appui-main sur la tête.

C'était dans ces dispositions d'esprit que nous dessinions notre académie, tout en récitant à notre voisin de chevalet le *Pas d'armes du roi Jean* ou la *Chasse du Burgrave*. Sans être encore affilié à la bande romantique, nous lui appartenions par le cœur ! La préface de *Cromwell* rayonnait à nos yeux comme les Tables de la Loi sur le Sinaï, et ses arguments nous semblaient sans réplique. Les injures des petits journaux classiques contre le jeune maître, que nous regardions dès lors et avec raison comme le plus grand poète de France, nous mettaient en des colères féroces. Aussi brûlions-nous d'aller combattre l'hydre du *perruquinisme* comme les peintres allemands qu'on voit montés sur Pégase, Cornélius en tête, à l'instar des quatre fils Aymon dans la fresque de Kaulbach à la Pinacothèque nouvelle de Munich. Seulement une monture moins classique nous eût convenu davantage, l'hippogriffe de l'Arioste, par exemple.

Hernani se répétait, et au tumulte qui se faisait déjà autour de la pièce, on pouvait prévoir que l'affaire serait chaude. Assister à cette bataille, combattre obscurément dans un coin pour la bonne cause était notre vœu le plus cher, notre ambition la plus haute ; mais la salle appartenait, disait-on, à l'auteur, au moins pour les premières représentations, et l'idée de lui demander un billet, nous rapin inconnu, nous semblait d'une audace inexécutable...

Heureusement Gérard de Nerval, avec qui nous avions eu au collège Charlemagne une de ces amitiés d'enfance que la mort seule dénoue, vint nous faire une de ces rapides visites inattendues dont il avait l'habitude et où, comme une hirondelle familière entrant par la fenêtre ouverte, il voltigeait autour de la chambre en poussant de petits cris et ressortait bientôt, car cette nature légère, ailée, que des souffles semblaient soulever comme Euphorion, le fils d'Hélène et de Faust, souffrait visiblement à rester en place, elle mieux pour causer avec lui c'était de l'accompagner dans la rue. Gérard, à cette époque, était déjà un assez grand personnage. La célébrité l'était venue chercher sur les bancs du collège, à dix-sept ans, il avait eu un volume de vers imprimé, et en lisant la traduction de *Faust* par ce jeune homme presque enfant encore, l'olympien de Weimar avait daigné dire qu'il ne s'était jamais si bien compris. Il connaissait Victor Hugo, était reçu dans la maison, et jouissait bien justement de toute la confiance du maître, car jamais nature ne fut plus délicate, plus dévouée et plus loyale.

Gérard était chargé de recruter des jeunes gens pour cette soirée qui menaçait d'être si orageuse et soulevait d'avance tant d'animosités. N'était-il pas tout simple d'opposer la jeunesse à la décrépitude, les crinières aux crânes chauves, l'enthousiasme à la routine, l'avenir au passé ?

Il avait dans ses poches, plus encombrées de livres, de bouquins, de brochures, de carnets à prendre des notes, car il écrivait en marchant, que celles du Colline de la *Vie de Bohème*, une liasse de petits carrés de papier rouge timbrés d'une griffe mystérieuse inscrivant au coin du billet le mot espagnol : *hierro*, voulant dire fer. — Cette devise, d'une hauteur castillane bien appropriée au caractère d'Hernani, et qui eût pu figurer sur son blason signifiait aussi qu'il fallait être, dans la lutte, franc, brave et fidèle comme l'épée.

Nous ne croyons pas avoir éprouvé de joie plus vive en notre vie que lorsque Gérard, détachant du paquet six carrés de papier rouge, nous les tendit d'un air solennel, en nous recommandant de n'amener que des hommes sûrs. Nous répondions sur notre tête de ce petit groupe, de cette escouade dont le commandement nous était confié.

Parmi nos compagnons d'atelier, il y avait deux romantiques féroces qui auraient mangé de l'académicien ; parmi nos condisciples de Charlemagne, deux jeunes poètes qui cultivaient secrètement la rime riche, le mot propre et la métaphore exacte, ayant grand-peur d'être déshérités par leurs parents, pour ces méfaits. Nous les enrôlâmes en exigeant d'eux le serment de ne faire aucun quartier aux Philistins. Un cousin à nous compléta la petite bande qui se comporta vaillamment, nous n'avons pas besoin de le dire.

Mais nous ne voulons pas raconter maintenant cette grande bataille sur laquelle s'est déjà formée une légende. Elle aura son chapitre à part ; il nous semble qu'en tête de cette histoire du Romantisme que nous avons commencée un peu au hasard, ramené vers nos souvenirs toujours vivants par la reprise de *Ruy Blas* [1], la radieuse figure de celui à qui, tout jeune, nous avons dit, comme Dante à Virgile : « Tu es mon maître et mon auteur, » doive se trouver comme frontispice avec ses traits et son aspect d'autrefois.

Nos états de services d'*Hernani* — trente campagnes, trente représentations vivement disputées, qui donnaient presque le droit d'être présenté au grand chef. Rien n'était plus simple : Gérard de Nerval ou Petrus Borel, dont nous avions fait récemment la connaissance, n'avaient qu'à nous mener chez lui. Mais à cette idée nous nous sentions pris de timidités invincibles. Nous redoutions l'accomplissement de ce désir si longtemps caressé. Lorsqu'un incident quelconque faisait manquer les rendez-vous arrangés avec Gérard ou Petrus, ou tous les deux, pour la représentation, nous éprouvions un sentiment de bien-être, notre poitrine était soulagée d'un grand poids, nous respirions librement.

Victor Hugo, que le nombre de visiteurs amené par les représentations d'*Hernani* avait fait renvoyer de la paisible retraite qu'il habitait au fond d'un jardin plein d'arbres, rue Notre-Dame-des-Champs, était venu se loger dans une rue projetée du quartier François 1er, la rue Jean-Goujon, composée alors d'une maison unique, celle du poète ; autour, s'étendaient les Champs-Élysées presque déserts et dont la solitude était favorable à la promenade et à la rêverie.

Deux fois nous montâmes l'escalier lentement, lentement, comme si nos bottes eussent eu des semelles de plomb. L'haleine nous manquait ; nous entendions notre cœur battre dans notre gorge et des moiteurs glacées nous baignaient les tempes. Arrivés devant la porte, au moment de tirer le cordon de la sonnette, pris d'une terreur folle, nous tournâmes les talons et nous descendîmes les degrés quatre à quatre poursuivi par nos acolytes qui riaient aux éclats.

Une troisième tentative fut plus heureuse ; nous avions demandé à nos compagnons quelques minutes pour nous remettre, et nous nous étions assis sur une des marches de l'escalier, car nos jambes flageolaient sous nous et refusaient de nous porter, mais voici que la porte s'ouvrit et qu'au milieu d'un flot de lumière, tel que Phébus et Apollon franchissant les portes de l'Aurore, apparut sur l'obscur palier, qui ? Victor Hugo, lui-même dans sa gloire.

Comme Esther devant Assuérus, nous faillîmes nous évanouir. Hugo ne put, comme le satrape vers la belle Juive, étendre vers nous pour nous rassurer, son long sceptre d'or, par la raison qu'il n'avait pas de sceptre d'or, ce qui nous étonna. Il sourit, mais ne parut pas surpris, ayant l'habitude de rencontrer journellement sur son passage de petits poètes en pâmoison, des rapins rouges comme des coqs ou pâles comme des morts, et même des hommes faits, interdits et balbutiants. Il nous releva de la manière la plus gracieuse et la plus courtoise, car il fut toujours d'une exquise politesse, et renonçant à sa promenade, il rentra avec nous dans son cabinet.

Henri Heine raconte que s'étant proposé de voir le grand Gœthe, il avait longtemps préparé dans sa tête les superbes discours qu'il lui tiendrait, mais qu'arrivé devant lui, il n'avait trouvé rien à lui dire sinon « que les pruniers sur la route d'Iéna à Weimar portent des prunes excellentes contre la soif » ; ce qui avait fait sourire doucement le Jupiter-Mansuetus de la poésie allemande, plus flatté peut-être de cette ânerie éperdue que d'un éloge ingénieusement et froidement tourné. Notre éloquence ne dépassa pas le mutisme, quoique, nous aussi, nous eussions rêvé pendant de longues soirées aux apostrophes lyriques par lesquelles nous aborderions Hugo pour la première fois.

Un peu remis, nous pûmes bientôt prendre part à la conversation engagée entre Hugo, Gérard et Pétrus. On peut regarder les dieux, les rois, les jolies femmes, les grands poètes un peu plus fixement que les autres personnages, sans qu'ils s'en fâchent, et nous examinions Hugo avec une intensité admirative dont il ne paraissait pas gêné. Il y reconnaissait l'œil du peintre prenant des notes pour écrire à jamais, un aspect, une physionomie, à un moment qu'on ne veut pas oublier.

Dans l'armée Romantique comme dans l'armée d'Italie, tout le monde était jeune.

Les soldats pour la plupart n'avaient pas atteint leur majorité, et le plus vieux de la bande était le général en chef, âgé de vingt-huit ans. C'était l'âge de Bonaparte et de Victor Hugo à cette date.

Nous avons dit quelque part : « Il est rare qu'un poète, qu'un artiste, soit connu sous son premier et charmant aspect ; la réputation ne lui vient que plus tard lorsque déjà les fatigues de la vie, la lutte et les tortures des passions ont altéré sa physionomie primitive. Il ne laisse de lui qu'un masque usé, flétri, où chaque douleur a mis pour stigmate une meurtrissure ou une ride. C'est de cette dernière image, qui a sa beauté aussi, dont on se souvient. » Nous avons eu le bonheur de les connaître à leur plus frais moment de jeunesse, de beauté et d'épanouissement, tous ces poètes de la pléiade moderne dont on ne connaît plus le premier aspect.

Ce qui frappait d'abord dans Victor Hugo, c'était le front vraiment monumental qui couronnait comme un fronton de marbre blanc son visage d'une placidité sérieuse. Il n'atteignait pas, sans doute, les proportions que lui donnèrent plus tard, pour accentuer chez le poète le relief du génie, David d'Angers et d'autres artistes ; mais il était vraiment d'une beauté et d'une ampleur surhumaines ; les plus vastes pensées pouvaient s'y écrire ; les couronnes d'or et de laurier s'y poser comme sur un front de dieu ou de césar. Le signe de la puissance y était. Des cheveux châtain clair l'encadraient et retombaient un peu longs. Du reste, ni barbe, ni moustaches, ni favoris, ni royale, une face soigneusement rasée d'une pâleur particulière, trouée et illuminée de deux yeux fauves pareils à des prunelles d'aigle, et une bouche à lèvres sinueuses, à coins surbaissés, d'un dessin ferme et volontaire qui, en s'entr'ouvrant pour sourire, découvrait des dents d'une blancheur étincelante. Pour costume, une redingote noire, un pantalon gris, un petit col de chemise rabattu, — la tenue la plus exacte et la plus correcte. — On n'aurait vraiment pas soupçonné dans ce parfait gentleman le chef de ces bandes échevelées et barbues, terreur des bourgeois à menton glabre. Tel Victor Hugo nous apparut à cette première rencontre, et l'image est restée ineffaçable dans notre souvenir. Nous gardons précieusement ce portrait beau, jeune, souriant, qui rayonnait de génie et répandait comme une phosphorescence de gloire.

---

[1] A l'Odéon, le 19 février 1872.

LE PETIT CÉNACLE

Après avoir été cérémonieusement présenté au chef de l'école, qui vous a reçu avec son affabilité et sa grâce ordinaires, vous plairait-il d'être introduit dans un groupe de disciples, tous animés de l'enthousiasme le plus fervent ? Seulement, si vous admirez Racine plus que Shakespeare et Calderon, c'est une opinion que vous ferez bien de garder pour vous : la tolérance n'est pas la vertu des néophytes.

Dans une petite chambre qui n'avait pas de sièges pour tous ses hôtes, se réunissaient des jeunes gens véritablement jeunes et différents en cela des jeunes d'aujourd'hui, tous plus ou moins quinquagénaires. Le hamac où le maître du logis faisait la sieste, l'étroite couchette dans laquelle l'aurore le surprenait souvent à la dernière page d'un volume de vers, suppléaient à l'insuffisance des commodités de la conversation. On n'en parlait que mieux debout, et les gestes de l'orateur ou du déclamateur ne s'en développaient que plus amplement. Par exemple il ne fallait pas trop faire les grands bras, de peur de se heurter le poing à la pente du lambris.

La chambre était pauvre, mais d'une pauvreté fière et non sans quelque ornement. Un passe-partout de sapin verni contenait des croquis d'Eugène et d'Achille Devéria ; auprès du passe-partout, une baguette d'or encadrait une tête de Louis Boulanger d'après Titien ou Giorgione, peinte sur carton, en pleine pâte, d'un ton superbe. Sur un pan de mur, un morceau de cuir de Bohême, à fond d'or, gaufré de couleurs métalliques, avait non pas la prétention de tapisser la chambre, mais d'étaler, pour le plaisir des peintres, un fauve miroitement d'or et de tons chatoyants dans un angle obscur.

Pour garniture la cheminée avait deux cornets en faïence de Rouen remplis de fleurs. Une tête de mort qu'on eût pu croire prise sous la main de quelque Madeleine de l'Espagnolet, tant le rayon y tombait livide, tenait lieu de pendule. Si elle n'indiquait pas l'heure, elle faisait du moins penser à la fuite irréparable du Temps. C'était le vers d'Horace traduit en symbolisme romantique.

Les médaillons des camarades, modelés par Jehan du Seigneur — notez bien cet *h*, il est caractéristique du temps, — et passés à l'huile grasse pour leur ôter la crudité du plâtre et les *culotter*, pardon du mot, les statuaires et les fumeurs l'emploient dans la même acception, étaient suspendus de chaque côté de la glace et dans l'épaisseur de la fenêtre, où ils recevaient un jour frisant très favorable au relief.

Que sont devenus ces médaillons faits par une main glacée elle-même maintenant, d'après des originaux disparus ou dont bien peu du moins survivent ? Ces plâtres se seront sans doute brisés au choc brutal des déménagements à travers les odyssées d'existences aventureuses, car alors nul de nous n'était assez riche pour assurer l'éternité du bronze à cette collection qui serait aujourd'hui si précieuse comme art et comme souvenir.

Mais quand la vaste jeunesse ouvre devant vous ses horizons illimités, on ne se doute pas que le présent prodigué avec tant d'insouciance peut un jour devenir de l'histoire, et l'on perd sur le bord de la route bien des témoignages curieux.

Sur une modeste étagère de merisier suspendue à des cordons, resplendissait, entre quelques volumes de choix, un exemplaire de *Cromwell*, avec une dédicace amicale, signée du monogramme V. H. La Bible chez les protestants, le Coran parmi les Mahométans ne sont pas l'objet d'une plus profonde vénération. C'était bien, en effet, pour nous le livre par excellence, le livre qui contenait la pure doctrine.

La réunion se composait habituellement de Gérard de Nerval, de Jehan du Seigneur, d'Augustus Mac Keat, de Philothée O'Neddy (chacun arrangeait un peu son nom pour lui donner plus de tournure), de Napoléon Tom, de Joseph Bouchardy, de Célestin Nanteuil, un peu plus tard, de Théophile Gautier, de quelques autres encore, et enfin de Petrus Borel lui-même. Ces jeunes gens, unis par la plus tendre amitié, étaient les uns peintres, les autres statuaires, celui-ci graveur, celui-là architecte ou du moins élève en architecture. Quant à nous, comme nous l'avons dit, placé à l'Y du carrefour, nous hésitions entre les deux routes, c'est-à-dire entre la poésie et la peinture, également abominables aux familles.

Cependant, sans avoir franchi le Rubicon, nous commencions à faire plus de vers que de croquis, et peindre avec des mots nous paraissait plus commode que de peindre avec des couleurs. Au moins, la séance finie, il n'y avait pas besoin de faire sa palette et de nettoyer ses pinceaux.

Nous n'étions pas le seul, de la petite bande qui éprouvât ces incertitudes de vocation. Joseph Bouchardy, alors inconnu, apprenait à graver à la manière noire sous l'Anglais Reynolds, auteur de la belle planche d'après le tableau de *la*

Méduse, de Géricault, mais il se sentait violemment entraîné vers le drame. On sait à quel point le succès justifia cette indication impérieuse de l'instinct. J. Bouchardy-*Cœur-de-Salpêtre*, comme l'appelle Petrus dans la préface des *Rhapsodies*, où il jette en passant un mot à chaque camarade, ne se fit pas graveur au pointillé, quoiqu'il en eût appris le métier à fond. Il devint le Shakespeare du boulevard. On pourrait dire que l'on retrouve dans son œuvre écrite les noirs profonds de la gravure anglaise.

Petrus aussi cherchait sa voie. De l'atelier de l'architecte il était passé à l'atelier d'Eugène Devéria, essayant la peinture, mais si l'on peut employer une locution si classique dans une histoire du Romantisme, nous le soupçonnons d'avoir dès ce temps secrètement courtisé la Muse. Gérard était parmi nous le seul lettré dans l'acception où se prenait ce mot au milieu du dix-huitième siècle. Il était plus subjectif qu'objectif, s'occupait plus de l'idée que de l'image, comprenait la nature un peu à la façon de Jean-Jacques Rousseau, dans ses rapports avec l'homme ; n'avait qu'un goût médiocre aux tableaux et aux statues, et malgré son commerce assidu avec l'Allemagne et sa familiarité avec Gœthe, restait beaucoup plus Français qu'aucun de nous ; de race, de tempérament et d'esprit.

Cette immixtion de l'art dans la poésie a été et demeure un des signes caractéristiques de la nouvelle École, et fait comprendre pourquoi ses premiers adeptes se recrutèrent plutôt parmi les artistes que parmi les gens de lettres. Une foule d'objets, d'images, de comparaisons, qu'on croyait irréductibles au verbe, sont entrés dans le langage et y sont restés. La sphère de la littérature s'est élargie et renferme maintenant la sphère de l'art dans son orbe immense.

Telle était la situation de nos esprits ; les arts nous sollicitaient par les formes séduisantes qu'ils nous offraient pour réaliser notre rêve de beauté, mais l'ascendant du maître nous entraînait dans son lumineux sillage, nous faisant oublier qu'il est encore plus difficile d'être un grand poète que d'être un grand peintre.

Goethe l'impossible a connu ces agitations, ces tentatives, ces travaux pour s'assimiler un nouveau moyen d'expression, et dans ses épigrammes de Venise, il écrivait : « J'ai essayé bien des choses, j'ai beaucoup dessiné, gravé sur cuivre, peint à l'huile ; j'ai aussi bien souvent pétri l'argile, mais je n'ai pas eu de persévérance, et je n'ai rien appris, rien accompli. Dans un seul art je suis devenu presque un maître, dans l'art d'écrire en allemand, et c'est ainsi, poète malheureux, que je perds hélas ! sur la plus ingrate matière — la vie et l'art... Que voulut faire de moi la destinée ? il serait téméraire de le demander, car le plus souvent de la plupart des hommes elle ne veut pas faire grand-chose !... Un poète ? elle aurait réussi à en faire un de moi si la langue ne s'était pas montrée absolument rebelle. »

Puissions-nous, après tant d'années de labeurs et de recherches poussées en divers sens, être aussi devenu presque un maître dans un seul art, dans l'art d'écrire en français ! Mais de telles ambitions nous sont interdites.

Il y a dans tout groupe une individualité pivotale, autour de laquelle les autres s'implantent et gravitent comme un système de planètes autour de leur astre.

Petrus Borel était cet astre ; nul de nous n'essaya de se soustraire à cette attraction ; dès qu'on était entré dans le tourbillon, on tournait avec une satisfaction singulière, comme si on eût accompli une loi de nature. On ressentait un peu de l'enivrement du derviche tourneur au milieu de sa fustanelle évasée en cloche par la rapidité de sa valse.

Il était un peu plus âgé que nous, de trois ou quatre ans peut-être, de taille moyenne, bien pris, d'un galbe plein d'élégance, et fait pour porter le manteau couleur de muraille par les rues de Séville ; non qu'il eût un air d'Almaviva ou de

Lindor : il était au contraire d'un gravité toute castillane et paraissait toujours sortir d'un cadre de Velasquez comme s'il y eût habité. S'il mettait son chapeau, il semblait se couvrir devant le roi comme un grand d'Espagne, il avait une courtoisie hautaine qui le séparait des autres, mais sans les blesser, tant il s'arrêtait juste à la limite où elle serait devenue de la froideur ou de l'impertinence.

C'était une de ces figures qu'on n'oublie plus, ne les eût-on aperçues qu'une fois. Ce jeune et sérieux visage, d'une régularité parfaite, olivâtre de peau, doré de légers tons d'ambre comme une peinture de maître qui s'agatise, était illuminé de grands yeux, brillants et tristes, des yeux d'Abencérage pensant à Grenade. La meilleure épithète que nous puissions trouver pour ces yeux-là, c'est : exotique ou nostalgique. La bouche d'un rouge vif luisait comme une fleur sous la moustache et jetait une étincelle de vie dans ce masque d'une immobilité orientale.

Une barbe fine, soyeuse, touffue, parfumée au benjoin, soignée comme une barbe de sultan, encadrait de son ombre noire ce pâle et beau visage. Une barbe ! cela semble bien simple aujourd'hui, mais alors il n'y en avait que deux en France : la barbe d'Eugène Devéria et la barbe de Petrus Borel ! Il fallait pour les porter un courage, un sang-froid et un mépris de la foule vraiment héroïques ! Entendez bien, non pas des favoris en côtelettes ou en nageoires, ni une mouche, ni une royale, mais une barbe pleine, entière, à tous crins ; quelle horreur !

Nous admirions, nous autres imberbes ne possédant qu'une légère moustache aux commissures des lèvres, cette maîtresse toison : nous avouons même que nous, qui n'avons jamais rien envié, nous en avons été jaloux bassement, et que nous avons essayé d'en contre-balancer l'effet par une prolixité mérovingienne de cheveux. Petrus portait les siens très courts, presque en brosse, pour laisser toute l'importance à sa barbe. Nous pouvions donc chercher de ce côté-là quelque chose de nouveau, de singulier et même d'un peu choquant.

La présence de Petrus Borel produisait une impression indéfinissable dont nous finîmes par découvrir la cause. Il n'était pas contemporain ; rien en lui ne rappelait l'homme moderne, et il semblait toujours venir du fond du passé, et on eût dit qu'il avait quitté ses aïeux la veille. Nous n'avons vu cette expression à personne ; le croire Français, né dans ce siècle, eût été difficile. Espagnol, Arabe, Italien du quinzième siècle, à la bonne heure.

Grâce à sa barbe, à sa voix puissante et douce, à son costume pittoresquement arrangé sans trop sortir de la mode ordinaire et maintenu avec goût dans les teintes sombres, Petrus Borel nous en imposait extrêmement et nous lui témoignions un respect qui n'est pas ordinaire entre jeunes gens à peu près du même âge ; il parlait bien, d'une façon étrange et paradoxale avec des mots d'une bizarrerie étudiée et une sorte d'âpreté éloquente ; il n'en était pas encore aux hurlements à la lune du lycanthrope et ne montait pas trop à la gorge du genre humain. Nous le trouvions *très fort*, et nous pensions qu'il serait le grand homme spécial de la bande. Les *Rhapsodies* s'élaboraient lentement et dans une ombre mystérieuse pour éclater en coup de foudre et aveugler ou tout au moins éblouir la bourgeoisie stupéfiée.

En attendant le jour de la publication, Petrus, qui était le plus parfait spécimen de l'idéal romantique et eût pu poser pour le héros de Byron, se promenait suivi de sa troupe, admiré de tous, fier de son génie, de sa beauté, le coin de son manteau jeté sur l'épaule, traînant derrière lui son ombre sur laquelle il n'aurait pas fallu marcher. Que de fois, aux soirées d'Hernani, on regrettait que ce ne fût pas Petrus qui jouât le rôle du bandit aimé de doña Sol, comme il eût bien représenté l'épervier de la montagne, le héros de la sierra se débattant avec la fatalité, et qu'il eût été beau, accoutré de la cape, de la cuirasse de cuir à manches vertes, du pantalon rouge et du sombrero rabattu sur les yeux !

SUITE DU PETIT CÉNACLE

C'était aussi une étrange figure que celle de Joseph Bouchardy. Il ne semblait pas né dans nos pâles climats, mais au bord de l'Indus ou du Gange, tant il était basané et fauve de ton. Quel soleil inconnu avait bruni son teint, concentrant ses rayons sur lui seul et perçant la brume au-dessus de sa tête ? C'est ce que nous ne saurions dire. Il ne lui manquait que d'être vêtu de mousseline blanche, coiffé d'un turban de cachemire enroulé, et de porter un anneau de diamants à la narine, pour avoir l'air tout à fait du maharadjah de Lahore. Il paraissait déguisé avec son habit bleu à boutons dorés, son gilet et son pantalon quadrillés de gris et de noir comme ces princes dépossédés de l'Inde anglaise qu'on voit errer sur le pavé de Londres d'un air mélancolique. Il avait des cheveux d'un noir bleu qui, en se mêlant vers les tempes au ton d'or de la peau, produisait des teintes verdâtres. Ses prunelles, étoiles de jais, brillaient de feux noirs sur une sclérotique jaune, et sa figure s'encadrait d'une légère ombre de barbe fine et soyeuse dont on eût pu compter les poils comme dans les miniatures indiennes. On eût dit bien plutôt un disciple de

Kâlidâsa ou du roi Soudraka, le poète aux oreilles d'éléphant, qu'un élève enthousiaste de Victor Hugo.

Aussi lui faisait-on parfois cette plaisanterie de lui dire, lorsque l'heure de se retirer était venue : « Maharadjah, votre palanquin est avancé et s'ennuie à la porte. »

Il était de petite taille, mince, souple, avec des mouvements de panthère noire de Java, et sa tête un peu petite tournait librement sur un col long négligemment cravaté d'un foulard blanc.

Cet aspect sauvage et féroce était purement pittoresque et n'indiquait nulle barbarie intérieure. Jamais il ne fut de cœur plus chaud, plus dévoué, plus tendre que celui de ce jeune tigre des jungles. Nous aimions tous d'ailleurs, quoique les meilleurs fils du monde, avoir l'air farouche et turbulent, ne fût-ce que pour imprimer une terreur salutaire aux bourgeois.

Comme les camarades du petit cénacle, Bouchardy savait tous les vers d'Hugo, et eût récité *Hernani* par cœur d'un bout à l'autre, tour de force qui alors n'étonnait personne, et que nous réalisions souvent entre nous, chacun prenant un rôle de la pièce, et, par saint Jean d'Avila ! il n'y avait pas besoin de souffleur. Mais il était moins lyrique que le reste de la bande, véritablement enragée de poésie, et qui, satisfaite sous le rapport du style, se souciait assez peu du sujet. La composition dramatique le préoccupait énormément. Il faisait des plans pour des drames imaginaires, traçait des épures de scènes, ajustait des charpentes, faisait des plantations de péripéties, s'enfermait dans des situations dont il jetait la clef par la fenêtre, se donnant pour tâche de sortir de là, ménageait des effets pendant trois actes afin de les faire éclater au moment précis, découpait des portes masquées dans les murs pour l'apparition du personnage attendu et dans les planchers des trappes anglaises pour sa disparition.

Il machinait d'avance, comme un château d'Ann Radcliffe, l'édifice singulier avec donjon, tourelles, souterrains, couloirs secrets, escaliers en spirale ; salles voûtées, cabinets mystérieux, cachettes dans l'épaisseur des murs, oubliettes, caveaux mortuaires, chapelles cryptiques où ses héros et ses héroïnes devaient plus tard se rencontrer, s'aimer, se haïr, se combattre, se tendre des embûches, s'assassiner ou s'épouser.

Nous l'accusions de faire de ses pièces des modèles en bois, et il riait de l'accusation, répondant que ce serait en effet la meilleure méthode.

Bouchardy avait ce tempérament naïf et compliqué qui faisait enchevêtrer aux ouvriers du moyen âge les inextricables *forêts* des cathédrales et enfermer dans le coffre des horloges tout ce monde de rouages, de ressorts, de poids, de contre-poids, de balanciers, faisant mouvoir le soleil, la lune, les étoiles, les anges, les saisons, les apôtres, et même marquant quelquefois l'heure. Dans l'art dramatique, où il montra une puissance incontestable, ces difficultés de structure le charmaient par-dessus tout. Un plan simple lui paraissait par cela même défectueux, et il s'efforçait de bourrer chaque acte d'incidents, de péripéties et de complications. Lorsqu'on joua à la Gaîté *le Sonneur de Saint-Paul*, un des plus grands, des plus longs et des plus fructueux succès du boulevard, nous étions déjà feuilletoniste à la *Presse*, et c'est à nous qu'incombait la besogne difficile de rendre compte du chef-d'œuvre de Bouchardy. Neuf colonnes d'analyse ne nous avaient amené qu'a la moitié du premier acte.

Comme Bouchardy était devenu notre voisin, nous l'allâmes chercher pour nous guider dans ce dédale d'événements ; mais après une ou deux heures de marches et de contre-marches, il nous avoua qu'il ne s'y retrouvait pas, n'ayant pas son plan devant lui. Nous devons le dire, il souriait avec un certain orgueil, le monstre à la peau jaune d'or et aux cheveux indigo, et semblait flatté qu'on pût se perdre dans son œuvre comme dans les catacombes et chercher vainement à travers l'ombre la porte pour sortir. Cela l'eût amusé qu'on y fût mort de faim, mais c'est une satisfaction que nous ne lui donnâmes pas, et nous remontâmes à la lumière en perçant la voûte opaque à l'endroit où nous nous trouvions.

Quelques années plus tard, en Espagne, à Jaën, une ville d'aspect africain et féroce qu'entourent des restes de murailles moresques aux créneaux taillardés en scie et des collines fauves comme des peaux de lion, où l'on ne marche qu'armé jusqu'aux dents, et où l'on ne va chercher une botte de piment sur la place que la navaja à la ceinture et la carabine sur l'épaule, nous vîmes le long d'un mur, entre le parador et la cathédrale, une immense affiche portant ces mots : *El campañero de San Pablo por el illustrissimo señor Don José Bouchardy.*

La gloire de Bouchardy avait franchi non seulement les Pyrénées, mais encore la Sierra-Morena, où Don Quichotte imita la pénitence d'Amadis sur la Roche-Pauvre et où Sancho trouva près de la mule morte la valise de Cardenio, et venait rayonner romantiquement, à Jaën, après une classique représentation de *Mérope*.

À Valladolid, nous avions rencontré *Hernani*, traduit par don Eugenio de Ochoa, et qui se comportait aussi bravement qu'à la rue Richelieu.

L'élève précédait le maître comme un héraut d'armes sur le chemin des Espagnes.

À cette époque, Bouchardy n'eut pas osé rêver de tels succès ; il gravait encore à la manière noire chez Reynolds. Aucun de nous, sauf Gérard de Nerval, n'était connu ; mais nous étions soulevés comme par des souffles et il nous semblait que nous allions être emportés vers un radieux avenir. Nous reprochions seulement au futur auteur de *Gaspardo le pêcheur*, du *Sonneur de Saint-Paul*, de *Christophe le*

Suédois, de *Longue-Épée*, de *Pâris le comédien*, de ne pas écrire en vers, et même de ne pas écrire du tout. Tout entier aux combinaisons de théâtre, il négligeait le style, chose rare dans l'école romantique, si soigneuse de la langue, bien que les classiques lui reprochent de ne pas savoir le français.

De tous les arts celui qui se prête le moins à l'expression de l'idée romantique, c'est assurément la sculpture. Elle semble avoir reçu de l'antiquité sa forme définitive. Développée sous une religion anthropomorphe où la beauté divinisée s'éternisait dans le marbre et montait sur les autels, elle a atteint une perfection qui ne saurait être dépassée. Jamais l'hymne du corps humain n'a été chanté en plus nobles strophes, la force superbe de la forme a resplendi d'un éclat incomparable pendant cette période de la civilisation grecque qui est comme la jeunesse et le printemps du génie humain.

Que peut la statuaire sans les dieux et les héros de la mythologie qui lui fournissent avec des prétextes plausibles le nu et la draperie dont elle a besoin et que le romantisme proscrit ou du moins proscrivait en ce temps de première ferveur ? Tout sculpteur est forcément classique. Il est toujours au fond du cœur de la religion des Olympiens, et ne peut lire sans un profond attendrissement les *Dieux en exil* d'Henri Heine. Nous-même, à cause de nos études plastiques, nous ne pouvions pas nous empêcher de regretter Zeus à la chevelure ambrosienne relégué sur l'île des Sapins dans la mer du Nord, Aphrodite enfermée sous la montagne du Vénusberg, Ampelos, sommelier d'un couvent de moines, et Hermès, commis de banque à Hambourg.

Cependant nous n'étions pas dénués de sculpteurs qui essayaient d'introduire la vérité dans l'idéal et de rapprocher la beauté de la nature. David d'Angers, célébré par Victor Hugo et Sainte-Beuve dans d'admirables pièces de vers, faisait sa Jeune fille au tombeau de Marco Botzaris, le

Philopœmen, ses grands bustes monumentaux, et cette collection de médailles si caractéristiques, qui est comme l'iconographie complète du siècle. Antonin Moine, Préault, Maindron, mademoiselle de Fauveau cherchaient à briser le vieux moule et à donner à l'argile ou à la cire les souplesses de la vie et les frémissements de la passion. Dans notre cénacle, Jehan du Seigneur représentait cet art austère et rebelle à la fantaisie qui, se sentant regardé sous tous ses profils, ne peut rien escamoter ni dissimuler. — La probité du marbre fut toujours obligatoire, et ce n'est pas Jehan, si exact, si consciencieux, qui eût manqué à ce devoir.

Jehan du Seigneur, — laissons à son nom de Jean cet *h* moyen âge qui le rendait si heureux et lui faisait croire qu'il portait le tablier d'Ervein de Steinbach travaillant aux sculptures du munster de Strasbourg — était un jeune homme d'une vingtaine d'années environ, à peine majeur à coup sûr, l'air doux, modeste et timide d'une vierge ; il était de petite taille, mais robuste comme le sont généralement les sculpteurs, habitués à lutter contre la matière. Il avait des cheveux châtain foncé qu'il portait séparés par deux raies sur les tempes et relevés en pointe au-dessus du front comme la flamme qui couronne les génies, ou le toupet caractéristique de Louis-Philippe. Cette coiffure qui semblerait étrange aujourd'hui, dessinait un beau front blanc satiné de lumière, sous lequel brillaient deux prunelles d'un noir velouté, nageant dans le fluide bleu de l'enfance et d'une incomparable douceur. De légères moustaches, une fine royale donnaient de l'accent au masque, dont la mâchoire inférieure un peu proéminente indiquait une volonté tenace ; mais ce qui désolait du Seigneur, c'était l'extrême fraîcheur de son teint véritablement « pétri de lis et de roses, » suivant la vieille formule classique.

Il était de mode alors dans l'école romantique d'être pâle, livide, verdâtre, un peu cadavéreux, s'il était possible. Cela donnait l'air fatal, byronien, giaour, dévoré par les passions et les remords. Les femmes sensibles vous trouvaient intéressant, et, s'apitoyant sur votre fin prochaine, abrégeaient pour vous l'attente du bonheur pour qu'au moins vous fussiez heureux en cette vie. Mais une santé vermeille éclairait cette douce et charmante physionomie qui essayait vainement de s'attrister. N'a pas l'air de lord Ruthven qui veut.

Pour se conformer au programme de son nom, Jehan du Seigneur portait, au lieu de gilet, un pourpoint de velours noir taillé en pointe emboîtant exactement la poitrine et se laçant par derrière. Ce n'était pas plus ridicule, après tout, que les gilets à cœur décolletés jusqu'au ventre et retenus par un seul bouton à la mode naguère. Une jaquette à larges revers de velours, une ample cravate en taffetas à nœud bouffant, complétaient ce costume profondément médité qui ne laissait voir aucune blanche tâche de linge, suprême élégance romantique ! Les gens qui ont cinquante ans aujourd'hui et même quelques années en sus, se souviennent des plaisanteries sur le col de chemise, considéré comme symbole de l'épicier, du bourgeois, du philistin qui, l'oreille guillotinée par ce triangle de toile empesé, semblaient apporter eux-mêmes leur tête comme un bouquet dans du papier.

Il fallait toute la majesté olympienne de Victor Hugo et les tremblements de terreur qu'il inspirait pour qu'on lui passât son petit col rabattu — concession à Joseph Prudhomme — et quand les portes étaient closes, qu'il n'y avait là aucun profane, on regrettait cette faiblesse d'un grand génie qui le rattachait à l'humanité et même — à la bourgeoisie ! Et de profonds soupirs s'exhalaient de nos poitrines d'artistes !

Cependant Jehan du Seigneur, au lieu de faire un Hercule sur l'Œta, modelait un *Roland furieux* s'efforçant de rompre les cordes dont on l'a lié, un groupe d'Esmeralda donnant à boire à Quasimodo, un buste de Victor, comme nous rappelions entre nous avec cette familiarité tendre que les disciples se permettent, et nous adressions, nous apprenti poète, au jeune sculpteur déjà maître, ces vers parmi beaucoup d'autres dont nous dispensons le lecteur :

Alors devant les yeux de ton âme en extase,
    Chatoyante d'or faux, toute folle de gaze.
    Comme aux pages d'Hugo ton cœur la demanda.
    Avec ses longs cheveux que le vent roule et crêpe,
    Jambe fine, pied leste et corsage de guêpe,
    Vrai rêve oriental, passe l'Esmeralda.

Roland le paladin qui, l'écume à la bouche.
    Sous un sourcil froncé, roule un œil fauve et louche.
    Et sur les rocs aigus qu'il a déracinés,
    Nud, enragé d'amour, du feu dans la narine,
    Fait saillir les grands os de sa forte poitrine
        Et tord ses membres enchaînés.

Puis la tête homérique et napoléonienne
    De notre roi Victor ! — que sais-je moi ? la mienne.
    Celle de mon Gérard et de Petrus Borel,
    Et d'autres qu'en jouant tu fais d'un doigt agile
    Palpiter dans la cire et vivre dans l'argile
    — Assez pour, autrefois, rendre un nom immortel !

LE COMPAGNON MIRACULEUX

Jules Vabre doit sa célébrité à l'annonce sur la couverture des *Rhapsodies* de Pétrus Borel, de l'*Essai sur l'incommodité des commodes*, ouvrage qui n'a jamais paru et peut aller rejoindre sur les catalogues fantastiques le *Pauvre Sapeur !* et le traité : *De l'influence des queues de poisson sur les ondulations de la mer*, d'Ernest Reyer.

On n'a pas oublié non plus cette stance de l'odelette à lui adressée par Pétrus, dans les mêmes *Rhapsodies* :

> *De bonne foi, Jules Vabre,*
> *Compagnon miraculeux,*
> *Aux regards méticuleux*
> *Des bourgeois à menton glabre,*
> *Devons-nous sembler follet*
> *Dans ce monde où tout se range !*
> *Devons-nous sembler étrange*
> *Nous faisant ce qui nous plaît ?*

Le fait est que Jules Vabre aurait pu étonner même des hommes barbus, si l'on eût porté de la barbe en ce temps-là. Car c'est une des plus originales figures dont nous ayons gardé souvenir. Il ne portait pas son Romantisme arboré comme un panache et n'affectait pas de ces airs *truculents* si fort à la mode dans l'école. Ses cheveux blonds, déjà un peu éclaircis au sommet du front, ne s'allongeaient pas démesurément, et sa moustache ne tombait pas jusque sur sa poitrine comme celle des anciens guerriers bretons, mais ses yeux gris pétillaient de malice, et dans les coins de sa bouche, autour des ailes de son nez, à l'angle externe de ses yeux, se formaient et s'effaçaient des milliers de petites rides pleines d'ironie. Souvent il riait d'un rire silencieux, pareil à celui de Chingachgook, le Mohican, aux comédies qui se jouaient dans sa cervelle, et, quand il parlait, on croyait voir apparaître une procession de figures fatales, faisant, des grimaces et des culbutes, s'esclaffant de rire, vous tirant la langue en disparaissant subitement comme des ombres chinoises. En causant avec lui, on avait la sensation de feuilleter les *Songes drôlatiques* de Rabelais. C'était absolument fou et profondément vrai, et ces fantoches extravagants vivaient de la Vie la plus intense, tantôt comique, tantôt douloureuse.

Il était romantique, mais Rabelaisien aussi, et dans le mélange prescrit du grotesque et du sérieux il eût volontiers forcé la dose du bouffon ; de l'air le plus glacial et le plus détaché, il faisait les farces les plus énormes et mystifiait les bourgeois avec l'aplomb de Panurge. Il rappelait encore ce Merckle en qui Gœthe voyait le type le plus parfait de Méphistophélès.

Mais que faisait ce Jules Vabre, depuis si longtemps disparu et qui n'a laissé de trace de son passage qu'une ironique annonce de livre et son nom dans une dédicace ? Était-ce un poète, un peintre, un statuaire, un musicien ? Nous ne connaissons de lui ni pièce de vers, ni tableau, ni statue, ni sonate, — il était architecte, — il y en avait beaucoup dans dans l'armée d'*Hernani* aussi ennuyés des cinq ordres que nous pouvions l'être des trois unités. — Aux moments où l'arrivée du Galion des Indes se faisait attendre, Vabre et son ami Petrus dirigeaient des constructions pour le compte d'entrepreneurs et se logeaient dans la première pièce à peu près close, pour épargner d'abord des frais de loyer, et ensuite pour jouer au Robinson Crusoé et au sauvage perdu au milieu de la civilisation.

C'est ainsi que nous les trouvâmes installés sous la voûte d'une cave à demi effondrée dans une maison de la rue Fontaine-au-Roi qu'ils étaient chargés sans doute de réparer. Les charpentes arrachées, les briques, les moellons jetés en tas remplissaient la cour de décombres et en rendaient l'accès assez difficile. En trébuchant contre les pierres et les poutres nous parvînmes au domicile de nos amis guidé par la lueur intermittente qui s'échappait des soupiraux de la caverne — pour eux c'était une véritable caverne dans l'île de Juan-Fernandez et non une cave rue Fontaine-au-Roi, — nous descendîmes quelques marches et nous aperçûmes Petrus pâle et superbe, plus fier qu'un Richomme de Castille, assis près d'un feu de bouts de planche dont Vabre agenouillé, le corps porté en avant sur les mains, les joues gonflées comme l'Éole classique, avivait la flamme avec son souffle, ce qui produisait cette anhélation de lumière qu'on apercevait de dehors.

Le groupe ainsi éclairé en dessous, en projetant de fortes ombres, déformées bizarrement par la courbure de la voûte, eût fourni à Rembrandt, ou même à Norblin si Rembrandt eût été trop occupé en ce moment-là, le sujet d'une eau-forte pleine de mystère et d'effet.

Sous la cendre de ce feu cuisait le souper de deux amis d'une sobriété plus qu'érémitique, — des pommes de terre ! — Mais le dimanche nous y mettons du sel, dit Jules Vabre avec un air de sensualité orgueilleuse, car enfin du sel c'était du luxe comme la tasse de bois de Diogène : les palais naïfs n'ont pas besoin de cet excitant, et l'on peut boire dans le creux de sa main.

L'eau de la pompe arrosait ce *menu* d'une simplicité primitive, et les deux camarades avaient le caractère ainsi fait qu'ils devaient éprouver une certaine joie à réduire leur vie au strict indispensable. Avec si peu de besoins, il est facile de se soustraire aux tyrannies de la civilisation, et ils se sentaient libres dans leur cave comme dans une île déserte. Un volet couché sur deux tréteaux supportait les dessins et les épures de la construction, un cahier de papelitos veuf de presque tous les feuillets, avec sa vignette de contrebandiers et sa légende catalane *Upa, mynions, alere !* une blague à tabac faite de la patte palmée d'un oiseau de mer, et d'où s'échappaient comme des cheveux blonds d'une résille, quelques rares fils de maryland trop peu nombreux hélas ! pour être roulés en une suprême cigarette.

En ce temps-là nous ne fumions pas encore, mais nous savions déjà que nulle privation n'est plus dure que celle du tabac pour ceux qui ont l'habitude de se gargariser de fumée ; aussi avions nous apporté un paquet de maryland, espérant que la fierté de nos amis ne se formaliserait pas d'une si chétive offrande. Ils étaient de ceux-là qui, le ventre creux, répondent toujours, si on les invite, qu'ils sortent de table et ont magnifiquement dîné ; mais ils n'avaient pas fumé depuis la veille, et Petrus, éventrant le paquet, en tira une *chevelure*, la roula sous son pouce couleur d'or bruni dans la petite feuille de *papel de hilo*, l'alluma à la chandelle plantée dans une bouteille vide, et la porta à ses lèvres avec une visible expression de plaisir bien rare sur sa figure stoïque. Ses grands yeux hispano-arabes brillèrent un instant, une légère rougeur se répandit sous le tissu olivâtre de sa peau, des jets de fumée blanche lui sortirent alternativement des lèvres et des narines, et bientôt il disparut à demi dans le vaporeux tourbillon, pareil à Jupiter assembleur de nuages. Il est inutile de dire que pendant ce temps-là Jules Vabre, le *compagnon miraculeux*, se livrait à une opération absolument pareille.

Maintenant, nous demandera peut-être le lecteur par quel filament se rattache à l'histoire du Romantisme ce brave Jules Vabre, charmant garçon d'ailleurs, mais dont les titres littéraires sont un peu minces, puisque, de votre aveu, il n'a pas achevé ni même commencé l'Essai sur l'incommodité des commodes, cet ouvrage d'ébénisterie transcendantale.

Jules Vabre aimait Shakespeare, mais d'un amour excessif, même dans un cénacle romantique. C'était son Dieu, son idole, sa passion, un phénomène auquel il ne pouvait s'accoutumer, et qui le surprenait davantage à chaque rencontre : il y pensait le jour, il en rêvait la nuit, et comme La Fontaine, qui disait aux passants : « Avez-vous lu Baruch ? » Vabre eût volontiers arrêté les gens dans la rue pour leur demander : « Avez-vous lu Shakespeare ? » Cet architecte fut complètement envahi et possédé par ce poète. Ne trouvant pas qu'il savait assez l'anglais, Jules Vabre, sans se laisser effrayer par des perspectives de famine et de misère, quitta Paris pour Londres n'ayant d'autre but que de se perfectionner dans la langue de son auteur, afin qu'aucune finesse du texte ne lui échappât. Selon lui, et il avait peut-être raison, pour s'assimiler complètement un idiome étranger, il fallait d'abord se baigner dans l'atmosphère du pays, renoncer à toute idée, à toute critique, se soumettre aveuglément au milieu, imiter autant que possible les indigènes par le geste, la tenue, la physionomie, se nourrir de leurs mets, s'abreuver de leurs boissons ; on voit d'ici tout le système.

Entre autres paradoxes, il prétendait qu'il faut arroser les langues latines avec du vin et les langues anglo-saxonnes avec de la bière, et il assurait que, pour sa part, il devait au stout et à l'extra-stout des progrès étonnants, cette boisson, si foncièrement anglaise, le faisant entrer dans l'intimité du pays, lui causant des sensations, lui suggérant des idées inconnues aux Français et lui révélant des nuances d'interprétation insaisissables pour tout autre.

Il s'était fait une âme anglaise, un cerveau anglais, un extérieur anglais ; il ne pensait qu'en anglais ; il ne lisait plus les journaux de France, ni aucun livre dans sa langue maternelle. Les lettres d'outre-Manche restaient décachetées sur sa table. Il ne voulait être troublé par rien dans ses préparatifs au voyage sur les terres inconnues de Shakespeare.

C'est dans cet état d'esprit que nous le trouvâmes plusieurs années après, vers 1843 ou 44, dans une taverne de High-Holborn, où il s'était installé par économie et pour dîner en plein centre anglais avec de braves gens bourrés de roastbeef et de bière, parfaitement étrangers aux idées, et tels à peu près que devaient être les spectateurs ordinaires du théâtre « le Globe », devant lequel le jeune William avait gardé les chevaux.

Lui-même avait changé d'aspect. Sous l'acier anglais de Sheffield sa moustache blonde était tombée, et il avait le menton aussi *glabre* qu'aucun des bourgeois méticuleux dont il se moquait si fort jadis. La métamorphose était complète ; nous avions devant les yeux un pur sujet britannique.

En nous voyant, ses prunelles grises brillèrent, et il nous donna un *shakehand* si vigoureux que si notre bras n'eût pas été solidement attaché à notre épaule, il lui fût resté à la main, et il se mit à nous parler avec un accent anglais si fort, que nous comprenions à peine ce qu'il disait. Il avait presque oublié sa langue maternelle.

— Eh bien ! mon cher Jules Vabre, pour traduire Shakespeare, il ne te reste plus maintenant qu'à apprendre le français.

— Je vais m'y mettre, nous répondit-il, plus frappé de l'observation que de la plaisanterie.

Depuis longtemps déjà, le *compagnon miraculeux* rêvait son monument littéraire plus durable que l'airain et voulait donner à l'école romantique un trésor qui lui manquait : une traduction de Shakespeare d'une soumission absolue au texte, fidèle à l'idée comme au mot, reproduisant le tour, l'allure et le mouvement de la phrase, faisant sentir le mélange du vers blanc, du vers rimé et de la prose, ne craignant ni les subtilités euphémistes ni les rudesses barbares, et penchant dans l'intimité du sens anglais à une profondeur où nul ne serait arrivé encore.

Bref, il essayait pauvre, obscur, sans ressources, au prix des plus dures souffrances silencieusement supportées, car il était de ceux à qui il semble naturel de mourir de faim, de mener à bien ce gigantesque travail auquel il se préparait depuis 1830 par de si opiniâtres et si consciencieuses études.

Ce que voulait faire le pauvre Jules Vabre, François-Victor Hugo, le second fils du grand Victor, l'a réalisé dans les tristes loisirs de l'exil sur le même plan romantique ; telle devait être, en effet, une traduction de Shakespeare faite par le fils d'Hugo.

Vabre nous interpréta de vive voix, le livre à la main, des passages d'*Hamlet*, d'*Othello*, du *Roi Lear*, avec une saveur locale, une propriété d'expression et une pénétration de sens qui nous les firent trouver tout nouveaux. Nous lui entendîmes aussi expliquer, dans une prévision de ballet, à Carlotta Grisi, qui dansait alors à Londres et à qui nous l'avions présenté, *la Tempête* et *le Songe d'une nuit d'été* de la façon la plus poétique et la plus ingénieuse. Si les projets de chorégraphie avaient eu des suites, les rôles de Miranda et de Titania n'auraient plus eu de secrets pour leur charmante interprète.

Bien avant Taine, comme on a pu le voir par son paradoxe sur la manière d'apprendre l'anglais, Jules Vabre avait inventé ou deviné la théorie des *milieux* comme il avait déterminé les lois de la vraie traduction shakespearienne avant François Hugo, qui ne le connut même pas de nom et les trouva tout seul de son côté, guidé par la pure doctrine de l'école.

Il y a quelques années, nous vîmes arriver à notre petit ermitage de la rue de Longchamps un monsieur pâle, à cheveux tout blancs, vêtu de noir, ayant une dégaine de clergyman : c'était Jules Vabre ; il n'avait pas encore trouvé l'éditeur pour sa traduction et venait en France fonder un pensionnat international — pardon du mot — il ne sonnait pas aussi mal alors qu'aujourd'hui ; il voulait expliquer *Hernani* aux Anglais et *Macbeth* aux Français. Cela l'ennuyait de voir les Anglais apprendre le français dans *Télémaque* et les Français l'anglais dans le *Vicaire de Wakefield*.

Son entreprise prospéra-t-elle ? Nous l'ignorons, car depuis cette visite qu'il avait promis de renouveler, nous ne le revîmes plus. Cependant nous penchons à croire que le pensionnat ne réussit pas plus que la traduction. Jules Vabre était né sous *une étoile enragée*, comme dit de lui-même le poète Théophile de Viau, et la fatalité taquine déguisée en guignon le poursuivit toujours. Est-il mort ? Est-il vivant ? S'il n'est plus et qu'il ait un tombeau quelque part, on peut écrire sur la pierre, pour toute épitaphe :

IL AIMA SHAKESPEARE

comme on avait mis sur la tombe de Thomas Hood ;

IL FIT LA CHANSON DE LA CHEMISE.

Toute sa vie est là.

GRAZIANO

Bien souvent, en faisant ce long trajet de Neuilly à Paris, philosophiquement grimpé sur l'impériale de l'omnibus où du moins l'on jouit de la liberté du cigare et même du brûle-gueule, sur l'avenue de la Grande-Armée, un peu avant d'arriver au rond-point de l'Arc de l'Étoile, nos yeux se tournent par un mouvement involontaire vers une petite maison basse, n'ayant qu'un rez-de-chaussée à demi enfoui et faisant brèche dans une ligne de hautes et belles façades élevées depuis la construction déjà ancienne de la masure.

Le cabaret — car c'en est un — n'a rien de curieux en lui-même et n'est pas même pittoresque. Il est poissé d'un rouge violent qui participe du sang et du vin, et rappelle le néo-rouge-antique du vieux roi Louis de Bavière. On ne s'explique pas pourquoi cette ignoble et chétive baraque n'a pas disparu depuis longtemps de ce terrain qui a pris une si grande valeur, à moins que ce ne soit par un de ces entêtements d'avarices ignorantes fréquents chez les petits propriétaires.

Et ce n'est jamais sans un certain attendrissement que nos regards s'arrêtent sur cette tache rouge qui éclabousse la ligne de maisons blanches comme la plaque de sang de Regnault les degrés de marbre blanc de l'Alhambra, et des souvenirs de jeunesse nous reviennent en foule et nous font sourire, dans la mélancolie de l'âge mûr, d'un sourire indulgent, car il n'est pas bien sûr que nous soyons aujourd'hui beaucoup plus raisonnable qu'alors.

Si M. Joseph Prudhomme, reconnaissable à son col de chemise triangulaire, à ses lunettes d'or, à ses breloques en graine d'Amérique, auprès de qui nous sommes juché là-haut, pouvait se douter des actions que nous avons *perpétrées* dans cet *immeuble*, il se reculerait avec horreur jusqu'au bout de la banquette et même demanderait au conducteur de lui tirer le cordon pour descendre. Pandore consulterait son brigadier sur ce cas intéressant, et le brigadier répondrait avec sa sagesse habituelle qu'il y a prescription.

C'était en 183., les Champs-Élysées n'avaient pas l'aspect brillant et fastueux qu'ils ont maintenant ; la solitude s'y accouplait à l'ombre, dans de grands espaces vagues ; sous des arbres où n'arrivaient plus les pâles rayons des réverbères, des spectres obscènes ou sinistres se glissaient. Quelques cafés borgnes occupaient le centre des carrés dont les arbres avaient longtemps gardé marquée la dent des chevaux de l'Ukraine. Bien petit était le nombre des maisons groupées près de la chaussée ; le mouvement de la population ne s'était pas encore porté par là.

Les deux rotondes de la barrière de l'Étoile avec leurs colonnes aux assises alternativement rondes et carrées, subsistaient encore et même ne faisaient pas mal au bout de la perspective, le mur d'enceinte n'était pas abattu et l'on ne parlait des fortifications non plus que de la grande muraille de la Chine ; la grande route de Neuilly gagnait Courbevoie accompagnée de plus d'arbres que de maisons à travers des terrains vagues ou de limites de planches situés en contre-bas de la chaussée. Dans ces steppes poussiéreux brillait, comme le coquelicot sur le bord d'un de ces champs de blé de la banlieue ravagé par les flâneurs et les flâneuses du dimanche, le cabaret unique qui s'appelait en ce temps-là le *Petit Moulin Rouge*, qu'on est prié de ne pas confondre avec le *Grand Moulin Rouge* de l'allée des Veuves ; l'installation chère, la compagnie surtout y différaient. On n'y voyait ni lorettes, ni cocottes, ni biches, ni petites dames, ni figurantes de la danse ou du chant, ni même de grisettes. L'armée des mercenaires n'était pas encore entrée en campagne, et d'ailleurs, comme le disait Gérard de Nerval, en ce temps-là il y avait encore des amours. Il fallait entendre avec quel accent de galanterie, surannée à dessein et remontant aux délicatesses du bon vieux temps, il disait ces mots. C'était tout un poème. Chacun avait dans son coin sa Laure ou sa Béatrix pour laquelle il rimait.

L'aménagement du Petit Moulin-Rouge était des plus simples. Une salle blanchie à la chaux, un plancher saupoudré de sablon jaune avec un comptoir d'étain chargé de brocs et de mesures, un dressoir garni de ces faïences vernissées aux couleurs éclatantes représentant des coqs, des bouquets de bluets et des pavots qu'on ne trouve maintenant que dans les dernières auberges de campagne, des tables et des bancs de planches à bateaux formaient l'architecture, l'ameublement et l'outillage. Quant à l'argenterie, elle était en simple fer battu, car le vicomte de Ruolz n'avait pas trouvé le moyen de fixer son argenture sur le maillechort, et le *bahut* n'avait pas encore *bahuté*, comme on dit en termes d'inventeur. Les cristaux ne venaient pas de Baccarat, mais ils étaient de ce verre léger, scintillant, côtelé, où le vin riait dans la fougère, selon le refrain des vieilles chansons à boire.

Derrière la salle commune était pratiquée une salle réservée aux repas de corps, un cabinet de société qu'occupait l'aristocratie des clients, et qui ouvrait sur un jardinet d'une pente assez forte, distribué en berceaux et en tonnelles où l'on servait du vin, de la bière et même de l'eau de Seltz ou de la limonade gazeuse pour les raffinés.

À travers une porte entrebâillée on entrevoyait la cuisine avec quelques casseroles pareilles à des boucliers antiques, et devant le fourneau, un homme de haute stature et de prestance sénatoriale, une veste blanche sur l'épaule, semblait rêver profondément, en proie à une nostalgie ; il avait un de ces nez immenses parfaitement nobles, parfaitement corrects, qui parleur dimension même sont la caricature de la beauté ; à ce maître nez et à l'énorme collier de barbe plus noire que la lave de Torre del Greco qui encadrait ce pâle visage grand comme un masque de théâtre, on ne pouvait méconnaître un enfant de la Grande Grèce, un pur et authentique Napolitain.

Déjà les peintres rôdaient autour de lui, oubliant qu'ils étaient entrés pour boire un cruchon de bière ou deux, et cherchaient leurs albums dans leurs poches pour profiter de ce superbe modèle qu'on serait allé chercher à Pie-di-Grotta, ou sur la Marzilline, que, par une bonne fortune extraordinaire, on rencontrait à Neuilly, dans la banlieue, devant le fourneau d'un cabaret qui ne ressemblait nullement à une osteria napolitaine.

Il se prêtait complaisamment à ces admirations d'artiste en homme habitué à les recevoir. Il prenait avec intelligence le mouvement indiqué et savait tenir la pose, qualité rare ! Il eût fait un excellent modèle ; mais, comme ce cuisinier italien dont parle Balzac dans sa nouvelle de *Gambara*, il était fou de son art, et son amour-propre, risible pour des septentrionaux, était parfaitement justifié ; il nous fit un macaroni au sughillo avec des tomates a se lécher les doigts jusqu'aux coudes, un macaroni sublime et que lui seul était capable de recommencer.

Le premier cénacle avait eu la mère Saguet, le second cénacle eut Graziano, et nous ne fûmes pas médiocrement fiers de notre Napolitain, qui faisait la cuisine à de pauvres ouvriers italiens, heureux de retrouver dans cette banlieue les pâtes et le fromage de leur patrie. Non-seulement nous faisions de la couleur locale dans nos vues et dans nos tableaux, mais nous en mangions. Que pouvait-on exiger de plus, et combien le macaroni de Graziano — un nom qui eût pu figurer parmi les convives de la princesse Négroni, — laissait loin derrière lui les lapins sautés de la mère Saguet !

Il nous initia successivement au stufato, aux tagliarini, aux gnocchi ; une pluie dorée de parmesan semblait descendre du ciel dans les assiettes, comme la pluie d'or de Jupiter dans le sein de Danaé ; ces orgies insensées qui nous faisaient tourner de temps en temps la tête vers le mur avec inquiétude, de peur d'y voir se dessiner des écritures phosphoriques, étaient pompeusement arrosées de petit bleu où les vins de Suresnes et d'Argenteuil rebaptisés figuraient parmi les grands crus. Mais en revanche nous étions couronnés de roses, et l'on eut dit que, comme dans ces dîners de cardinaux à la vigne du Pape, chaque convive avait son cercueil au bureau des cannes.

Ces divertissements accompagnés de lazzi, d'agudezzas, de calembours, de paradoxes, de cris étranges, et d'un dialogue rappelant tour à tour le banquet de Pluton et le bavardage effréné de Béroald de Verville dans le *Moyen de parvenir*, commencèrent bientôt à nous paraître fades, bourgeois, — oui, bourgeois, — manquant d'imprévu et de pittoresque. Au fond, cela n'avait rien de titanique de manger du macaroni au cabaret, et les foudres ne devaient pas s'en émouvoir dans l'arsenal céleste. Il eût fallu, pour donner du ragoût et du montant à la petite fête, quelque chose de risqué, d'audacieux, de révolté, de byronien, de satanique, en un mot.

Nous admirions fort les prouesses du jeune lord et ses bacchanales nocturnes flans l'abbaye de Newstead avec ses jeunes amis recouverts de frocs de moine dont les plis, en s'entr'ouvrant, laissaient parfois deviner des blancheurs et des rondeurs féminines ; ces banquets où circulait, pleine d'une sombre liqueur, une coupe plus blanche que l'ivoire, effleurée par des lèvres de rose avec un léger sentiment d'effroi, nous semblaient la suprême expression du dandysme, par l'absolue indifférence pour ce qui cause l'épouvante du genre humain. Il est vrai qu'il nous manquait Newstead, les cloîtres se prolongeant dans l'ombre, le cygne se jouant dans l'eau diamantée sous un rayon de lune, peut-être bien aussi les jeunes pécheresses blondes, brunes ou même rousses ; mais on pouvait se procurer le crâne ; ce fut Gérard de Nerval qui s'en chargea. Son père, en sa qualité d'ancien chirurgien d'armée, avait une assez belle collection anatomique.

Le crâne avait appartenu à un tambour-major tué à la Moskova, et non à une jeune fille morte de la poitrine, nous dit Gérard, et je l'ai monté en coupe au moyen d'une, poignée de commode en cuivre fixée à l'intérieur de la boîte osseuse par un écrou tourné sur un pas de vis. On remplit la coupe de vin, on la fit passer à la ronde, et chacun en approcha ses lèvres avec une répugnance plus ou moins bien dissimulée.

— Garçon, de l'eau des mers ! s'écria, lorsque la tournée fut finie, un néophyte outrant le zèle.

— Pourquoi faire, mon garçon ? lui dit Jules Vabre.

N'est-il pas dit de Han d'Islande : « Il buvait l'eau des mers dans le crâne des morts » ? Eh bien ! je veux faire comme lui et boire à sa santé ; il n'y a rien de plus romantique et de plus... comique, nous n'avons pas pu nous empêcher d'en rire un peu dans les *Jeunes-France*.

C'est là, dans cette petite maison rouge, digne Joseph Prudhomme, respectable élève de Brard et Saint-Omer, expert assermenté près les tribunaux, que moi, ton paisible voisin d'omnibus, je buvais dans un crâne comme un pur cannibale, par bravade, ennui et dégoût de ta bêtise solennelle.

CÉLESTIN NANTEUIL

Il y a dans les *Jeunes-France* une petite nouvelle de quelques pages faite, si nos souvenirs ne nous trompent, pour accompagner dans un keepsake ou plutôt un landscape, une merveilleuse gravure anglaise représentant la place de Saint-Sebald à Nuremberg. C'était l'usage alors d'aller demander aux littérateurs encore heureux d'être imprimés un bout de vers ou de prose pour servir de texte à ces splendides illustrations des Robinson, des Cousin, des Finden, des Westall, des Robert's et des Prout. Nous avions fait notre morceau comme les autres, cela s'appelait : *Elias Wildmanstadius*, ou l'*Homme moyen-âge*. C'était en quelque sorte le génie gothique de cette ville gothique. Il faisait partie de cette race de retardataires qui manquent leur entrée dans le monde et à qui l'ange chargé du départ des âmes n'ouvre pas assez vite la porte. Elias aurait dû naître en 1460. Il aurait écu, à cette date, parmi ses contemporains, n'aurait paru Singulier à personne et eût trouvé tout le monde charmant. De nos jours le peintre belge Henry Leys n'est-il pas un exemple frappant de ces apparitions tardives ?

Sa place n'est-elle pas marquée parmi le groupe de Lucas de Leyde, de Cranack, de Wolgemuth, de Schoreel et d'Albert Dürer ? Il n'y a chez lui rien de moderne, et croire à une imitation, à un pastiche gothique, ce serait se tromper gravement. Il y a transposition d'époque, dépaysement d'âme, anachronisme ; voilà tout. Ces retours inexpliqués d'anciens motifs causent de piquantes surprises et font une rapide réputation d'originalité aux artistes que leur tempérament y porte. Un homme des générations antérieures reparaît, après un long intervalle, avec des croyances, des préjugés, des goûts disparus depuis plus d'un siècle, qui rappelle une civilisation évanouie.

Elias Wildmanstadius était le symbole de ces résurrections du passé, mais ce n'était nullement un type de fantaisie. Il nous avait été suggéré par un de nos amis du petit cénacle : Célestin Nanteuil, qu'on eût pu appeler « le jeune homme moyen-âge. »

Il avait l'air d'un de ces longs anges thuriféraires ou joueurs de sambuque qui habitent les pignons des cathédrales, et qui serait descendu parla ville au milieu des bourgeois affairés, tout en gardant son nimbe plaqué derrière la tête, en guise de chapeau, mais sans avoir le moindre soupçon qu'il n'est pas naturel de porter son auréole dans la rue. Vers cette époque de 1850, il pouvait compter de 18 à 19 ans. Il était mince, élancé, fluet comme les colonnes fuselées des nefs du quinzième siècle et les boucles de sa chevelure ne figuraient pas mal les acanthes des chapiteaux. Sa taille spiritualiste s'effilait et semblait vouloir monter vers le ciel avec un redoublement d'ardeur, balançant sa tête comme un encensoir. Son teint était blanc et rose, l'azur des fresques du Fiesole avait fourni le bleu de ses prunelles, ses cheveux d'un blond d'auréole semblaient peints un à un avec l'or des miniaturistes du moyen âge.

Le vers de Barbier dans le *Pianto* et qui caractérise si bien Raphaël,

Ovale aux longs cheveux sur un long col monté,

n'était pas fait encore, mais que de fois depuis on l'appliqua à Célestin Nanteuil ! La physionomie de cette tête angélique n'exprimait aucune des préoccupations de l'époque. On eût dit que du haut de son pinacle gothique, Célestin Nanteuil dominait la ville actuelle, planant sur l'océan des toits, regardant tournoyer les fumées bleuâtres, apercevant les places comme des damiers, les rues comme des traits de scie dans des bancs de pierre, les passants comme des fourmis ; mais tout cela confusément à travers l'estompe des brumes, tandis que de son observatoire aérien il voyait en première loge et avec tous leurs détails, les roses de vitraux, les clochetons hérissés de crosses, les rois, les patriarches, les prophètes, les saints, les anges de tous les ordres, toute l'armée monstrueuse des démons ou des chimères, onglée, écaillée, dentue, hideusement ailée ; guivres, taresques, gargouilles, têtes d'âne, museaux de singe, toute la bestiaire étrange du moyen âge.

Comme il était d'un blond de lin, sa barbe future ne produisait le long de ses joues qu'un coton blanc soyeux pareil à un duvet de pêche visible seulement à contre-jour, et il gardait ce sexe indécis des êtres surnaturels composé de l'éphèbe et de la jeune fille. Il avait l'émotion et la pudeur faciles et rougissait aisément. Une longue redingote bleue boutonnée à la poitrine, ayant une coupe de soutane, faisait ressortir la grâce un peu gauche, mais non sans élégance du jeune artiste timide qui devait ressembler aux peintres néo-chrétiens allemands, élèves d'Overbeck et soutenant à Rome la théorie de l'art catholique primitif.

Mais n'allez pas croire que Célestin Nanteuil cherchât le style maigre, émacié, simplifié jusqu'au néant qui semble le comble de l'art religieux à Overbeck. Il ne se condamnait pas aux teintes neutres, grises ou violettes, par esprit de mortification. La couleur ne lui paraissait pas une sensualité coupable, un mirage tentateur. C'était bien un romantique, pittoresque et coloriste et doué d'un sentiment très vif de ce qu'on appelait alors le moyen âge, à défaut d'une meilleure définition. Mais ce qui s'entendait suffisamment, c'est-à-dire ce qui n'était ni grec ni romain, et prenait place entre le douzième et le seizième siècle.

À ses premiers essais Nanteuil dessinait comme avec des plombs de vitrail et semblait colorier avec une palette de peintre verrier. Pour obtenir des tons plus intenses, il employait des verres teints dans la masse. On peut y appliquer ce qu'un des amis de Joseph Delorme disait de certaines petites ballades de Victor Hugo, la *Chasse du Margrave*, le *Pas d'armes du roi Jean*, que ce sont des vitraux gothiques. On voit à tout instant, sur la phrase poétique, la brisure du rhythme comme celle de la vitre sur la peinture. C'est impossible autrement. L'essentiel en ces courtes fantaisies c'est l'allure, la tournure, la *dégaîne* cléricale, monacale, royale, seigneuriale des personnes et sa haute couleur. On ne saurait dire mieux ni plus juste, et l'apparition des ballades du poète peut servir à l'appréciation des aquarelles du peintre.

Avec une merveilleuse facilité d'appropriation, Célestin s'était assimilé l'anatomie anguleuse des armures, le galbe extravagant des lambrequins, les figures chimériques ou monstrueuses des blasons, les ramages des jupes armoriées, l'attitude hautaine du baron féodal, l'air modeste de la châtelaine, la physionomie papelarde du *gros carme chartrier*, la mine furtive du jeune page au pantalon mi-parti, et dans le fond, il savait faire mordre le ciel par des architectures hérissées de tours, de clochetons, d'aiguilles de cathédrales accroupies au centre de leurs arcs-boutants comme des araignées noires au milieu de leurs pattes.

Il excellait aussi à encadrer des personnages de poème, de drame et de roman, dans des ornements semblables à des châsses gothiques avec triples colonnettes, ogives, niches à dais et à piédouches, statuettes, figurines, animaux chimériques ou symboliques, saints et saintes sur fond d'or, qu'il inventait au bout de la pointe, car il avait une fantaisie inépuisable. Tout moyen lui était bon, le pinceau, la plume, le crayon, le grattoir. Nous l'avons vu, pour arriver à rendre le grain d'une vieille muraille poser un morceau de tulle sur son papier et tamponner du bistre à travers les mailles. Il obtenait ainsi des pierres d'un grain plus âpre que les pierres les plus rugueuses de Decamps. Quand il le voulait, il entrait si bien dans l'esprit ou plutôt dans le sentiment de la vieille imagerie gothique qui faisait des Notre-Dame-del-Pilar en dalmatique de brocart, des Mère de Douleurs avec les sept glaives dans la poitrine, des Saint Christophe, le petit Jésus sur l'épaule et s'appuyant sur un palmier, dignes de servir de types aux byzantins d'Épinal.

Ce n'était pas par de grandes recherches ni de sévères études qu'il était parvenu à ce talent, mais par une similitude de nature avec les artistes du moyen âge. Il avait l'intuition de ce qu'il n'avait pas vu, et il aurait juré avoir déjà parcouru ces villes flanquées de tours et de murailles à moucharabiehs, défendues de donjons, surmontées d'églises aux flèches ajourées où il mettait le pied pour la première fois. Il avait manqué son entrée dans le monde comme Elias Wildmanstadius ; mais, plus heureux que lui, il avait su se créer avec l'art un milieu qui lui convenait et trouver des contemporains dans l'école romantique.

Notre-Dame de Paris était l'objet de sa plus fervente admiration, il n'est pas nécessaire de le dire, et il en tira le motif d'un grand nombre de dessins et d'aquarelles d'un caractère étonnant et tout à fait neuf. Rien ne ressemblait moins au moyen âge pendule et troubadour qui florissait vers 1825. C'est un des grands services de l'école romantique que d'en avoir radicalement débarrassé l'art, et C. Nanteuil peut réclamer une large part de l'honneur. — Sous un air ingénu, presque enfantin, il avait de l'esprit, et du plus fin et du meilleur, et les poètes aimaient à l'avoir pour confident. C'était parmi la bande un des favoris du maître, qui se plaisait à sa compagnie et l'emmenait quelquefois en ses petites excursions. Il avait combattu avec un courage héroïque à toutes les grandes batailles du romantisme, mais il ne se faisait pas illusion sur l'issue de la lutte. D'une part, il sentait l'animosité croissante, de l'autre l'enthousiasme diminuant, et la médiocrité heureuse de reprendre sa revanche sur le génie !

On montait aux nues le succès de *Lucrèce* pour approfondir la chute de la première pièce de Victor Hugo qu'on devait bientôt jouer. Inquiets pour les *Burgraves*, Vacquerie et Meurice allèrent demander à Célestin Nanteuil trois cents Spartiates déterminés à vaincre ou à mourir plutôt que de laisser franchir les Thermopyles à l'armée barbare. Nanteuil secoua sa longue chevelure toute crespelée et tout annelée d'un air profondément mélancolique, et répondit en soupirant à Vacquerie qui avait porté la parole : « Jeune homme, allez dire à votre maître qu'il n'y a plus de jeunesse ! Je ne puis fournir les trois cents jeunes gens. »

Bien des années s'étaient écoulées déjà depuis les belles soirées d'*Hernani*, où toute la jeunesse semblait se ruer d'un seul élan vers l'avenir, ivre d'enthousiasme et de poésie, comptant cueillir à son tour pour elle les palmes qu'elle disputait pour un autre. Le talent du maître avait pourtant grandi encore ; son génie s'était développé et avait pris des proportions titaniques. Il avait atteint le sublime dans cette trilogie eschylienne de Job le maudit, ce Prométhée du Rhin ayant le Taurus pour Caucase et l'empereur Frédéric Barberousse pour Jupiter.

C'était une élégance, en ce temps-là, pour les éditions romantiques, d'avoir une vignette, un frontispice, une eau-forte de Célestin Nanteuil. La présence de l'image donne maintenant une grande valeur au livre, et les bibliophiles recherchent les exemplaires qui en sont ornés. Les compositions de Célestin se distribuent en plusieurs petits cadres entourant le sujet principal et renfermant des sujets épisodiques. Ce sont des eaux-fortes d'artiste gravées de verve et sans les précautions minutieuses qu'y mettent les gens du métier. Une des vignettes les plus rares est le frontispice d'*Albertus* ou *l'Âme et le Péché*, rappelant les griffonnages mystérieux et les effets bizarrement fantastiques de Rembrandt. *Venezia la bella*, d'Alphonse Royer, est illustrée d'une vue de la place Saint-Marc, prise du large, avec la gondole de rigueur et le cadavre de jeune fille assassinée comme il convient.

On ne saurait imaginer la quantité de planches, de dessins, de compositions, de bois pour les ouvrages illustrés, de lithographies, d'en-tête pour les romances, qu'a produits Célestin Nanteuil. Quelle effroyable déperdition de talent ; mais aussi quelle inépuisable richesse ! Suffire à tous les besoins, à tous les caprices, à toutes les modes du jour et être en même temps un peintre charmant, un spirituel et fin coloriste à qui manque seulement le loisir de peindre, comme à nous autres poètes le loisir de faire des vers, n'est-ce pas faire un généreux emploi de ses facultés ? Il est vrai qu'on n'a pas la même estime pour vous que pour un âne sérieux mettant dix ans à faire une croûte unique.

Bien qu'il ait été forcé par les exigences de la vie de se mêler un peu aux philistins, de sortir de la vieille ville gothique où les rues ont encore des tourelles en poivrière à leurs angles, et de marcher sur les larges trottoirs des perspectives rectilignes d'Haussmann, il aime toujours les maisons aux étages surplombants, aux pignons pointus ou denticulés, aux poutres historiées et sculptées, aux fenêtres transversales maillées de plomb, aux vieux meubles de chêne luisant. Comme Elias Wildmanstadius, il continue son rêve du passé à Dijon, où il est directeur de l'école de dessin et où il peut contempler tout à son aise la flèche merveilleuse de la cathédrale et le donjon du palais des ducs, en répétant avec Gaspard de la Nuit :

> *Gothique donjon*
> *En flèche gothique*
> *Dans un ciel d'optique.*
> *Au bas est Dijon.*
> *Ses joyeuses treilles*
> *N'ont point leurs pareilles ;*
> *Ses clochers jadis*
> *Se comptaient par dix.*
> *Là plus d'une pinte*
> *Est sculptée ou peinte ;*
> *Là plus d'un portail*
> *S'ouvre en éventail.*
> *Dijon,* *moult te tarde !*
> *Et mon nez camard*
> *Chante ta moutarde*
> *Et ton jacquemard.*

Dijon est hospitalier aux peintres romantiques. Louis Boulanger, l'auteur du *Mazeppa*, de la *Ronde du Sabbat*, de la *Saint-Barthélemy*, l'ami de Victor Hugo, qui a son nom dans *les Orientales, les Feuilles d* automne, les Rayons et les Ombres*, s'y éteint dans la pénombre de l'école qu'il dirigeait, et Célestin Nanteuil y profite de son loisir pour travailler.

AUTRES MÉDAILLONS — PHILOTHÉE O'NEDDY

Il est peu de personnes qui se souviennent aujourd'hui de Philothée O'Neddy, dont le nom se retrouve tout entier par anagramme dans le pseudonyme, et que nous n'en dégagerons pas. Puisque le poète a jugé à propos de voiler son visage, ne dénouons pas les cordons de son masque.

Philothée O'Neddy eut son moment d'éclat vers 1838. Il fit son effet de surprise, et, comme disent les peintres, tira dans la cave un coup de pistolet dont on remarqua la lumière. Il ne profita pas de l'attention excitée. Après avoir essuyé le feu de la redoute, la main sur la hampe du drapeau ennemi, il se tint debout un instant dans la fumée du combat, et redescendit tranquillement au bas de la muraille conquise, sans plus se soucier de son triomphe.

Il se laissa envahir peu à peu par l'ombre, et le sentier qui conduisait à son seuil littéraire s'effaça rapidement sous les mousses, les ronces et les végétations parasites. Un chagrin inconnu plus ou moins mal dévoré, cette immense fatigue qui suit parfois chez les jeunes poètes un trop violent effort intellectuel, le désaccord du réel et de l'idéal, une de ces causes ou toutes ces causes ensemble, peut-être aussi le regret ou le scrupule de certaines audaces, avaient-ils recouvert de leurs cendres grises le poète de *Feu et Flamme*. Il s'était retiré du petit cénacle où il flamboyait et pérorait jadis, et l'on avait perdu sa trace, comme cela arrive trop souvent à ces jours de dispersion où s'écroulent les Babels du rêve qu'élèvent en commun les compagnons de l'idée quand ils ont vingt ans.

Par son âge, il était notre contemporain, c'est-à-dire qu'il avait atteint sa majorité après 1830, car dans cette école nous étions précoces et nous aurions tous pu, comme lord Byron, écrire sur notre premier volume en vers : *Poésies d'un mineur*.

Quand Philothée O'Neddy fréquentait la cave de Petrus et la boutique de Jehan, — le jeune statuaire avait installé son atelier dans une boutique de fruitière, au coin de la rue Vaugirard, en face de cette fontaine ornée d'un bas-relief représentant une nymphe vue de dos où s'ajuste assez bizarrement un robinet de cuivre, — c'était un garçon qui offrait cette particularité d'être bistré de peau comme un mulâtre et d'avoir des cheveux blonds crêpés, touffus, abondants comme un Scandinave ; ses yeux étaient d'un bleu clair, et leur extrême myopie en rendait le globe saillant ; sa bouche était forte, rouge et sensuelle. De cet ensemble résultait une sorte de galbe africain qui avait valu à Philothée le sobriquet d'Othello.

On ne connaissait pas, par exemple, sa Desdemona, mais à coup sûr il n'avait pas d'Yago, car il était très aimé dans la bande. Son lorgnon ne le quittait pas ; il le portait au lit et le gardait sur son nez même en dormant ; sans l'inséparable binocle il ne pouvait, disait-il, distinguer ses rêves et perdait tous les enchantements de la nuit. Les charmes poétiques des sylphides, les attraits provocants des gracieuses succubes qui hantent l'heureux sommeil de la jeunesse, se confondaient dans un vague brouillard.

Le caractère qu'on retrouve dans tous les débuts de ce temps-là est le débordement du lyrisme et la recherche de la passion. Développer librement tous les caprices de la pensée, dussent-ils choquer le goût, les convenances et les règles ; haïr et repousser autant que possible ce qu'Horace appelait le profane vulgaire, et ce que les rapins moustachus et chevelus nomment épiciers, philistins ou bourgeois ; célébrer l'amour avec une ardeur à brûler le papier, le poser comme seul but et seul moyen de bonheur, sanctifier et déifier l'Art regardé comme second créateur : telles sont les données du programme que chacun essaye de réaliser selon ses forces, l'idéal et les postulations secrètes de la jeunesse romantique.

Personne plus que Philothée O'Neddy ne présente ce caractère d'outrance et de tension. Le mot *paroxyste* employé pour la première fois par Nestor Roqueplan, semble avoir été inventée l'intention de Philothée. Tout est poussé de ton, haut en couleur, violent, arrivé aux dernières limites de l'expression, d'une originalité agressive, presque *ruisselant d'inouïsme,* comme dirait Xavier Aubryet ; mais à travers les paradoxes biscornus, les maximes sophistiques, les métaphores incohérentes, les hyperboles boursouflées et les mots de six pieds de long, il y a le sentiment de la période poétique et l'harmonie du rhythme.

Philothée est un métrique ; il façonne bien le vers sur l'enclume et, quand il a puisé dans la forge l'alexandrin incandescent, il lui donne, au milieu d'une pluie d'étincelles, la forme qu'il désire avec son opiniâtre et pesant marteau. S'il ne s'était retiré sitôt, il se serait fait assurément une place dans le bataillon sacré. Il avait cette qualité rare en art : la force ; mais il s'est découragé dès le début par une de ces lassitudes dont le secret reste dans l'âme et plus souvent encore dans le cœur du poète. Il lui aurait fallu travailler davantage pour arriver où tendaient ses vœux.

Amour, enthousiasme, étude, poésie,
C'est là qu'en votre extase, océan d'ambroisie,
Se noieraient nos âmes de feu !
C'est là que je saurais, fort d'un génie étrange,
Dans la création d'un bonheur sans mélange,
Être plus artiste que Dieu !

Nous avons possédé autrefois un exemplaire de *Feu et Flamme* avec dédicace autographe de l'auteur. Nous ne l'avons plus. Avez-vous remarqué que les livres curieux et devenus rares ont des jambes comme les petits bateaux sur lesquels l'enfant consulte son père, car s'ils n'avaient pas de jambes, ils ne marcheraient pas, et resteraient tranquillement sur le rayon de bibliothèque où on les a précieusement serrés entre deux livres de mœurs honnêtes et de reliure convenable.

Lorsque les mélanges tirés d'une petite bibliothèque romantique de M. Ch. Asselineau nous tombent sous la main, de quels amers regrets ne sommes-nous pas saisi ? Tous ces livres, devenus si rares, si introuvables, si précieux, qui atteignent dans les ventes à de telles enchères, nous les aurions pour rien, sans nous donner la moindre peine, avec l'eau-forte, le bois, le portrait, la lettre ornée, tout ce qui fait heureux le bibliophile dans cette chasse innocente et lui procure de si douces émotions. Nous les posséderions, ces éditions *princeps*, celles qui font foi, que les auteurs ont revues ! Une à une elles seraient venues se ranger derrière la vitre transparente, mais sous clefs maintenant, puisqu'il y a d'honnêtes gens voleurs de livres. Malheureusement, il est trop tard ; la plupart des amis sont morts, les éditions sont épuisées depuis longtemps, et nous voilà écrivant cette *Histoire du Romantisme* dont nous avons été une petite part, sans un de ces livres, qui portaient pourtant comme sauvegarde le nom sacré des maîtres.

Il y a cinq ou six ans, on dirait un siècle, tant il s'est passé de choses depuis, Célestin Nanteuil fut nommé directeur de l'école de dessin à Dijon, nous l'avons dit en parlant de lui l'autrefois.

Ce prochain départ ménageait au brave et courageux artiste fatigué d'une vie trop remplie de travaux ou plutôt de besogne, une possibilité de loisirs où la vraie peinture pourrait prendre une large place. — Il n'y avait donc pas motif de s'attrister, et cependant on était triste, — c'était le *hoc erat in votis* de Nanteuil, — et l'on résolut de célébrer son élévation aux honneurs par un banquet.

Les vieilles bandes d'*Hernani* et de *Lucrèce Borgia*, tous ceux qui avaient combattu l'hydre classique avec ses cent têtes coiffées de perruques soit aux théâtres, soit aux jurys de peinture, les derniers fidèles du *Roi s'amuse* et des *Burgraves*, les vieux compagnons d'atelier et aussi de jeunes élèves, quelques-uns même qu'on croyait perdus pour l'art et passés aux philistins, se réunirent de tous les points de l'horizon à un restaurant au coin de la rue du Sentier. Quand on fut entré et qu'on se fut compté, quelqu'un qui connaissait *Hernani* pour s'être battu à trente-deux représentations rangées, déclama les vers suivants :

> *Et ne réclamez pas leur épée impuissante :*
> *Pour un qui vous viendrait, il m'en viendrait*
>   *soixante.*
> *Soixante ! dont chacun vous vaut tous quatre !*
>   *Ainsi,*
> *Vidons entre nous* tous *notre querelle ici.*

Il y avait longtemps qu'une telle agape romantique n'avait eu lieu ; il fallait remonter jusqu'à l'époque où, faute de l'*eau des mers*, on buvait, au Moulin-Rouge, du petit bleu dans le *crâne des morts ;* mais bien des années s'étaient écoulées. Il avait neigé là-haut, sur les monts ; la poivrière et la salière s'étaient mêlées sur les barbes ; des nez avaient rougi ; des joues unies hier, s'étaient sillonnées de rides, et, à travers quelques-uns des convives que nous n'avions pas vus depuis longtemps, nous apercevions la silhouette de leur jeunesse. Nous regardions les autres avec une certaine inquiétude, en nous demandant : « Eh quoi ! est-ce là l'effet que nous leur produisons nous-mêmes ? Leur paraissons-nous aussi laids, aussi vieux, aussi moroses qu'ils nous le semblent ? Voilà donc ce qui reste de la brillante escadrille d'*Hernani,* qui savait si bien harceler le taureau et prendre le public par les cornes !

Oh ! comme ils ont l'air fatigué et ennuyé de la vie et peu disposés à sauter par-dessus la barrière. Et la fête commençait tristement comme toutes les fêtes. Ces vaillants jadis si farouches n'auraient même pas déchiré en pièces un académicien ou un membre de l'Institut. Enfin la glace se rompit. Le vin remit un peu de sang au cœur. Les souvenirs d'autrefois reparurent purs, gais et charmants ; on reparla de ces belles misères où l'on se nourrissait de gloire et d'amour — fit-on jamais meilleure chère ? On mêlait à la conversation comme des fidèles du même culte les vers sus de tous comme les réponses d'une litanie. On était beau, on était jeune, on était fier, on était enthousiaste.

Dans un coin, entre deux camarades de Nanteuil, vers la fin du dîner, quand déjà l'on quittait sa place pour aller causer à l'autre bout de la table, nous aperçûmes un homme dont la tournure ne nous était pas inconnue. C'était Philothée O'Neddy qui sortait des catacombes de cette vie mystérieuse où il s'était plongé, qui venait boire le coup de l'étrier avec son ami Célestin Nanteuil partant pour Dijon au lieu d'aller à Saint-Jacques de Compostelle, comme c'était son projet. Ses cheveux étaient toujours crépus mais saupoudrés de gris, et la raie creusée sur les ailes de son nez par son lorgnon était devenue si profonde avec le temps qu'il s'y incrustait et y tenait seul. Eh bien ! lui dîmes-nous en nous rapprochant de lui et lui secouant la main, à quand le second volume de vers ? — Il nous regarda de ses yeux bleus, effarés et troubles, et nous répondit avec un soupir : « Oh ! quand il n'y aura pas de bourgeois ! »

GÉRARD DE NERVAL

Nous n'avons rien dit encore de Gérard — le bon Gérard comme nous l'appelions dans notre petit cénacle, jamais homme n'a mieux mérité cette épithète. Cette bonté rayonnait de lui comme d'un corps naturellement lumineux, on la voyait toujours et elle l'enveloppait d'une atmosphère spéciale ; il semblait vraiment qu'on obligeât Gérard en lui demandant service, il vous remerciait presque d'avoir songé à lui et il partait aussitôt, allant de l'Arc de l'Étoile à la Bastille, du Panthéon à Batignolles, pour proposer à quelque journal l'article d'un camarade sans argent ou s'informer du motif qui le faisait rester si longtemps sur le marbre ; il marchait de ce pas ailé pareil à celui de l'autruche, soulevé de terre à chaque instant et que le meilleur cheval arabe suivrait à peine. Ce n'était pas un homme de cabinet que Gérard. Être enfermé entre quatre murs, un pupitre devant les yeux, éteignait l'inspiration, et la pensée ; il appartenait à la littérature ambulante comme Jean-Jacques Rousseau et Restif de la Bretonne, et ne perdait pas son temps dans ses courses, qui toutes avaient un but d'obligeance ou de bonne camaraderie.

Il travaillait en marchant et de temps à autre il s'arrêtait brusquement, cherchant dans une de ses poches profondes un petit cahier de papier cousu, y écrivait une pensée, une phrase, un mot, un rappel, un signe intelligible seulement pour lui, et refermant le cahier reprenait sa course de plus belle. C'était sa manière de composer. Plus d'une fois nous lui avons entendu exprimer le désir de cheminer dans la vie le long d'une immense bandelette se repliant à mesure derrière lui, sur laquelle il noterait les idées qui lui viendraient en route de façon à former au bout du chemin un volume d'une seule ligne. Cet esprit était une hirondelle apode. Il était tout ailes et n'avait pas de pieds, tout au plus une imperceptible griffe pour se suspendre un moment aux choses et reprendre haleine ; il allait, venait, faisait de brusques zigzags aux angles imprévus, montait, descendait, montait plutôt, planait et se mouvait dans le milieu fluide avec la joie et la liberté d'un être qui est dans son élément.

Ce n'était pas chez lui mobilité inquiète, légèreté frivole, sautillement fantasque, mais agilité d allure aisance à flotter et à s'élever.

Quelquefois on l'apercevait au coin d'une rue, le chapeau à la main, dans une sorte d'extase, absent évidemment du lieu où il se trouvait, ses yeux étoiles de lueurs bleues, ses légers cheveux blonds déjà un peu éclaircis faisant comme une fumée d'or sur son crâne de porcelaine, la coupe la plus parfaite qui ait jamais enfermé une cervelle humaine gravissant les spirales de quelque Babel intérieur. Quand nous le rencontrions ainsi absorbé, nous avions garde de l'aborder brusquement, de peur de le faire tomber du haut de son rêve comme un somnambule qu'on réveillerait en sursaut, se promenant les yeux fermés et profondément endormi sur le bord d'un toit. Nous nous placions dans son rayon visuel et lui laissions le temps de revenir du fond de son rêve, attendant que son regard nous rencontrât de lui-même, et il rentrait bien vite, en apparence du moins, dans la vie réelle, par quelque mot amical ou spirituel.

Le Gérard de ces premières années ne ressemble guère au Gérard que la plupart des littérateurs de ce temps ont pu connaître au divan Le Peletier. Sa destinée s'annonçait souriante, sans autre calamité que les refus des directeurs de théâtre, qui ne voulaient pas jouer les pièces d'un jeune homme inconnu, tout en leur faisant un hypocrite bon accueil, et s'attiraient de Petrus Borel, dans la préface des *Rhapsodies*, cette verte apostrophe : — « À toi, bon Gérard, quand donc les directeurs gabelous de la littérature laisseront-ils arriver au comité public tes œuvres si bien accueillies de leurs petits comités ? » — Alors il n'avait pas encore rencontré l'escarbot roulant sa boule sur la route de Syrie qui lui parut d'un si mauvais augure, ni le hideux corbeau privé, commensal du pauvre ménage dont il accepta une tasse de vin dans la traversée de Beyrouth à Saint-Jean-d'Acre, et qu'il regarda comme un messager de malheur direct envoyé par le Sort. Un corbeau familier croassait et battait des ailes aussi rue de la Vieille-Lanterne, sur le palier de la rampe fangeuse, maculée de neige près des affreux barreaux, et peut-être à son heure suprême, le pauvre Gérard de Nerval, par un de ces sauts de pensée si fréquents aux moments solennels, se souvint-il du corbeau rencontré sur le pont du navire qui le fascinait de ses yeux fixes et fatidiques.

Mais il n'y avait pas alors le moindre nuage noir dans ce ciel d'aurore, il était impossible d'y découvrir les germes des désastres futurs. Aucun diseur de bonne aventure n'aurait été cru prédisant cette fin lamentable, en voyant dans le lointain de l'avenir se dessiner le fatal lacet comme un fil d'araignée.

Mais jouissons tranquillement de cette aube sans nuage et revenons au Gérard de ce temps-là, qui ne s'appelait pas

Gérard de Nerval, mais Labrunie. Gérard était son nom de baptême. Comme Stendhal, il aimait à dissimuler sa personnalité sous différents pseudonymes ; quand il se sentait reconnu sous son faux nez, il le jetait et prenait un autre masque et un autre domino. Il a signé successivement Fritz, Aloysius et d'autres noms, et il sera difficile aujourd'hui de reconnaître ses œuvres dans les catacombes poudreuses du journalisme. Autant nous étions amis de l'éclat, autant il cherchait les teintes adoucies du demi-jour. Nous aurions voulu marcher dans les rues précédées de nègres timbaliers

Suivis de cent clairons sonnant des tintamarres.

Son nom prononcé le faisait subitement disparaître. Des journaux en vogue jouissant d'une grande publicité et d'un grand renom littéraire lui demandaient sa collaboration ou des articles. Il préférait les enfouir dans quelque petite feuille obscure, peu rétribuée, aux abonnés problématiques, comme s'il eût été heureux de n'être pas lu — singulier bonheur ! — mais que l'on conçoit pourtant avec certaines âmes fières et délicates qu'un éloge maladroit choque autant qu'une critique brutale.

À cette époque d'excentricité où chacun cherchait à se signaler par quelque singularité de costume, chapeau de feutre mou à la Rubens, manteau à pan de velours jeté sur l'épaule, pourpoint à la Van Dyck, polonaise à brandebourgs, redingote hongroise soutachée, ou tout autre vêtement exotique, Gérard s'habillait de la façon la plus simple, la plus invisible pour ainsi dire, comme quelqu'un qui veut passer dans la foule sans y être remarqué. Il portait, l'été des vêtements d'orléans noire, et l'hiver un paletot bleu foncé auquel on avait recommandé de ressembler au paletot de tout le monde : peut-être ne voulait-il être *connu* et

Digito monstrari et diceri : hic est,

que lorsqu'il serait digne de la réputation et qu'il aurait approché assez de son idéal pour être confronté avec lui sans rougir.

Gérard, nous ne savons trop pourquoi, a toujours passé pour être paresseux comme une couleuvre. C'est une réputation qu'on a faite à bien d'autres qui ont travaillé toute leur vie et à qui on pourrait faire un bûcher de leurs œuvres. Ce bayeur aux corneilles, ce chasseur de papillons, ce souffleur de bulles, ce faiseur de ronds dans l'eau menait au contraire l'existence intellectuelle la plus active. Sous une apparence paisible, il vivait dans une grande effervescence intérieure. À cette époque il faut reporter *une Laforêt* qui représentait Molière chez lui avec cette servante de grand cœur et de grand bon sens qu'il ne dédaignait pas de consulter, la jugeant de meilleur conseil que les Lysidas, les Dorante et les autres beaux esprits de la cour et de la ville. C'était un pastiche du style de Molière, fait avec une science profonde de la langue, du style et des allures de style du dix-septième siècle si profondément ignoré des classiques modernes qui ne jurent que par lui. Le tout maintenu dans cette gamme de tons amortis si harmonieuse que la décoloration du temps donne aux vieilles tapisseries. Nous ignorons ce que cette comédie qui avait été reçue à l'Odéon, si nos souvenirs ne nous trompent, peut-être devenue.

On ignore également au fond de quel tiroir à la clef perdue depuis longtemps, au fond de quelle malle oubliée et de quel grenier hanté des rats, est allé, après bien des vicissitudes, échouer *le Prince des sots*, une imitation des plus spirituelles et des mieux réussies des grandes *Dyableries* du moyen âge. *Le Prince des sots*, dont l'argument était une une troupe de jongleurs s'introduisant, sous prétexte de représentation, dans un château féodal, pour enlever une beauté retenue par un père ou un mari tyrannique, contenait une petite pièce renfermée dans la grande, comme ces boules d'ivoire que la dextérité patiente des Chinois sculpte, les unes dans les autres. — C'était un mystère à la façon gothique qui avait pour décoration une gueule d'enfer toute rouge, surmontée d'un paradis bleu tout constellé d'or. Un ange descendu des voûtes bleues y jouait avec le diable des âmes aux dés. Nous ne nous rappelons plus quel était l'enjeu de l'ange. Par excès de zèle, et pour ramener plus d'amis au ciel, l'ange trichait. Le diable se fâchait et appelait l'ange : « grand dadais, céleste volaille », et le menaçait, s'il récidivait, « de lui plumer les ailes », ce qui l'empêcherait de remonter chez son patron. La querelle s'envenimait, et il en naissait un tumulte dont l'amoureux, protégé par le prince des sots, profitait pour enlever sa maîtresse. Le mystère était écrit en vers de huit pieds, comme les anciens mystères.

Le Prince des sots était précédé d'un prologue de noire composition destiné à préparer le public à l'étrangeté du spectacle, car des pièces dans le goût de la *grande dyablerie de Douai* et des *Cortez de la mort* ne sont plus guère à la mode du jour. Nous avions même joint au manuscrit un dessin colorié représentant la gueule d'Enfer avec une naïveté gothique affectée. Nous donnons ce renseignement et ce signalement à notre cher ami et confrère Ch. Asselineau, l'archiviste Lindurst du romantisme qui retire de l'oubli tous ces volumes aux vignettes étranges, à la typographie caractéristique, qu'il catalogue, décrit, adorne avec l'enthousiasme minutieux du vrai bibliophile.

M. Asselineau, comme tout être délicat favorisé par le ciel d'une jolie manie, a sa tulipe noire, son dahlia bleu, son *desideratum* ; il voudrait posséder en original *le Prince des sots* de Gérard ! Ambition chimérique, idéal irréalisable ! et il le cherche depuis longues années, espérant, désespérant, se rattachant à la moindre indication, remuant des montagnes de papiers, fouillant les vieux carions de théâtre, cage des anciens rossignols. Mais toujours en vain, — le manuscrit insaisissable fuit en sautillant devant l'opiniâtre poursuite du bibliophile parisien comme le Chastre, de Méry, devant le contrebassiste dont Alexandre Dumas a mis si joyeusement et si spirituellement les aventures en scène au Théâtre historique, — il se sauve et même ne paraît pas du tout.

Le manuscrit du *Prince des sots*, si quelque cuisinière illettrée ne s'en est pas servie pour flamber un poulet, était de forme oblongue, sur un papier bleuâtre que l'âge doit avoir jauni. Tout entier de la main de Gérard, de cette écriture nette, fine et bien rangée, ménageant de chaque côté de larges espaces pour isoler et aérer le vers. Le prologue est de notre main, mais cela ne fait pas disparate. Nos écritures étaient sœurs comme nos cœurs étaient frères, et elles se ressemblaient à s'y méprendre parfois.

Voilà tout ce nous pouvons dire à M. Asselineau, à qui nous souhaitons de rencontrer ce dahlia bleu, emblème de l'éternel désir, et qu'il vaut peut-être mieux ne trouver jamais.

Toutes les idées de la jeunesse étaient tournées vers le théâtre, ce centre lumineux vers lequel convergent les attentions les plus diverses, depuis les plus sérieuses jusqu'aux plus frivoles ; le théâtre où la femme parée comme pour un tournoi écoute, regarde en rapprochant deux ou trois fois ses mains, gantées en blanc, semble comprendre, juger et décerner la palme. Le roman-feuilleton des journaux n'était pas inventé. Le théâtre était donc le seul balcon d'où le poète pût se montrer à la foule, aussi fabriquait-on beaucoup de drames dans le petit cénacle.

Il va sans dire qu'ils étaient toujours uniformément refusés. Cependant nous avons de la peine à croire qu'ils fussent absolument mauvais, et nous regrettons la perte d'un drame en vers de Nerval, *la Dame de Carouge*, auquel nous avions largement collaboré et qui contenait au moins une donnée originale. C'était l'histoire d'un captif, un émir arabe ou sarrasin, ramené de Palestine par un baron croisé, et devenant amoureux de la châtelaine. Le contraste de l'islam et du christianisme, de la tente nomade et du donjon féodal, de la froideur du Nord et dos passions ardentes du désert, de la férocité sauvage et de la chevalerie, exprimé en vers qui ne devaient manquer ni d'énergie ni de beauté, ou tout au moins de facture, car les élèves de Victor Hugo savent faire les vers, nous semblait devoir prêter à quelques situations dramatiques. Ce parut être l'opinion d'Alexandre Dumas, qui, cinq ou six ans plus tard, fit sur cette donnée, que Gérard lui avait sans doute communiquée, *Charles VII chez ses grands vassaux*. Seulement, chez nous, Yacoub s'appelait Hafiz. Nous nous trouvâmes très honorés qu'un personnage de notre invention ait été jugé digne d'être mis au théâtre et de servir de pivot à un drame de l'auteur d'*Henri III* et de *Christine à Fontainebleau*.

Pour en finir avec les ouvrages de jeunesse perdus, mentionnons un drame découpé dans le poème si touchant et si pathétique de lord Byron — Parisina — par Augustus Mac-Keat et nous. Le souvenir nous en est resté dans ces lointaines profondeurs du passé comme renfermant des morceaux remarquables. Mettez qu'ils soient de notre collaborateur, pour que notre modestie ne souffre pas trop, et vous serez dans le vrai. Maquet a prouvé qu'il entendait le théâtre. Nous ne réclamons pour notre part que quelques tirades assez bien tournées ; vous pouvez nous en croire sur parole, bien que l'ouvrage soit anéanti et n'arrive pas à la preuve.

Outre tout cela, Gérard avait fait un drame en prose de *Nicolas Flamel*, dont un fragment d'une rare originalité et d'une grande puissance d'effet subsiste imprimé dans le *Mercure de France*. Où est le reste ? Le bibliophile Jacob le sait peut-être. Il s'occupait aussi d'un drame social, dont la donnée se rapprochait de celle d'*Eugène Aram*, et surtout d'une *Reine de Saba* qui n'arriva pas jusqu'à Salomon, et dont nous vous conterons les longues aventures. — Vous voyez que ce paresseux avait l'oisiveté laborieuse.

LE CARTON VERT

Toutes les fois qu'il nous arrive, dans nos heures de désœuvrement et de mélancolie, poussé par une de ces récurrences vers le passé dont on n'est pas maître, de rouvrir le vieux carton vert où gisent dans la poussière plus que sous l'oubli les papiers que Gérard abandonnait chez nous, comme l'oiseau laisse de ses plumes aux endroits qu'il traverse, nous pouvons être sûr qu'en voilà pour la journée.

Parmi les notes, les extraits, les brouillons, les renseignements sommaires, les commencements d'articles, les variantes de la même idée retournées de cent façons, les maximes philosophiques ou morales condensées en vers dorés de Pythagore, forme que Gérard affectionnait beaucoup, les répliques de drames taillées et numérotées comme des pierres de taille attendant leur place dans l'arc de voûte, tous les morceaux de cette architectonique littéraire disséminée et brouillée sans que nul œil, même celui de l'ami, puisse en reconnaître le plan, nous retrouvons de temps à autre d'anciennes lettres de nous imprégnées de vinaigre, lacérées aux échelles du Levant par les ciseaux de la Santé, jaunes comme les bandelettes qui enveloppent les momies, adressées à notre ami du temps de son voyage en Orient et qui, plus heureuses que nous, ont fait caravane avec lui : nous les lisons en prenant garde de briser tout à fait leurs plis cassés, et une voix basse, affaiblie, lointaine, reconnaissable encore, qui est la nôtre, nous chuchote du bout des lèvres à l'oreille, avec des mots connus, des tournures de phrases habituelles, des idées et des nouvelles ayant cours alors. Comme tout cela est loin, emporté par rapides nuées dans un oubli profond, et pourtant comme c'est près encore ! comme le cœur change peu ! comme les mêmes idées serpentent à travers les circonvolutions de la cervelle, se rencontrant et se saluant aux carrefours accoutumés ! La plupart de ces phrases, datées de trente ans, nous eussions pu les jeter à la poste hier et, à leur arrivée, elles n'auraient pas paru beaucoup plus démodées qu'écrites le même matin. L'homme ne varie pas tant qu'il s'en flatte !

Nous revoyons là nos anciens paradoxes qui gambadent avec assez d'agilité pour leur âge et dont quelques-uns sont devenus des vérités. Les jugements de notre jeunesse, dans leur insolence sincère ne sont pas toujours dictés par la passion ; il y en a d'équitables et de judicieux. On a quelquefois raison à vingt-cinq ans, et tort à soixante. Il ne faut pas renier sa jeunesse. L'homme mûr ne fait qu'exécuter les rêves du jeune homme. Toute belle œuvre est un germe planté en avril qui s'épanouira en octobre. Qui n'a pas ses idées à sa majorité, ne les aura jamais. Nous demandons pardon de philosopher ainsi et d'enfiler les aphorismes comme Sancho Pança enfilait les proverbes devant un carton à moitié vide de son contenu : une multitude de petits carrés de papier où sous formules abréviatives ; en caractères microscopiques entremêlées de signes et de chiffres aussi difficiles à lire que les notes secrètes d'un Raymond Lulle, d'un Faust ou d'un Herr Trippa, sont résumées, concentrées, quintessenciées comme quelques gouttes d'élixir, toutes les doctrines de la terre : théogonies, mythologies, religions, systèmes, interprétations, gloses, utopies, papillonnent et tourbillonnent confusément, présentant quelquefois un signe hermétique ou cabalistique, car Gérard ne dédaignait pas une visite à Nicolas Flamel et un bout de conversation avec *la femme blanche* et *le serviteur rouge*, et si l'on tirait à soi l'un de ces papiers, les quelques lignes qu'il renferme vous occuperaient, comme le cryptogame du Scarabée d'Edgard Poe, et vous demanderaient une effroyable intensité d'attention ; il faut donc choisir dans le tas cette simple lettre relativement moins jaune, moins rance, moins roussie aux réactifs de l'Enfer, et ne contenant en réalité que le sens visible. Ainsi placée sous la lumière, elle a vraiment une physionomie de bonté, de candeur et de sympathie. — Elle est d'un ami cher à nous deux, du brave Bouchardy. Cette lettre, qui n'était, en 1857, qu'un autographe, peut maintenant prendre sa place comme relique dans le carton vert consacré à l'ami défunt. Nous allons la transcrire pour faire voir quelle âme délicate et charmante c'était que Bouchardy, et quelle amitié régnait entre les membres du petit cénacle.

Bien des années pourtant s'étaient déjà écoulées depuis que Petrus Borel n'avait réuni notre petite bande, et chacun de nous s'était dispersé au pourchas de la gloire et du pain quotidien. Mais l'on peut voir combien le souvenir de notre union était resté vif entre nous :

« 12 janvier 1857.

« Mon cher Théophile,

« J'aurais assurément gardé bien secrètement dans mon cœur ma gratitude pour les bonnes et belles lignes que tu as écrites à mon sujet dans ton feuilleton du 5 janvier ; mais tu as dit dans ces lignes quelques mots des jours lointains et dorés de notre camaraderie, et comme cette époque est le seul et beau souvenir de ma jeunesse, il faut que je me donne la joie de me le rappeler avec toi.

« Nous ne pouvons trop nous en souvenir, car ce plus beau de tous les rêves, nous l'avons fait les yeux ouverts et l'esprit plein de foi, d'enthousiasme et d'amour.

« Nous ne rêvions pas... quand on ne sait quel courant rapide nous avait poussés tous sur la même rive, afin que nous puissions trouver des échos pour nos voix indécises et des âmes ardentes pour nos âmes audacieuses et ferventes.

« Sainte et belle réunion, mon cher Théo, que celle où chacun était pour le frère qui aime, l'ami qui se dévoue et le compagnon de route qui fait oublier la longueur ou la fatigue du chemin.

« Réunions plus belles qu'on ne peut le dire, où tous souhaitaient le succès de tous sans exagération insensée et sans vanité collective, où chacun de nous offrait de prêter son épaule au pied de celui qui voulait tenter de gravir et d'atteindre.

« Lesquels de nous étaient les riches ou les prédestinés ? Nous l'ignorions, car nous formions une famille sans Benjamin et sans droit d'aînesse. Tandis que les fouriéristes faisaient des phalanstères les saint-simoniens de nouveaux contrats sociaux, les démocrates des projets, sourds à tous ces bourdonnements d'alors, nous n'entendions que le murmure de l'art qui s'agitait dans l'enfantement d'un progrès. La plume, le pinceau, la lyre et le ciseau du statuaire étaient nos seules armes, les grands maîtres nos seuls dieux, et l'art le seul drapeau que nous voulions faire flotter et défendre.

« Devions-nous cette préoccupation sublime à des natures heureuses ? à des circonstances favorables ? Peu importe... les rayons d'or qui venaient nous chercher séparément nous entraînaient les uns vers les autres et se confondaient en un seul trésor, où nous puisions tous, sans jamais l'épuiser, la foi, la confiance, l'enthousiasme, l'espoir et même la générosité

« Pourquoi, mon ami, la réflexion qui glace, l'inquiétude qui énerve, la jalousie qui sépare, pourquoi ces passions mauvaises qui se glissent partout et toujours n'ont-elles jamais pu pénétrer dans nos réunions d'autrefois ?

« C'est un sublime et doux mystère, — n'est-ce pas ? — qui vient encore aujourd'hui flotter dans notre âme à la fois surprise et charmée, comme une vague réminiscence de jeunesse bienheureuse, de fraternité magnétique et de béatitude enchantée.

« Heureux temps, cher Théophile, dont nous devons nous enorgueillir, car lorsqu'on a marché dans cette vie que tant d'amertume a souvent attristée, il faut être fier d'y avoir trouvé quelques bonnes heures, il faut se vanter d'y avoir été heureux ! *Remember.*

« J. Bouchardy. »

VINGT-SEPT ANNÉES déjà séparent cette date de 1830. — Le souvenir a la fraîcheur d'un souvenir d'hier : l'impression d'enchantement subsiste toujours. De la terre d'exil où l'on poursuit le voyage, gagnant la gloire à la sueur de son front, à travers les ronces, les pierres et les chemins hérissés de chausse-trapes, on retourne avec un long regret des yeux mélancoliques vers le paradis perdu (nous n'avons pourtant pas mangé de pomme ! ni désobéi en rien à notre seigneur Hugo). Une telle joie ne devait sans doute pas durer. Être jeune, intelligent s'aimer, comprendre, et communier sous les espèces de l'art, on ne pouvait concevoir une plus belle manière de vivre, et tous ceux qui l'ont pratiquée en ont gardé un éblouissement qui ne se dissipe pas. — Voyez comme une allusion à ce passé sympathique dans un article de journal va chatouiller ce bon, ce brave, ce sensible Bouchardy, jusqu'au plus tendre de l'âme ! comme il vibre toujours, comme il palpite, comme il se souvient de tout ! comme son imagination se transporte vers la petite chambre constellée des médaillons de Jehan du Seigneur et des esquisses de Louis Boulanger un de ces soirs de bonne causerie sur l'art, l'idéal, la nature, la forme, la couleur, et autres questions du même genre qui nous paraissaient alors et avec raison de la plus palpitante actualité comme elles le seraient encore aujourd'hui ! quelle ardeur il y mettrait et surtout comme il écouterait !

Cette lettre si naïve et si touchante de celui que nous appelions le Maharajah de Lahore, le prince à la peau d'or et aux cheveux bleus, rencontrée par hasard dans le champ des morts de nos cartons bientôt aussi peuplés que ceux d'Eyaub et de Scutari, par une disposition singulière d'esprit, nous a préoccupé toute la journée et a fait dévier l'article que nous avions l'intention de faire. Nous avions promis de raconter le voyage de Belkis, la reine de Saba que Gérard était allé chercher au fond de l'Orient en compagnie de la Huppe, pour l'amener soi disant à Salomon, l'érotique auteur du *Sir-Hasirimi*, mais réellement pour Meyer-Beer, de Berlin, l'auteur de *Robert le Diable*, qui voulait en faire un rôle de soprano à faire tourner la tête à toutes les *prime donne*. Mais il n'y a pas eu moyen. La lettre de Bouchardy exigeait à toute force l'insertion, comme un appel de l'âme des compagnons morts. Ce mot Remember au bas de la lettre était placé d'une façon impérative et mystérieuse. Souviens-toi ! oui, nous nous souvenons ! Ce travail en est la preuve. Belkis attendra ; quelques semaines ne vieilliront pas celle dont la jeunesse se compte par milliers d'années. Il faut écouter d'abord ceux qui parlent et circulent sous terre comme les taupes et le père d'Hamlet.

Cependant nous avions à vous dire de bien curieux détails sur les soixante-quinze rois préadamites qui figuraient dans le prologue et que Meyer-Beer, aussi timide alors que plus tard, avait envie de couper comme *dangereux* ; sur la dive Lilith, première femme d'Adam, aïeule de la reine de Saba ; sur la robe de Belkis, une robe à rendre Worth rêveur, ornée de soixante-dix espèces de pierreries et dont la queue était portée par un singe habillé de toile d'or, qui la retroussait de temps en temps avec une grimace lascive : et nous n'aurions pas manqué de décrire ce mouvement instinctif qui, faisant prendre à Belkis le pavé poli pour de l'eau, fut cause que pour ne pas se mouiller elle haussa un peu sa jupe devant Salomon.

LA LÉGENDE DU GILET ROUGE

Le gilet rouge ! on en parle encore après plus de quarante ans, et l'on en parlera dans les âges futurs, tant cet éclair de couleur est entré profondément dans l'œil du public. Si l'on prononce le nom de Théophile Gautier devant un philistin, n'eût-il jamais lu de nous deux vers et une seule ligne, il nous connaît au moins par le gilet rouge que nous portions à la première représentation d'*Hernani*, et il dit d'un air satisfait d'être si bien renseigné : « Oh oui ! le jeune homme au gilet rouge et aux longs cheveux ! » C'est la notion de nous que nous laisserons à l'univers. Nos poésies, nos livres, nos articles, nos voyages seront oubliés ; mais l'on se souviendra de notre gilet rouge. Cette étincelle se verra encore lorsque tout ce qui nous concerne sera depuis longtemps éteint dans la nuit, et nous fera distinguer des contemporains dont les œuvres ne valaient pas mieux que les nôtres et qui avaient des gilets de couleur sombre. Il ne nous déplaît pas, d'ailleurs, de laisser de nous cette idée ; elle est farouche et hautaine, et, à travers un certain mauvais goût de rapin, montre un assez aimable mépris de l'opinion et du ridicule.

Qui connaît le caractère français conviendra que cette action de se produire dans une salle de spectacle où se trouve rassemblé ce qu'on appelle *tout Paris* avec des cheveux aussi longs que ceux d'Albert Durer et un gilet aussi rouge que la *muleta* d'un *torrero* andalou, exige un autre courage et une autre force d'âme que de monter à l'assaut d'une redoute hérissée de canons vomissant la mort. Car dans chaque guerre une foule de braves exécutent, sans se faire prier, cette facile prouesse, tandis qu'il ne s'est trouvé jusqu'à présent qu'un seul Français capable de mettre sur sa poitrine un morceau d'étoffe d'une nuance si insolite, si agressive, si éclatante. À l'imperturbable dédain avec lequel il affrontait les regards, on devinait que, pour peu qu'on l'eût poussé, il fût revenu à la seconde représentation pavoisé d'un gilet jonquille.

Ce dut être, plutôt encore que l'étrangeté de la couleur, cette folie d'héroïsme qui s'exposait avec un sang-froid si parfait aux railleries des jeunes femmes, aux hochements de tête des vieillards, aux lorgnons dédaigneux des dandys, aux gros rires des bourgeois, qui causa le profond étonnement du public et perpétua cette impression qui eût dû être oubliée après le premier entr'acte.

Après avoir essayé de déchirer ce gilet de Nessus qui s'incrustait à notre peau, nous l'acceptâmes bravement devant l'imagination des bourgeois dont l'œil halluciné ne nous voit jamais habillé d'une autre couleur, malgré les paletots tête-de-nègre, vert bronze, marron, mâchefer, suie-d'usine, fumée-de-Londres, gris de fer, olive pourrie, saumure tournée et autres teintes de bon goût, dans les gammes neutres, comme peut en trouver, à la suite de longues méditations, une civilisation qui n'est pas coloriste.

Il en est de même de nos cheveux. Nous les avons portés courts, mais cela n'a servi à rien : ils passaient toujours pour longs, et eussions-nous arrondi à l'orchestre sous l'artillerie des lorgnettes, un crâne aux tons d'ivoire nu et luisant comme un œuf d'autruche, toujours on eût assuré que sur nos épaules roulaient à grands flots des cascades de cheveux mérovingiennes, — ce qui était bien ridicule ! — Aussi nous avons donné carte blanche à ceux qui nous restent, et ils en ont profité — les traîtres — pour nous conserver un petit air d'Absalon romantique.

Nous avons dit, dès les premières lignes de cette série de souvenirs, comment nous avions été recruté par Gérard pour la bande d'Hernani dans l'atelier de Rioult, et investi du commandement d'une petite escouade répondant au mot d'ordre *Hierro*. Cette soirée devait être, selon nous et avec raison, le plus grand événement du siècle, puisque c'était l'inauguration de la libre, jeune et nouvelle Pensée sur les débris des vieilles routines, et nous désirions la solenniser par quelque toilette d'apparat, quelque costume bizarre et splendide faisant honneur au maître, à l'école et à la pièce. Le rapin dominait encore chez nous le poète, et les intérêts de la couleur nous préoccupaient fort. Pour nous le monde se divisait en *flamboyants* et en *grisâtres*, les uns objet de notre amour, les autres de notre aversion. Nous voulions la vie, la lumière, le mouvement, l'audace de pensée et d'exécution, le retour aux belles époques de la Renaissance et à la vraie antiquité, et nous rejetions le coloris effacé, le dessin maigre et sec, les compositions pareilles à des groupements de mannequins, que l'Empire avait légués à la Restauration.

Grisâtre avait aussi des acceptions littéraires dans notre pensée : Diderot était un flamboyant, Voltaire un grisâtre, de même que Rubens et Poussin. Mais nous avions en outre un goût particulier, l'amour du rouge ; nous aimions cette noble couleur, déshonorée maintenant par les fureurs politiques, qui est la pourpre, le sang, la vie, la lumière, la chaleur, et qui se marie si bien à l'or et au marbre, et cela était un vrai chagrin pour nous de la voir disparaître de la vie moderne et même de la peinture. Avant 1789, on pouvait porter un manteau écarlate avec des galons d'or, et à présent, pour voir quelques échantillons de cette teinte proscrite, on en était réduit à regarder la garde suisse relever le poste ou les habits rouges des fox-hunters des chasses anglaises aux vitrines des marchands d'estampes. *Hernani* n'est-il pas une occasion sublime pour réintégrer le rouge dans la place qu'il n'aurait jamais dû cesser d'occuper ? et n'est-il pas convenable qu'un jeune rapin à cœur de lion se fasse le chevalier du Rouge et vienne secouer le flamboiement de la couleur odieuse aux *grisâtres*, sur ce tas de classiques également ennemis des splendeurs de la poésie ? Ces bœufs verront du rouge et entendront des vers d'Hugo.

Nous n'avons pas la prétention de corriger une légende, mais nous devons cependant dire que ce gilet était un pourpoint taillé dans la forme des cuirasses de Milan ou des pourpoints des Valois busqués en pointe sur le ventre en formant arête dans le milieu. On a dit que nous savions beaucoup de mois, mais nous n'en connaissons pas, il faut l'avouer, qui puissent exprimer suffisamment l'air ahuri de notre tailleur lorsque nous lui exposâmes ce plan de gilet.

Il demeura stupide,

aurait-il pu s'exclamer comme l'Hippolyte de Pradon en entendant l'aveu de Phèdre ; et les cahiers d'expression du peintre Lebrun, à la page de l'étonnement, ne contiennent pas de tôles aux pupilles plus dilatées, aux sourcils plus surélevés et chassant les rides du front vers la racine des cheveux, que celle offerte en ce moment par l'honnête Gaulois (c'était son nom). Il nous crut fou, mais le respect l'empêchant de découvrir sa pensée tout entière pour la famille duquel il avait de la considération, il se contenta d'objecter d'une voix timide :

— Mais, monsieur, ce n'est pas la mode.

— Eh bien ! ce sera la mode — quand nous l'aurons porté une fois — répondîmes-nous, avec un aplomb digne de Brummel, de Nash, du comte d'Orsay ou de toute autre célébrité du dandysme.

— Je ne connais pas cette coupe ; ceci rentre dans le costume de théâtre plutôt que dans l'habit de ville, et je pourrais manquer la pièce.

— Nous vous donnerons un patron en toile grise que nous avons dessiné, coupé et faufilé nous-même ; vous l'ajusterez. Cela s'agrafe dans le dos comme le gilet des saint-simoniens — sans aucun symbolisme.

— N'ayez pas peur ! n'ayez pas peur ! Mes confrères se moqueront de moi, mais j'en ferai à votre fantaisie ; et en quelle étoffe doit s'exécuter ce précieux accoutrement ?

Nous tirâmes d'un bahut un magnifique morceau de satin cerise ou vermillon de la Chine, que nous déployâmes triomphalement sous les yeux du tailleur épouvanté, avec un air de tranquillité et de satisfaction qui l'alarma pour notre raison.

La lumière miroitait et glissait sur les cassures de l'étoffe que nous chiffonnions pour en faire jouer les reflets elles brillants. Les gammes les plus chaudes, les plus riches, les plus ardentes, les plus délicates du rouge étaient parcourues. Pour éviter l'infâme rouge de 93, nous avions admis une légère proportion de pourpre dans notre ton ; car nous étions désireux qu'on ne nous attribuât aucune intention politique. Nous n'étions pas dilettante de Saint-Just et de Maximilien de Robespierre, comme quelques-uns de nos camarades qui posaient pour les montagnards de la poésie, mais plutôt moyen âge, vieux baron de fer, féodal, prêt à nous réfugier contre l'envahissement du siècle, dans le burg de Goetz de

Berlichingen, comme il convenait à un page du Victor Hugo de ce temps-là, qui avait aussi sa tour dans la Sierra.

Malgré les répugnances bien concevables du brave Gaulois, le pourpoint s'exécuta, s'agrafa par derrière et, sauf le ridicule d'être dans la salle le seul de sa coupe et de sa couleur, nous allait aussi bien qu'un gilet à la mode. Le reste du costume se composait d'un pantalon vert d'eau très pâle, bordé sur la couture d'une bande de velours noir, d'un habit noir à revers de velours largement renversés, et d'un ample pardessus gris doublé de satin vert. Un ruban de moire, servant de cravate et de col de chemise, entourait le cou. Le costume, il faut en convenir, n'était pas mal combiné pour irriter et scandaliser les philistins. N'allez pas croire à des enjolivements après coup. Rien de plus exact. Nous voyons dans *Victor Hugo raconté par un témoin de sa vie* : « Il n'y eut que l'excentricité des costumes, qui, du reste, suffit amplement à l'horripilation des loges. On se montrait avec horreur M. Théophile Gautier, dont le gilet flamboyant éclatait ce soir-là sur un pantalon gris tendre, orné au côté d'une bande de velours noir, et dont les cheveux s'échappaient à flots d'un chapeau plat à larges bords. L'impassibilité de sa figure régulière et pâle et le sang-froid avec lequel il regardait les honnêtes gens des loges démontraient à quel degré d'abomination et de désolation le théâtre était tombé. »

Oui, nous les regardâmes avec un sang-froid parfait toutes ces larves du passé et de la routine, tous ces ennemis de l'art, de l'idéal, de la liberté et de la poésie, qui cherchaient de leurs débiles mains tremblotantes à tenir fermée la porte de l'avenir ; et nous sentions dans notre cœur un sauvage désir de lever leur scalp avec notre tomahawk pour en orner notre ceinture ; mais à cette lutte, nous eussions couru le risque de cueillir moins de chevelures que de perruques ; car si elle raillait l'école moderne sur ses cheveux, l'école classique, en revanche, étalait au balcon et à la galerie du

Théâtre-Français une collection de têtes chauves pareille au chapelet de crânes de la déesse Dourga. Cela sautait si fort aux yeux, qu'à l'aspect de ces moignons glabres sortant de leurs cols triangulaires avec des tons couleur de chair et beurre rance, malveillants malgré leur apparence paterne, un jeune sculpteur de beaucoup d'esprit et de talent, célèbre depuis, dont les mots valent les statues, s'écria au milieu d'un tumulte : « À la guillotine, les genoux ! »

Nous demandons pardon à nos lecteurs de les avoir fait tant attendre sur le seuil d'Hernani, et cela pour leur parler de nous ; mais ce n'est pas chez nous un péché d'habitude, et si nous connaissions un moyen de disparaître tout à fait de noire œuvre, nous l'emploierions ; — le *je* nous répugne tellement que notre formule expressive est *nous*, dont le pluriel vague efface déjà la personnalité et vous replonge dans la foule. Mais l'apparition surnaturelle, le flamboiement farouche et météorique de notre pourpoint écarlate à l'horizon du Romantisme, ayant été regardé « comme un signe des temps », dirait la *Revue des Deux Mondes* et occupé ce dix-neuvième siècle qui avait pourtant bien autre chose à faire, il a bien fallu faire violence à notre modestie naturelle et nous mettre en scène un instant, puisque aussi bien c'est nous qui étions le moule de ce pourpoint mirifique.

CY FINIT LA LÉGENDE DU GILET ROUGE.

PREMIÈRE REPRÉSENTATION D'HERNANI

5 février 1830 ! Cette date reste écrite dans le fond de notre passé en caractères flamboyants : la date de la première représentation d'*Hernani* ! Cette soirée décida de notre vie ! Là nous reçûmes l'impulsion qui nous pousse encore après tant d'années et qui nous fera marcher jusqu'au bout de la carrière. Bien du temps s'est écoulé depuis, et notre éblouissement est toujours le même. Nous ne rabattons rien de l'enthousiasme de notre jeunesse, et toutes les fois que retentit le son magique du cor, nous dressons l'oreille comme un vieux cheval de bataille prêt à recommencer les anciens combats.

Le jeune poète, avec sa fière audace et sa grandeur de génie, aimant mieux d'ailleurs la gloire que le succès, avait opiniâtrement refusé l'aide de ces cohortes stipendiées qui accompagnent les triomphes et soutiennent les déroutes. Les claqueurs ont leur goût comme les académiciens. Ils sont en général classiques. C'est à contre-cœur qu'ils eussent applaudi Victor Hugo : leurs hommes étaient alors Casimir Delavigne et Scribe, et l'auteur courait risque, si l'affaire tournait mal, d'être abandonné au plus fort de la bataille. On parlait de cabales, d'intrigues ténébreusement ourdies, de guet-apens presque, pour assassiner la pièce et en finir d'un seul coup avec la nouvelle École. Les haines littéraires sont encore plus féroces que les haines politiques, car elles font vibrer les fibres les plus chatouilleuses de l'amour-propre, et le triomphe de l'adversaire vous proclame imbécile. Aussi n'est-il pas de petites infamies et même de grandes que ne se permettent, en pareil cas, sans le moindre scrupule de conscience, les plus honnêtes gens du monde.

On ne pouvait cependant pas, quelque brave qu'il fût, laisser *Hernani* se débattre tout seul contre un parterre mal disposé et tumultueux, contre des loges plus calmes en apparence mais non moins dangereuses dans leur hostilité polie, et dont le ricanement bourdonne si importun au-dessous du sifflet plus franc, du moins, dans son attaque. La jeunesse romantique pleine d'ardeur et fanatisée par la préface de *Cromwell*, résolue à soutenir « l'épervier de la montagne », comme dit Alarcon du *Tisserand de Ségovie*, s'offrit au maître qui l'accepta. Sans doute tant de fougue et de passion était à craindre, mais la timidité n'était pas le défaut de l'époque. On s'enrégimenta par petites escouades dont chaque homme avait pour passe le carré de papier rouge timbré de la griffe *Hierro*. Tous ces détails sont connus, et il n'est pas besoin d'y insister.

On s'est plu à représenter dans les petits journaux et les polémiques du temps ces jeunes hommes, tous de bonne famille, instruits, bien élevés, fous d'art et de poésie, ceux-ci écrivains, ceux-là peintres, les uns musiciens, les autres sculpteurs ou architectes, quelques-uns critiques et occupés à un titre quelconque de choses littéraires, comme un ramassis de truands sordides. Ce n'étaient pas les Huns d'Attila qui campaient devant le Théâtre-Français, malpropres, farouches, hérissés, stupides ; mais bien les chevaliers de l'avenir, les champions de l'idée, les défenseurs de l'art libre ; et ils étaient beaux, libres et jeunes. Oui, ils avaient des cheveux, — on ne peut naître avec des perruques — et ils en avaient beaucoup qui retombaient en boucles souples et brillantes, car ils étaient bien peignés. Quelques-uns portaient de fines moustaches et quelques autres des barbes entières. Cela est vrai, mais cela seyait fort bien à leurs têtes spirituelles, hardies et fières, que les maîtres de la Renaissance eussent aimé à prendre pour modèles.

Ces *brigands de la pensée*, l'expression est de Philothée O'Neddy, ne ressemblaient pas à de parfaits notaires, il faut l'avouer, mais leur costume où régnaient la fantaisie du goût individuel et le juste sentiment de la couleur, prêtait davantage à la peinture. Le satin, le velours, les soutaches, les brandebourgs, les parements de fourrures, valaient bien l'habit noir à queue de morue, le gilet de drap de soie trop court remontant sur l'abdomen, la cravate de mousseline empesée où plonge le menton, et les pointes des cols en toile blanche faisant œillères aux lunettes d'or. Même le feutre mou et la vareuse des plus jeunes rapins qui n'étaient pas encore assez riches pour réaliser leurs rêves de costume à la Rubens et à la Velasquez, étaient plus élégants à coup sûr que le chapeau en tuyau de poêle et le vieil habit à plis cassés des anciens habitués de la Comédie-Française, horripilés par l'invasion de ces jeunes barbares shakespeariens. Ne croyez donc pas un mot de ces histoires. Il aurait suffi de nous faire entrer une heure avant le public ; mais, dans une intention perfide et dans l'espoir sans doute de quelque tumulte qui nécessitât ou prétextât l'intervention de la police, on fit ouvrir les portes à deux heures de l'après-midi, ce qui faisait huit heures d'attente jusqu'au lever du rideau.

La salle n'était pas éclairée. Les théâtres sont obscurs le jour et ne s'illuminent que la nuit. Le soir est leur aurore et la lumière ne leur vient que lorsqu'elle s'éteint au ciel. Ce renversement s'accorde avec leur vie factice. Pendant que la réalité travaille, la fiction dort.

 Rien de plus singulier qu'une salle de théâtre pendant la journée. À la hauteur, à l'immensité du vaisseau encore agrandies par la solitude, on se croirait dans la nef d'une cathédrale. Tout est baigné d'une ombre vague où filtrent, par quelque ouverture des combles, ou quelque regard de loge, des lueurs bleuâtres, des rayons blafards contrastant avec les tremblotements rouges des fanaux de service disséminés en nombre suffisant, non pour éclairer, mais pour rendre l'obscurité visible. Il ne serait pas difficile à un œil visionnaire, comme celui d'Hoffmann, de trouver là le décor d'un conte fantastique. Nous n'avions jamais pénétré dans une salle de spectacle le jour, et lorsque noire bande, comme le flot d'une écluse qu'on ouvre, creva à l'intérieur du théâtre, nous demeurâmes surpris de cet effet à la Piranèse.

 On s'entassa du mieux qu'on put aux places hautes, aux recoins obscurs du cintre, sur les banquettes de derrière dès galeries, à tous les endroits suspects et dangereux où pouvait s'embusquer dans l'ombre une clef forée, s'abriter un claqueur furieux, un prudhomme épris de Campistron et redoutant le massacre des bustes par des septembriseurs d'un nouveau genre. Nous n'étions là guère plus à l'aise que don Carlos n'allait l'être tout à l'heure au fond de son armoire ; mais les plus mauvaises places avaient été réservées aux plus dévoués, comme en guerre les postes les plus périlleux aux enfants perdus qui aiment à se jeter dans la gueule même du danger. Les autres, non moins solides, mais plus sages, occupaient le parterre, rangés en bon ordre sous l'œil de leurs chefs et prêts à donner avec ensemble sur les philistins au moindre signe d'hostilité.

 Six ou sept heures d'attente dans l'obscurité, ou tout au moins la pénombre d'une salle dont le lustre n'est pas allumé, c'est long, même lorsqu'au bout de cette nuit *Hernani* doit se lever comme un soleil radieux.

Des conversations sur la pièce s'engagèrent entre nous, d'après ce que nous en connaissions. Quelques uns, plus avant dans la familiarité du maître, en avaient entendu lire des fragments dont ils avaient retenu quelques vers, qu'ils citaient et qui causaient un vif enthousiasme. On y présentait un nouveau *Cid* ; un jeune Corneille non moins fier, non moins hautain et castillan que l'ancien, mais ayant pris cette fois la palette de Shakespeare. On discutait sur les divers titres qu'avait dû porter le drame. Quelques-uns regrettaient *Trois pour une*, qui leur semblait un vrai titre à la Calderon, un titre de cape et d'épée, bien espagnol et bien romantique, dans le genre de *La vie est un songe*, des *Matinées d'avril et de mai* ; d'autres, et avec raison, trouvaient plus de gravité au titre ou plutôt au sous-titre l'*Honneur castillan*, qui contenait l'idée de la pièce.

Le plus grand nombre préférait *Hernani* tout court, et leur avis a prévalu, car c'est ainsi que le drame s'appelle définitivement, et que, pour nous servir de la formule homérique, il voltige, nom ailé, sur la bouche des hommes à la voix articulée.

Dix ans plus tard nous voyagions en Espagne. Entre Asligarraga et Tolosa, nous traversâmes au galop de mules un bourg à demi ruiné par la guerre entre les *christinos* et les *carlistes*, dont nous entrevoyions confusément dans l'ombre les murs historiés d'énormes blasons sculptés au-dessus des portes et les fenêtres noires à serrureries compliquées, grilles et balcons touffus, témoignant d'une ancienne splendeur, et nous demandâmes à notre zagal qui courait près de la voiture, la main posée sur la maigre échine de la mule hors montoir, le nom de ce village ; il nous répondit : « Ernani. »
— À ces trois syllabes évocatrices, la somnolence qui commençait à nous envahir, après une journée de fatigue, se

dissipa tout à coup. À travers le perpétuel tintement de grelots de l'attelage passa comme un soupir lointain une note du cor d'Hernani. Nous revîmes dans un éblouissement soudain le fier montagnard avec sa cuirasse de cuir, ses manches vertes et son pantalon rouge ; don Carlos dans son armure d'or, dona Sol, pâle et vêtue de blanc, Ruy Gomez de Silva debout devant les portraits de ses aïeux ; tout le drame complet. Il nous semblait même entendre encore la rumeur de la première représentation.

Victor Hugo enfant, revenant d'Espagne en France, après la chute du roi Joseph, a dû traverser ce bourg dont l'aspect n'a pas changé, et recueillir de la bouche d'un postillon ce nom bizarre d'une sonorité éclatante, si bien fait pour la poésie qui, mûrissant plus tard dans son cerveau comme une graine oubliée dans un coin, a produit cette magnifique floraison dramatique.

La faim commençait à se faire sentir. Les plus prudents avaient emporté du chocolat et des petits pains, — quelques-uns — *proh ! pudor* — des cervelas ; des classiques malveillants disent à l'ail. Nous ne le pensons pas ; d'ailleurs l'ail est classique, Thestysis en broyait pour les moissonneurs de Virgile. La dînette achevée, on chanta quelques ballades d'Hugo, puis on passa à quelques-unes de ces interminables scies d'atelier, ramenant, comme les norias leurs godets, leurs couplets versant toujours la même bêtise ; ensuite on se livra à des imitations du cri des animaux dans l'arche que les critiques du Jardin des Plantes auraient trouvés irréprochables. On se livra à d'innocentes gamineries de rapins ; on demanda la tête ou plutôt le *gazon* de quelque membre de l'Institut ; on déclama des *songes tragiques !* et l'on se permit, à l'endroit de Melpomène, toutes sortes de libertés juvéniles qui durent fort étonner la bonne vieille déesse, peu habituée à sentir chiffonner de la sorte son péplum de marbre.

Cependant le lustre descendait lentement du plafond avec sa triple couronne de gaz et son scintillement prismatique ; la rampe montait, traçant entre le monde idéal et le monde réel sa démarcation lumineuse. Les candélabres s'allumaient aux avant-scènes et la salle s'emplissait peu à peu. Les portes des loges s'ouvraient et se fermaient avec fracas. Sur le rebord de velours, posant leurs bouquets et leurs lorgnettes, les femmes s'installaient comme pour une longue séance, donnant du jeu aux épaulettes de leur corsage décolleté, s'asseyant bien au milieu de leurs jupes. — Quoiqu'on ait reproché à notre école l'amour du laid, nous devons avouer que les belles, jeunes et jolies femmes, furent chaudement applaudies de cette jeunesse ardente, ce qui fut trouvé de la dernière inconvenance et du dernier mauvais goût par les vieilles et les laides. Les applaudies se cachèrent derrière leurs bouquets avec un sourire qui pardonnait.

L'orchestre et le balcon étaient pavés de crânes académiques et classiques. Une rumeur d'orage grondait sourdement dans la salle, il était temps que la toile se levât : on en serait peut-être venu aux mains avant la pièce, tant l'animosité était grande de part et d'autre. Enfin les trois coups retentirent. Le rideau se replia lentement sur lui-même, et l'on vit, dans une chambre à coucher du seizième siècle, éclairée par une petite lampe, dona Josefa Duarte, vieille en noir, avec le corps de sa jupe cousu de jais à la mode d'Isabelle la Catholique, écoutant les coups que doit frapper à la porte secrète un galant attendu par sa maîtresse :

Serait-ce déjà lui ? — C'est bien à l'escalier
Dérobé —

La querelle était déjà engagée. Ce mot rejeté sans façon à l'autre vers, cet enjambement audacieux, impertinent même, semblait un spadassin de profession, un Saltabadil, un Scoronconcolo allant donner un pichenette sur le nez du classicisme pour le provoquer en duel.

HERNANI

— Eh ! quoi, dès le premier mot l'orgie en est déjà là ! On casse les vers et on les jette par les fenêtres, dit un classique admirateur de Voltaire avec le sourire indulgent de la sagesse pour la folie.

Il était tolérant d'ailleurs et ne se fût pas opposé à de prudentes innovations, pourvu que la langue fût respectée ; mais de telles négligences au début d'un ouvrage devaient être condamnées chez un poète, quels que fussent ses principes, libéral ou royaliste.

— Mais ce n'est pas une négligence, c'est une beauté, répliquait un romantique de l'atelier de Devéria, fauve comme un cuir de Cordoue et coiffé d'épais cheveux rouges comme ceux d'un Giorgione.

C'est bien à l'escalier

Dérobé.

Ne voyez-vous pas que ce mot *dérobé*, rejeté et comme suspendu en dehors du vers, peint admirablement l'escalier d'amour et de mystère qui enfonce sa spirale dans la muraille du manoir ! Quelle merveilleuse science architectonique !

quel sentiment de l'art du seizième siècle ! quelle intelligence profonde de toute une civilisation !

L'ingénieux élève de Devéria voyait sans doute trop de choses dans ce rejet, car ses commentaires, développés outre mesure, lui attirèrent des *chut* et des *à la porte*, dont l'énergie croissante l'obligea bientôt au silence.

Il serait difficile de décrire, maintenant que les esprits sont habitués à regarder comme des morceaux pour ainsi dire classiques les nouveautés qui semblaient alors de pures barbaries, l'effet que produisaient sur l'auditoire ces vers si singuliers, si mâles, si forts, d'un tour si étrange, d'une allure si cornélienne et si shakespearienne à la fois. Nous allons cependant l'essayer. Il faut d'abord bien se figurer qu'à cette époque, en France, dans la poésie et même aussi dans la prose, l'horreur du mot propre était poussé à un degré inimaginable. Quoi qu'on fasse, on ne peut concevoir cette horreur qu'au point de vue historique, comme certains préjugés dont les motifs ou les prétextes ont disparu.

Quand on assiste aujourd'hui à une représentation d'*Hernani*, en suivant le jeu des acteurs sur un vieil exemplaire marqué de coups d'ongle à la marge pour désigner des endroits tumultueux, interrompus ou sifflés, d'où partent d'ordinaire maintenant les applaudissements comme des vols d'oiseaux avec de grands bruits d'ailes et qui étaient jadis des champs de bataille piétinés, des redoutes prises et reprises, des embuscades où l'on s'attendait au détour d'une épithète, des relais de meutes pour sauter à la gorge d'une métaphore poursuivie, on éprouve une surprise indicible que les générations actuelles, débarrassées de ces niaiseries par nos vaillants efforts, ne comprendront jamais tout à fait. Comment s'imaginer qu'un vers comme celui-ci :

Est-il minuit ? — Minuit bientôt

ait soulevé des tempêtes et qu'on se soit battu trois jours autour de cet hémistiche ? On le trouvait trivial, familier, inconvenant ; un roi demande l'heure comme un bourgeois et on lui répond comme à un rustre : minuit. C'est bien fait. S'il s'était servi d'une belle périphrase, on aurait été poli ; par exemple :

— L'HEURE
Atteindra bientôt sa dernière demeure.

Si l'on ne voulait pas de mots propres dans les vers, on y supportait aussi fort impatiemment les épithètes, les métaphores, les comparaisons, les mots poétiques enfin, — le lyrisme, pour tout dire, ces échappées rapides vers la nature, ces élans de l'âme au-dessus de la situation, ces ouvertures de la poésie à travers le drame, si fréquentes dans Shakespeare, Calderon et Gœthe, si rares chez nos grands auteurs du dix-septième siècle, que tout le théâtre de ce temps ne fournit que ces deux vers pittoresques, l'un de Corneille, l'autre de Molière, le premier dans le récit du Cid, le second dans les propos d'Orgon revenant de voyage et se chauffant les mains devant le feu. Le vers de Corneille est une cheville magnifique taillée par des mains souveraines dans le cèdre des parvis célestes pour amener la rime de « voiles » dont il avait besoin :

Cette obscure clarté qui tombe des étoiles.

Celui de Molière :

La campagne à présent n'est pas beaucoup fleurie

respire un sentiment de bien-être bourgeois et de satisfaction de ne plus être exposé aux intempéries de l'air, mais qui cependant fait penser, dans cette noire maison du vieux Paris où s'enchevêtrent comme des reptiles les tortuosités de l'intrigue, qu'il y a encore là-bas, à la campagne, quelque chose de vert et que l'homme, quoiqu'il ne la regarde guère, est toujours enveloppé de la nature.

Ce spectacle si nouveau occupait la malveillance. On suivait, sans la quitter des yeux, cette action si vivement engagée, et l'on sacrifiait plus d'une fois le plaisir de chuter ou d'interrompre à celui d'entendre. Le génie du poète dominait par instants les routines et les mauvais instincts de la foule qui regimbe contre tout ascendant qu'elle ne subissait pas la veille et trouve qu'elle admire déjà bien assez de gens comme cela.

Malgré la terreur qu'inspirait la bande d'Hugo répandue par petites escouades et facilement reconnaissable à ses ajustements excentriques et à ses airs féroces, bourdonnait dans la salle cette sourde rumeur des foules agitées qu'on ne comprime pas plus que celle de la mer. La passion qu'une salle contient se dégage toujours et se révèle par des signes irrécusables. Il suffisait de jeter les yeux sur ce public pour se convaincre qu'il ne s'agissait pas là d'une représentation ordinaire ; que deux systèmes, deux partis, deux armées, deux civilisations même, — ce n'est pas trop dire — étaient en présence, se haïssant cordialement, comme on se hait dans les haines littéraires, ne demandant que la bataille, et prêts-à fondre l'un sur l'autre. L'attitude générale était hostile, les coudes se faisaient anguleux, la querelle n'attendait pour jaillir que le moindre contact, et il n'était pas difficile de voir que ce jeune homme à longs cheveux trouvait ce monsieur à face bien rasée désastreusement crétin et ne lui cacherait pas longtemps cette opinion particulière.

En effet, de petits tumultes aussitôt étouffés éclataient aux plaisanteries romantiques de don Carlos, aux *Saint-Jean d'Avila* de don Ruy Gomez de Silva, et à certaines touches de couleur locale espagnole prise à la palette du *Romancero* pour plus d'exactitude. Mais comme au fond on sentait que ce mélange de familiarité et de grandeur, d'héroïsme et de passion, de sauvagerie chez Hernani, de rabâchage homérique chez le vieux Silva, révoltait profondément la portion du public qui ne faisait pas partie des *salteadores* d'Hugo ! *De ta suite — j'en suis !* qui termine l'acte, devint, nous n'avons pas besoin de vous le dire, pour l'immense tribu des *glabres*, le prétexte des plus insupportables scies ; mais les vers de la tirade sont si beaux, que dits même par ces canards de Vaucanson, ils semblaient encore admirables.

Madame Gay, qui fut plus tard madame Delphine de Girardin, et qui était déjà célèbre comme poétesse, attirait les yeux par sa beauté blonde. Elle prenait naturellement la pose et le costume que lui donne le portrait si connu d'Hersent, robe blanche, écharpe bleue, longues spirales de cheveux d'or, bras replié et bout du doigt appuyé sur la joue dans l'altitude de l'attention admirative ; cette Muse avait toujours l'air d'écouter un Apollon. Lamartine et Victor Hugo étaient ses grands amis ; elle se tint en adoration devant leur génie jusqu'au dernier jour, et sa belle main pâle ne laissa tomber l'encensoir que glacée. Ce soir-là, ce grand soir à jamais mémorable d'*Hernani*, elle applaudissait, comme un simple rapin entré avant deux heures avec un billet rouge, les beautés choquantes, les traits de génie révoltants...

Mars-août 1872.

NOTICES ROMANTIQUES

LA REPRISE D'HERNANI

(LE 21 JUIN 1867)

Il y a trente-sept ans que, grâce au carré de papier rouge égratigné de la griffe *Hierro*, nous entrions au Théâtre-Français bien avant l'heure de la représentation, en compagnie de jeunes poètes, de jeunes peintres, de jeunes sculpteurs, — tout le monde était jeune alors ! — enthousiastes, pleins de foi et résolus à vaincre ou mourir dans la grande bataille littéraire qui allait se livrer. C'était le 25 février 1830, le jour d'*Hernani*, une date qu'aucun romantique n'a oubliée et dont les classiques se souviennent peut-être, car la lutte fut acharnée de part et d'autre. Beaux temps où les choses de l'intelligence passionnaient à ce point la foule !

Notre émotion n'a pas été moindre jeudi dernier. Trente-sept ans ! c'est plus de deux fois ce que Tacite appelle « un grand espace de la vie humaine. » Hélas ! des anciennes phalanges romantiques, il ne reste que bien peu de combattants ; mais tous ceux qui ont survécu étaient là, et nous les reconnaissions dans leur stalle ou dans leur loge avec un plaisir mélancolique en songeant aux bons compagnons disparus à tout jamais. Du reste, *Hernani* n'a plus besoin de sa vieille bande, personne ne songe à l'attaquer. Le public a fait comme don Carlos, il a pardonné au rebelle et lui a rendu tous ses titres. Hernani est maintenant Jean d'Aragon, grand maître d'Avis, duc de Segorbe et duc de Cardona, marquis de Monroy, comte Albatera, et les bras de doña Sol se rejoignent autour de son cou sur l'ordre de la Toison d'or. Sans le pacte imprudent conclu avec Ruy Gomez, il serait parfaitement heureux.

Autrefois ce n'était pas ainsi, et chaque soir Hernani était obligé de sonner du cor pour rassembler ses éperviers de montagne, qui parfois emportaient dans leurs serres quelque bonne perruque classique en signe de triomphe. Certains vers étaient pris et repris comme des redoutes disputées par chaque armée avec une opiniâtreté égale. Un jour les romantiques enlevaient une tirade que l'ennemi reprenait le lendemain, et dont il fallait le déloger. Quel vacarme ! quels cris ! quelles huées ! quels sifflets ! quels ouragans de bravos ! quels tonnerres d'applaudissements ! Les chefs de parti s'injuriaient comme les héros d'Homère avant d'en venir aux mains, et quelquefois, il faut le dire, ils n'étaient guère plus polis qu'Achille et qu'Agamemnon. Mais les paroles ailées s'envolaient au cintre, et l'attention revenait bien vite à la scène.

On sortait de là brisé, haletant, joyeux quand la soirée avait été bonne, invectivant les philistins quand elle avait été mauvaise, et les échos nocturnes, jusqu'à ce que chacun fût rentré chez soi, répétaient des fragments du monologue d'Hernani ou de don Carlos, car nous savions tous la pièce par cœur, et aujourd'hui nous-même la soufflerions au besoin.

Pour cette génération, *Hernani* a été ce que fut le Cid pour les contemporains de Corneille. Tout ce qui était jeune, vaillant, amoureux, poétique, en reçut le souffle. Ces belles exagérations héroïques et castillanes, cette superbe emphase espagnole, ce langage si fier et si hautain dans sa familiarité, ces images d'une étrangeté éblouissante, nous jetaient comme en extase et nous enivraient de leur poésie capiteuse. Le charme dure encore pour ceux qui furent alors captivés. Certes l'auteur d'*Hernani* a fait des pièces aussi belles, plus complètes et plus dramatiques que celle-là peut-être, mais nulle n'exerça sur nous une pareille fascination.

Dix ans plus tard, nous venions d'entrer en Espagne, le pays où nous avons nos châteaux, nous parcourions la route entre Irun et Tolosa, lorsqu'à un relai de poste un nom magique pour nous fit vibrer jusqu'au fond de notre cœur notre fibre romantique. Le bourg où l'on s'arrêtait s'appelait « Hernani ». C'était une surprise pareille à celle qu'on éprouverait en entendant donner à un lieu réel un nom des pièces de Shakespeare. Le bourg était d'ailleurs bien digne du titre célèbre qu'il portait. Ses maisons de pierre grise, aux portes étoilées de gros clous, aux fenêtres grillées de serrureries touffues, aux toits fortement projetés, historiées de grands blasons sculptés, à lambrequins énormes et à supports bizarres qu'accompagnaient de graves légendes castillanes où parlaient en quelques mots l'honneur, la foi et la fierté, convenaient admirablement, chose rare, au souvenir évoqué. À chaque instant nous nous attendions à voir déboucher par une ruelle Hernani en personne avec sa cuirasse, de cuir, son ceinturon à boucle de cuivre, son pantalon gris, ses alpargatas, son manteau brun, son chapeau à larges bords, armé de son épée et de sa dague et portant à une ganse verte son cor aussi connu que celui de Roland. Sans doute le poète, dont l'enfance s'est passée au collège noble de Madrid, a traversé ce bourg, et ce nom sonore et bien fait lui étant resté dans quelque recoin de sa mémoire, il en a baptisé plus tard le héros de son drame.

Mais nous voilà comme Nestor, le bon chevalier de Gerennia, dont nous n'avons cependant pas encore l'âge, occupé à raconter des histoires et à dire aux hommes d'aujourd'hui ce qu'étaient les hommes d'autrefois. Laissons, comme il convient, le passé pour le présent et revenons à la représentation de jeudi. La salle n'était pas moins remplie ni moins animée que le 25 février 1830 ; mais il n'y avait plus d'antagonisme classique et romantique. Les deux camps s'étaient fondus en un seul, battant des mains avec un ensemble que ne troublait plus aucune discordance. Les passages qui jadis provoquaient des luttes étaient, nuance délicate, particulièrement applaudis, comme si l'on voulait dédommager le poète d'une antique injustice. Les années se sont écoulées, et l'éducation du public s'est faite insensiblement ; ce qui le révoltait naguère lui semble tout simple. Les prétendus défauts se transforment en beautés, et tel s'étonne de pleurer là où il riait et de s'enthousiasmer à l'endroit qu'il sifflait. Le prophète n'est pas allé à la montagne, mais la montagne est allée au prophète, contrairement à la légende de l'Islam.

L'œuvre elle-même a gagné avec le temps une magnifique patine ; comme sous un vernis d'or qui adoucit et qui réchauffe en même temps, les couleurs violentes se sont calmées, les âpretés de touche, les férocités d'empâtement ont disparu ; le tableau a la richesse grave, l'autorité et la largeur de pinceau d'un de ces portraits où Titien, le peintre de Charles-Quint, représentait quelque haut personnage avec son blason dans le coin de la toile.

Dans la préface de sa pièce l'auteur disait en parlant de lui-même : « Il n'ose se flatter que tout le monde ait compris du premier coup ce drame dont le *Romancero general* est la véritable clef. Il prierait volontiers les personnes que cet ouvrage a pu choquer de relire *le Cid, don Sanche, Nicomède,* ou plutôt tout Corneille et tout Molière, ces grands et admirables poètes. Cette lecture, si pourtant elles veulent bien faire d'abord la part de l'immense infériorité de l'auteur d'*Hernani*, les rendra peut-être moins sévères pour certaines choses qui ont pu les blesser dans le fond ou la forme de ce drame. »

Dans ces quelques lignes se trouve le secret du style romantique qui procède de Corneille, de Molière et de Saint Simon, en y ajoutant pour les images quelques nuances de Shakespeare. Racine seul paraît classique aux délicats qui, au fond, n'aiment guère les mâles poètes et le vigoureux prosateur que nous venons de citer. C'est cette veine de langage qui leur déplaît dans les poètes modernes en général et chez Hugo en particulier.

C'est un bien vif plaisir de voir, après tant de mélodrames et de vaudevilles, cette œuvre de génie avec ses personnages plus grands que nature, ses passions gigantesques, son lyrisme effréné et son action qui semble une légende du *Romancero* mise au théâtre comme l'a été celle du Cid Campéador, et surtout d'entendre ces beaux vers colorés, si poétiques, si fermes et si souples à la fois, se prêtant à la rapidité familière du dialogue où les répliques s'entre-croisent comme des lames et semblent jeter des étincelles, et planant avec des ailes d'aigle ou de colombe aux moments de rêverie et d'amour.

Dans le grand monologue de don Carlos devant le tombeau de Charlemagne, il nous semblait monter par un escalier dont chaque marche était un vers au sommet d'une flèche de cathédrale, d'où le monde nous apparaissait comme dans la gravure sur bois d'une cosmographie gothique, avec des clochers pointus, des tours crénelées, des toits à découpures, des palais, des enceintes de jardins, des remparts en zigzag, des bombardes sur leurs affûts, des tire-bouchons de fumée et tout au fond un immense fourmillement de peuple. Le poète excelle dans ces vues prises de haut sur les idées, la configuration ou la politique d'un temps.

La pièce qui portait ce sous-titre *Hernani* ou *l'Honneur castillan*, a pour fatalité *el pundonor*, cette *ananké* de tant de comédies espagnoles ; Jean d'Aragon y obéit, mais ce n'est pas sans regret ; la vie lui est si douce quand sonne le rappel du serment oublié, et il suit doña Sol dans la mort plutôt qu'il ne tient sa promesse. Mais voilà que l'habitude de l'analysé nous emporte, et que nous racontons *Hernani*.

On nous demandera sans doute si d'origine l'exécution de la pièce était supérieure à celle d'aujourd'hui ; à l'exception du vieux Joanny, les acteurs qui créèrent les rôles étaient peu sympathiques au nouveau genre, et jouaient loyalement à coup sûr, mais sans grande conviction ; Firmin donnait à Hernani cette trépidation fiévreuse qui chez lui simulait la chaleur ; Michelot était un don Carlos assez médiocre, dont les coupes du vers moderne embarrassaient la diction ; mademoiselle Mars ne pouvait prêter à la fièvre et passionnée doña Sol qu'un talent sobre et fin, préoccupé des convenances, plus fait d'ailleurs pour la comédie que pour le drame. Seul Joanny réalisait l'idéal de Ruy Gomez de Silva. Il était enchanté de son rôle et il y croyait absolument. Sa main mutilée à la guerre lui donnait l'air d'un héros en retraite, et il disait superbement ce vers :

Ressaye à soixante ans ton harnois de bataille.

Delaunay a joué Hernani avec une rare intelligence et il est difficile de lutter plus habilement contre une physionomie qui est naturellement charmante et qui, pendant quatre actes du drame, doit être sinistre, orageuse et fatale. Mais au dénouement, quand le bandit redevenu grand seigneur a dépouillé ses guenilles de *salteador*, Delaunay, rentré dans son milieu de grâce et d'élégance, joue admirablement la scène d'amour et d'agonie. Ruy Gomez, « le vieillard stupide, » est représenté par Maubant avec une dignité, une mélancolie et un sentiment de la vie féodale qu'on ne saurait trop louer ; il a dit de la façon la plus noble, la plus paternelle et la plus touchante, la déclaration d'amour du bon vieux duc. Brossant a derrière les portraits historiques de Charles-Quint retrouvé un don Carlos jeune, brave et galant avec une légère barbe dorée admirablement réussie. Il a bien dit le grand monologue. Quant à mademoiselle Favart, elle est la véritable doña Sol ; hautaine et soumise à la fois, faisant plier sa fierté devant l'amour, et se révoltant contre la galanterie : aventureuse et fidèle comme une héroïne de Shakespeare, elle a au dernier acte une agonie digne de Rachel.

(MONITEUR, 25 juin 1867.)

VENTE DU MOBILIER DE VICTOR HUGO EN 1852

S'il y a quelque chose de triste au monde, c'est une vente après décès. La foule entre de plain-pied dans un intérieur fermé jusque-là, et qui ne s'ouvrait qu'à la parenté ou qu'à l'amitié ; elle se promène partout, avide et curieuse, surtout si la mort a joui de quelque célébrité, profanant les recoins secrets, bourdonnant autour de l'autel des lares domestiques. Ces meubles, qui gardent encore l'empreinte de la vie, ces livres laissés ouverts sur une table, comme pour en reprendre plus tard la lecture ; ces pendules au balancier immobile où l'œil du maître a lu sa dernière heure ; ces portraits des aïeux ou d'êtres plus chers encore ; ces tableaux orgueil de la maison ; tous ces petits objets familiers, dont se compose la physionomie d'une maison, s'en vont dispersés comme des feuilles éparpillées au vent, deçà, delà, perdant le sens que leur donnait leur réunion, commencer ailleurs une autre existence, souvenirs abolis, hiéroglyphes indéchiffrables désormais. Certes, c'est là un spectacle navrant, plein d'idées lugubres et de réflexions amères ! Mais ce qu'il y a encore de plus morne et de plus pénible à voir, c'est la vente du mobilier d'un homme vivant, surtout quand cet homme se nomme Victor Hugo, c'est-à-dire le plus grand poète de la France, maintenant en exil comme Dante, et qui apprend par expérience combien il est douloureusement vrai le vers du vieux gibelin :

Il est dur de monter par l'escalier d'autrui.

Nous avons sous les yeux, au moment où nous écrivons ces lignes, une mince brochure bleue dont voici le titre :
« Catalogue sommaire d'un bon mobilier, d'objets d'art et de curiosité, meubles anciens en bois de chêne sculpté, bois doré et laque du Japon, pendules en marqueterie de Boule, bronzes, porcelaines de Saxe, de Chine, du Japon, faïences anciennes, verreries de Venise, terres cuites, bustes en marbre, médaillons en bronze, tableaux, dessins, livres, Voyage en Égypte, armes anciennes, rideaux, tentures, tapis et tapisseries, couchers, porcelaines, batterie de cuisine, etc., dont la vente aux enchères publiques aura lieu pour cause du départ de M. Victor Hugo, rue de la Tour-d'Auvergne, n° 37, par le ministère de Me Ridel, commissaire-priseur, rue Saint-Honoré, 335, assisté de M. Manheim, marchand de curiosités, rue de la Paix, 8, chez lesquels se distribue le présent catalogue. »

Nulle élégie ne nous a plus ému que cette simple nomenclature qui, sous son aridité de style, de vérité, cache un poème de muette douleur. C'est comme une nénie de séparation éternelle, comme l'adieu d'un voyage sans retour. À quoi bon des meubles à celui qui n'a plus de foyer, et qui va errer de rivage en rivage sur la terre étrangère, suivi du petit groupe de la famille, hélas ! déjà diminué par la mort. Pourquoi conserver cette maison veuve où le maître ne rentrera plus ? Que ferait d'un lit, d'une table, d'un fauteuil le poète qui n'a plus que le monde pour patrie ?

Fatales nécessités, sur lesquelles nous devons nous taire, et qu'il ne nous appartient pas de discuter, mais qu'il nous est permis au moins de déplorer, car nous avons été le disciple, l'admirateur, et nous sommes toujours l'ami du grand homme ainsi frappé. Qui nous eût dit, après les soirées triomphales d'*Hernani*, de *Lucrèce Borgia*, de *Ruy-Blas*, lorsque perdu, nous l'un des plus obscurs, dans un flot de jeunesse enthousiaste, nous suivions le poète, attendant un sourire, un mot amical, une poignée de main, que le maître suprême, le dieu de la poésie, que nous n'abordions qu'avec des terreurs et des tremblements, aurait un jour besoin du secours de notre plume, afin d'annoncer la vente de son mobilier *pour cause de départ*, et d'ajouter, par la publicité, quelque obole à son pécule d'exil !

Il nous répugne vraiment par trop de dépoétiser par une énumération de commissaire-priseur cet intérieur où nous avons passé des heures si douces, dans une charmante intimité, écoutant une de ces conversations d'art, de voyage ou de philosophie, comme on n'en entendra plus. Nous aimons mieux en retracer la physionomie vivante, et, par ce léger crayon fait à la hâte, conserver la figure des lieux et la place des objets. Ces quelques lignes seront peut-être plus tard consultées comme documents pour la biographie du poète.

M. Victor Hugo, après un long séjour à la place Royale, avait transporté, rue de la Tour d'Auvergne, dans une vaste, calme et solitaire maison propice à la rêverie et au travail, et des fenêtres de laquelle on aperçoit Paris en panorama, espèce d'Océan immobile qui a sa grandeur comme l'autre. On traversait une cour déserte, l'on montait, et au premier l'on trouvait le logis hospitalier du poète, modeste demeure pour un si grand nom, et où les étrangers, venus de loin pour le saluer, s'étonnaient de ne trouver ni portiques ni colonnes de marbre.

Dès l'antichambre, le goût particulier du poète se déclarait, car nul n'a plus imprimé le cachet de sa fantaisie aux lieux qu'il habitait : des fontaines chinoises, des vases en faïence de Rouen, des armoires en laque du Japon, décoraient cette première pièce.

Le petit salon d'attente, revêtu de cuir de Cordoue gaufré et doré, encadrant deux panneaux de tapisserie gothique de très vieille date, plus ancienne même que la tapisserie de Bayeux, s'éclairait par une fenêtre à vitraux allemands ou suisses ; une cheminée en chêne sculpté, une glace à cadre de terre cuite où se déroulaient, à travers les arabesques de l'ornementation, les principales scènes du roman de *Notre-Dame de Paris*, un buste de nègre en pierre de touche, quelques fragments de boiserie antique, une grande pendule en marqueterie, en écaille et en cuivre, une chaise longue et un fauteuil en bambou de Chine, tel était l'ameublement de ce petit salon, dont la plus grande singularité consistait en un lutrin mobile tournant comme une roue, et destiné à porter des in-folio sur ses palettes ; une vieille Bible ouverte et posée sur ses rayons faisait comprendre l'usage et l'utilité de ce meuble de bénédictin.

Nous n'en avons pas encore dit la principale richesse, un dessin magnifique représentant les bords du Rhin, illustration du livre exécutée par la main qui l'a écrit.

Victor Hugo, s'il n'était pas poète, serait un peintre de premier ordre ; il excelle à mêler, dans des fantaisies sombres et farouches, les effets de clair-obscur de Goya à la terreur architecturale de Piranèse ; il sait, au milieu d'ombres menaçantes, ébaucher d'un rayon de lune ou d'un éclat de foudre, les tours d'un bourg démantelé, et sur un rayon livide de soleil couchant découper en noir la silhouette d'une ville lointaine avec sa série d'aiguilles, de clochers et de beffrois.

Bien des décorateurs lui envieraient cette qualité étrange de créer des donjons, des vieilles rues, des châteaux, des églises en ruine ; d'un style insolite, d'une architecture inconnue, pleine d'amour et de mystère, dont l'aspect vous oppresse comme un cauchemar.

De ce petit salon on entre dans la chambre à coucher du poète, qui ressemble un peu à la chambre de la Tisbé. Un lit à colonnes salomoniques et à dossiers dorés en occupe le fond avec ses amples pentes de vieux damas des Indes. Les murs sont tapissés de tentures de Chine, et le plafond est orné d'une peinture allégorique de Châtillon, représentant une femme couchée, souriant à un personnage vêtu comme Pétrarque et qui étudie dans un grand livre. Dans la cheminée, faite de morceaux raccordés de bas-reliefs gothiques, se prélassent deux mornes chenets de fer, enlevés sans doute à l'âtre colossal de quelque burg du Rhin, et sur lesquels Job et Magnus ont peut-être [appuyé leurs pieds chaussés d'acier.

Tout un monde de chimères, de potiches, de sculptures, d'ivoire, jonche les étagères, reflétés par des miroirs de Venise au cadre de cuivre estampé ; un beau banc de bois de chêne, du travail gothique le plus délicatement fenestré et fleuri, y sort de canapé. — Dans un coin se cache la petite table sur laquelle ont été écrits tant de beaux vers, de drames pathétiques et de pages impérissables. Une boussole ancienne, des cachets, un encrier, un coffret de fer précieusement ouvragé, chargent le vieux tapis qui la recouvre. Aux murs sont appendus plusieurs dessins de maître, dont quelques-uns portent des épigraphes.

Le salon, tendu en damas de soie bleue, est plafonné d'une grande tapisserie à sujets, tirés de *Télémaque* ; des nègres en bois doré supportent des torchères : une cheminée en velours rouge avec des figures en plâtre aussi doré ; des glaces anciennes, des tableaux de Saint-Evre, de Paul Huet, de Nanteuil, de Boulanger ; des portraits du poète, de sa femme et de ses enfants, un buste monumental par David, des portes de laque du Japon, et un grand meuble de satin blanc à fleurs, forment la décoration de cette pièce, la plus vaste du logis.

La salle à manger qui la précède est tendue de tapisseries anciennes, garnie de dressoirs en chêne sculpté, de torchères et de lustres hollandais.

Sur les étagères et les bahuts s'entassent des porcelaines du Japon, des faïences de Rouen et de Vincennes, des verres de Bohême ou de Venise, mille curiosités entassées une à une par la fantaisie patiente du poète en furetant les vieux quartiers des villes qu'il a parcourues.

Tout ce poème domestique va être démembré et vendu hémistiche par hémistiche, nous voulons dire fauteuil par fauteuil, rideau par rideau. Espérons que les nombreux admirateurs du poète s'empresseront à cette triste vente qu'ils auraient "dû empêcher, en achetant par souscription le mobilier et la maison qui le renferme, pour les rendre plus tard à leur maître ou à la France s'il ne doit pas revenir. En tous cas qu'ils songent que ce ne sont pas des meubles qu'ils achètent, mais des reliques.

(La Presse, 7 juin 1852.)

GÉRARD DE NERVAL

NÉ EN 1808. — MORT EN 1855

I

À une époque où chacun aurait voulu marcher dans les rues précédé par les clairons des renommées où nulle affiche ne semblait assez grande, nul caractère assez voyant, où l'on écrivait volontiers sur son chapeau : « C'est moi qui suis Guillot », Gérard de Nerval, cherchait l'ombre avec le soin que mettaient les autres à chercher la lumière ; nature choisie et délicate, talent fin et discret, il aimait à s'envelopper de mystère ; les journaux les moins lus étaient ceux qu'il préférait pour y insérer des articles signés d'initiales imaginaires ou de pseudonymes bientôt renouvelés, dès que l'imagination charmante et le style pur et limpide de ces travaux en avaient trahi l'auteur aux yeux attentifs. Comme Henri Beyle, mais sans aucune ironie, Gérard de Nerval semblait prendre plaisir à s'absenter de lui-même, à disparaître de son œuvre, à dérouter le lecteur. Que d'efforts il a faits pour rester inconnu ! Fritz, Aloysius Block, lui ont servi tour à tour de masque, et il les a rejetés tous deux lorsque le secret du déguisement a été pénétré ; il lui a pourtant fallu accepter la réputation qu'il fuyait ; dissimuler plus longtemps eût été de l'affectation.

Cette conduite n'était nullement, nous pouvons l'affirmer, le résultat d'un calcul pour irriter la curiosité, mais l'inspiration d'une conscience rare d'un extrême respect de l'art. — Quelque soin qu'il mît à ses travaux, il les trouvait encore trop imparfaits, trop éloignés de l'idéal, et les marquer d'un cachet particulier lui eût semblé une vanité puérile.

Un des premiers il traduisit *Faust*, et le Jupiter de Weimar, lisant cette version qui est un chef-d'œuvre, dit que jamais il ne s'était si bien compris. — C'était une rude tâche alors de faire passer dans notre langue, rendue timide à l'excès, les bizarres et mystérieuses beautés de ce drame ultra-romantique ; il y parvint cependant, et les Allemands, qui ont la prétention d'être inintelligibles, durent cette fois s'avouer vaincus : le sphinx germain avait été deviné par l'Œdipe français.

De cette familiarité avec Gœthe, Uhland, Bürger, L. Tieck, Gérard conserva dans son talent une certaine teinte rêveuse qui put faire prendre parfois ses propres œuvres pour des traductions de poètes inconnus d'outre-Rhin. Ce germanisme n'était du reste que dans la pensée, car peu de littérateurs de notre temps ont une langue plus châtiée, plus nette et plus transparente. Bien qu'il ait trempé, comme tous les écrivains arrivés aujourd'hui, dans le grand mouvement romantique de 1830, le style du dix-huitième siècle lui suffit pour exprimer tout un ordre d'idées fantastiques ou singulières. — Il écrit un conte d'Hoffmann avec la plume de Cazotte, et dans ses *Femmes du Caire* on croirait entendre parler M. Galland par la bouche de Shéhérazade : l'étrangeté la plus inouïe se revêt, chez Gérard de Nerval, de formes pour ainsi dire classiques ; il a des pâleurs tendres, des tons amortis à dessein, des teintes passées, comme dans les tapisseries de vieux châteaux, d'une harmonie et d'une douceur extrêmes qui plaisent mieux que les dorures neuves et les enluminures criardes dont on a été si prodigue. Le détail, discrètement atténué, laisse toute la valeur à l'ensemble, et, sur ce fond de nuances neutres ou assoupies, les figures que l'auteur veut mettre en relief se détachent avec une illusion de vie magique pareilles à ces portraits peints sur un champ d'ombres vagues qui retiennent invinciblement le regard.

Les sympathies et les études de Gérard de Nerval l'entraînaient naturellement vers l'Allemagne, qu'il a souvent visitée, et où il a fait de fructueux séjours : l'ombre du vieux chêne teutonique a flotté plus d'une fois sur son front avec des murmures confidentiels ; il s'est promené sous les tilleuls à la feuille découpée en cœur ; il a salué au bord des fontaines l'elfe dont la robe blanche traîne un ourlet mouillé parmi l'herbe verte ; il a vu tourner les corbeaux au-dessus de la montagne de Kyffhausen ; les kobolds sont sortis devant lui des fentes de rocher du Hartz, et les sorcières du Brocken ont dansé autour du jeune poète français, qu'elles prenaient pour un étudiant d'Iéna, la grande ronde du Walpurgisnachtstaum : plus heureux que nous, il s'est accoudé sur la table d'où Méphistophélès faisait jaillir avec un foret des fusées de vins incendiaires. Il a pu descendre les degrés de cette cave de Berlin au fond de laquelle glissait trop souvent l'auteur de *la Nuit de la Saint-Sylvestre* et du *Pot-d'Or*. D'un œil calme il a regardé quels jeux de lumière produisait le vin du Rhin dans le rœmer d'émeraude et quelles formes bizarres prenait la fumée des pipes au-dessus des dissertations hégéliennes dans les *gasthaus* esthétiques.

Ces excursions nous ont valu des pages d'un caprice charmant et qu'on peut mettre sans crainte à côté des meilleurs chapitres du *Voyage sentimental* de Sterne ; l'auteur de la façon la plus imprévue, mêle la pensée au rêve, l'idéal au réel, le voyage dans le bleu à l'étape sur la grande route ; tantôt il est à cheval sur une chimère aux ailes palpitantes, tantôt sur un maigre bidet de louage, et d'un incident comique il passe à quelque extase éthérée. Il sait souffler dans le cor du postillon les mélodies enchantées d'Achim d'Arnim et de Clément Brentano, et s'il s'arrête au seuil d'une hôtellerie brodée de houblon pour boire la brune bière de Munich, la choppe devient dans ses mains la coupe du roi de Thulé. — Pendant qu'il marche, des figures charmantes sourient à travers le feuillage ; les jolies couleuvres de l'étudiant Anselme dansent sur le bout de leurs queues, et les fleurs qui tapissent le revers du fossé tiennent des conversations panthéistes : la vie cachée de l'Allemagne respire dans ses promenades fantasques, où la description finit en légende et l'impression personnelle en fine remarque philosophique ou littéraire. Seulement, notez-le bien, la veine française ne s'interrompt jamais à travers ces divagations germaniques.

À cette époque de la vie de l'auteur il faut rattacher le beau drame de *Léo Burckart*, joué à la Porte-Saint-Martin, et qui restera une des plus remarquables tentatives de notre temps. Léo Burckart est un publiciste qui, dans le journal qu'il dirige, a émis des idées politiques et des plans de réforme d'une hardiesse et d'une nouveauté à faire craindre pour lui les rigueurs du pouvoir ; mais le prince, convaincu de sa bonne foi, au lieu de le bannir, lui donne la place du ministre qu'il a critiqué, le sommant de réaliser ses théories et de mettre ses rêves en action. Léo accepte, et le voilà en contact direct avec les hommes et les choses, lui le libre rêveur qui au fond de son cabinet tenait si aisément le monde en équilibre sur le bec de sa plume. Épris d'un idéal abstrait, il veut gouverner sans les moyens de gouvernement ; comme un ministre de l'âge d'or il ferme l'oreille aux chuchotements de la police, et ne sait pas que la vie du prince est menacée et que son propre honneur est compromis. Regardé comme un traître par son ancien parti, suspect au parti de la cour, faisant en personne ce qu'il devrait laisser faire à des subalternes, contrariant les intérêts par des rigorismes outrés, marchant en aveugle dans le dédale des intrigues, en quelques mois de pouvoir il perd sa popularité, ses amitiés et presque son honneur domestique, et résigne sa charge, désabusé de ses rêves, ne croyant plus à son talent, doutant de l'homme et de l'humanité. Cependant ce n'est point un piège machiavélique qu'on lui a tendu ; le prince s'est prêté loyalement à l'expérience ; il a apporté en toute franchise son concours au penseur.

L'impression de ce drame, d'une rare impartialité philosophique, serait triste, s'il n'était égayé par la peinture la plus exacte et la plus vivante des universités ; rien n'est plus spirituellement comique que ces conspirations d'étudiants pour qui boire est la grande affaire, et qui songent à Brutus en chargeant leur pipe. Cette pièce, d'un poète enivré à la coupe capiteuse du mysticisme allemand, semble, chose bizarre, l'œuvre froidement réfléchie d'un vieux diplomate rompu aux affaires et mûri par la pratique des hommes ; nulle colère, nul emportement, pas une tirade déclamatoire, mais partout une raison claire et sereine, une indulgence pleine de pitié et de compréhension.

De longs voyages en Orient succédèrent à ces travaux. *Les femmes du Caire* et *les Nuits du Rhamadan* marquent cette nouvelle période. Passer des brumes d'Allemagne au soleil d'Égypte la transition était brusque, et une moins heureuse nature eût pu en rester éblouie. Gérard de Nerval, dans ce livre, dont le succès grandit à chaque édition, a su éviter l'enthousiasme banal et les descriptions « d'or et d'argent plaquées » des touristes vulgaires. Il nous a introduit dans la vie même de l'Orient, si hermétiquement murée pour le voyageur rapide. — Sous un voile transparent il nous a raconté ses aventures avec ce ton modeste et cette naïveté enjouée qui font de certaines pages des *Mémoires* du Vénitien Carlo Gozzi une lecture si attrayante. L'histoire de Zeynab, la belle esclave jaune achetée au djellab dans un moment de pitié philanthropique, et qui embarrasse son voyage dotant de jolis incidents à l'orientale, est contée avec un art parfait et une discrétion du meilleur goût. Les mariages à la cophte, les noms arabes, les soirées de mangeurs d'opium, les mœurs des fellahs, tous les détails de l'existence mahométane sont rendus avec une finesse, un esprit et une conscience d'observation rares. Le style se réchauffe et prend des nuances plus ardentes sans rien perdre de sa clarté.

Les légendes de l'Orient ne pouvaient manquer d'exercer une grande influence sur cette imagination aisément excitée, que l'érudition sanscrite des Schlegel, le *Divan oriental-occidental* de Goethe, les *Ghazels* de Ruckert et de Platen avaient d'ailleurs préparée depuis longtemps à ces magies poétiques. La *Légende du calife Hakem*, l'*Histoire de Belkis et de Salomon* montrent à quel point Gérard de Nerval s'était pénétré de l'esprit mystérieux et profond de ces récits étranges où chaque mot est un symbole ; on peut même dire qu'il en garda certains sous-entendus d'initié, certaines formules cabalistiques, certaines allures d'illuminé qui feraient croire par moments qu'il parle pour son propre compte. Nous ne serions pas très surpris s'il avait reçu, comme l'auteur du *Diable amoureux*, la visite de quelque inconnu aux gestes maçonniques tout étonné de ne pas trouver en lui un confrère. Une préoccupation du monde invisible et des mythes cosmogoniques le fit tourner quelque temps dans le cercle de Swedemborg, de l'abbé Terrasson et de l'auteur du *Comte de Cabalis*. Mais cette tendance visionnaire est amplement contre-balancée par des études d'une réalité parfaite, telles que celles sur Spifane, Rétif de la Bretonne, la plus complète, la mieux comprise que l'on ait faite sur ce

Balzac du coin de la borne, étude qui a tout l'intérêt du roman le mieux conduit. *Sylvie*, l'œuvre la plus récente de l'écrivain, nous semble un morceau tout à fait irréprochable ; ce sont des souvenirs d'enfance ressaisis à travers ce gracieux paysage d'Ermenonville, sur les sentiers fleuris, le long des rives du lac, au milieu des brumes légères colorées en rose par les rougeurs du matin, une idylle des environs de Paris, mais si pure, si fraîche, si parfumée, si humide de rosée, que l'on pense involontairement à Daphnis et Chloé, à Paul et Virginie, à ces chastes couples d'amants qui baignent leurs pieds blancs dans les fontaines ou restent assis sur les mousses aux lisières des forêts d'Arcadie ; on dirait un marbre grec légèrement teinté de pastel aux joues et aux lèvres par un caprice de sculpteur. — Dans cette rapide esquisse, nous sommes loin d'avoir indiqué toutes les œuvres de Gérard de Nerval, qui a versé, comme tout le monde, plus d'une urne dans le tonneau sans fond du journalisme ; nous avons simplement profité de l'occasion d'un livre pour tirer un léger crayon d'une figure plus connue des poètes que du public. Une amitié d'enfance nous donnait ce droit, nous en avons usé.

(MONITEUR, 25 février 1854.)

II

....

27 janvier 1855.

ASSEZ D'AUTRES diront les détails de cette triste fin que nul ne pouvait prévoir ni empêcher, et qu'il eût peut-être été plus convenable de taire [1] — Une âme charmante a quitté notre planète, et poursuit son rêve dans ces mondes plus splendides et plus beaux qu'elle avait déjà tant de fois visités en esprit : nous n'en voulons pas savoir davantage.

Celui qui vient de sortir de la vie laisse plus de regrets qu'aucun personnage illustre ; des larmes bien vraies et bien sincères sont tombées sur sa froide dépouille, et nous-même, malgré tout notre empressement, à peine sommes-nous arrivé le premier. Cette nouvelle, répandue avec toute la rapidité des mauvaises nouvelles, a causé dans Paris une véritable stupeur ; Paris si distrait, si affairé, si frivole, s'est arrêté un instant pour s'enquérir de cette mort. S'il eût été maître encore de sa volonté, ce bon Gérard aurait épargné à ses amis, c'est-à-dire à tous ceux qui l'avaient vu une fois, ce chagrin, le seul qu'il leur ait causé, quelque lourd qu'il eût trouvé d'ailleurs le poids de l'existence.

Gérard de Nerval fut suivi des affections les plus constantes, les plus dévouées, les plus fidèles ; nul ne lui a manqué, ni les amis de trente ans, ni les amis d'hier, qui se retrouveront tous autour de son cercueil. Cet affreux malheur ne peut être imputé ni à lui ni aux autres, — amère consolation, mais consolation, du moins. Dans l'affliction que cause sa perte, il n'y a aucun remords, et personne n'a à se reprocher de ne pas l'avoir assez aimé.

Qu'on ne vienne pas faire sur cette tombe qui va s'ouvrir des nénies littéraires, ni évoquer les lamentables ombres de Gilbert, de Malfilâtre et d'Hégésippe Moreau ; Gérard de Nerval n'a été ni méconnu ni repoussé, il faut le dire à l'honneur du siècle, qui a bien assez de ses autres torts ; la célébrité, sinon la gloire, l'avait visité sur les bancs de la classe où l'on nous proposait comme modèle le jeune Gérard, auteur des *Élégies nationales* et l'honneur du collège Charlemagne. Lorsqu'à dix-huit ans il fit paraître de Faust une traduction devenue classique, le grand Wolfgang Gœthe, qui trônait encore avec l'immobilité d'un dieu sur son olympe de Weimar, s'émut pourtant et daigna lui écrire de sa main de marbre cette phrase dont Gérard, si modeste, d'ailleurs, s'enorgueillissait à bon droit et qu'il gardait comme un titre de noblesse : « Je ne me suis jamais si bien compris qu'en vous lisant. » Tous les théâtres, tous les journaux, ont été ouverts en tout temps à ce pur et charmant écrivain, qui à l'esprit le plus ingénieux, au caprice le plus tendre, joignait une forme sobre, délicate et parfaite. Les revues les plus fermées et les plus dédaigneuses s'honoraient de voir son nom au bas de leurs pages, et de sa part regardaient la promesse d'un article comme une faveur ; *la Presse* l'acceptait avec joie lorsqu'il voulait bien y écrire, et si nous y faisons seul le feuilleton de théâtre, c'est que son humeur vagabonde s'est lassée bien vite de ce travail à heure fixe, insupportable pour lui, et dont cependant il venait tourner la meule à notre place, avec un dévouement amical qui ne s'est jamais démenti, lorsque notre instinct voyageur nous emportait en Espagne, en Afrique, en Italie ou ailleurs. Fraternelle alternative qu'il comparait à celle des Dioscures, dont l'un parait quand l'autre s'en va. Hélas ! lui est parti pour ne plus revenir.

Ce que notre époque offre de ressources à tout écrivain de talent fut donc mis à sa disposition ; il fit même, il y a quelque quinze ans, un petit héritage qui dora d'un éclat passager les commencements de sa carrière ; mais l'argent était son moindre souci. Jamais l'amour de l'or, qui inspire aujourd'hui tant de fièvres malsaines, ne troubla cette âme pure qui voltigea toujours comme un oiseau sur les réalités de la vie sans s'y poser jamais. Si Gérard n'a pas été riche, c'est qu'il ne l'a pas voulu et qu'il a dédaigné de l'être. Les louis lui causaient une sorte de malaise et semblaient lui brûler les mains ; il ne redevenait tranquille qu'à la dernière pièce de cinq francs. Comme artiste, il avait bien de temps à autre quelque velléité de luxe : un lit sculpté, une console dorée, un morceau de lampas, un lustre à la Gérard Dow, le séduisaient ; il déposait ses emplettes dans une chambre ou chez un camarade, où il les oubliait ; quant au confort, il n'y tenait en aucune façon, et il était de ceux qui, en hiver, mettent leur paletot en gage pour acheter une épingle en turquoise ou un anneau cabalistique. — Quoique souvent on le rencontrât sous des apparences délabrées, il ne faudrait pas croire à une misère réelle. — Sans parler de ce que pouvait lui produire le théâtre, le journal ou le livre, il avait à lui les maisons et la bourse bien ou mal garnie de ses amis dans les moments où son cerveau se refusait au travail. Qui de nous n'a arrangé dix fois une chambre avec l'espoir que Gérard y viendrait passer quelques jours, car nul n'osait se flatter de quelques mois, tant on lui savait le caprice errant et libre ! Comme les hirondelles, quand on laisse une fenêtre ouverte, il entrait, faisait deux ou trois tours, trouvait tout bien et tout charmant, et s'envolait pour continuer son rêve dans la rue. Ce n'était nullement insouciance ou froideur ; mais, pareil au martinet des tours, qui est apode et dont la vie est un vol perpétuel, il ne pouvait s'arrêter. Une fois que nous avions le cœur triste pour quelque absence, il vint demeurer de lui-même quinze jours avec nous, ne sortant pas, prenant tous ses repas à notre heure, et nous faisant bonne et fidèle compagnie. Tous ceux qui le connaissent bien diront que, de sa part, c'est une des plus fortes preuves d'amitié qu'il ait données à personne, Et pourtant quelle obligeance inépuisable, quelle vivacité à rendre service, quel oubli parfait de lui dans ses relations ! Que de courses énormes il a faites à pied, par des temps horribles, pour faire insérer la réclame ou l'article d'un ami !

Le malheur de cette existence — et nous ne savons si nous avons le droit d'écrire un tel mot — a de tout autres causes que les difficultés de la vie littéraire et qu'un vulgaire dénûment d'argent. — L'envahissement progressif du rêve a rendu la vie de Gérard de Nerval peu à peu impossible dans le milieu où se meuvent les réalités. Sa connaissance de la langue allemande, ses études sur les poètes d'outre-Rhin, sa nature spiritualiste, le prédisposaient à l'illuminisme et à l'exaltation mystique. Ses lectures bizarres, sa vie excentrique, en dehors de presque toutes les conditions humaines, ses longues promenades solitaires, pendant lesquelles sa pensée s'excitait par la marche et quelquefois semblait l'enlever de terre comme la Madeleine dans sa Baume, ou le faisait courir à ras du sol, agitant ses bras comme des ailes, le détachaient de plus en plus de la sphère où nous restons retenus parles pesanteurs du positivisme. Un amour heureux ou malheureux, nous l'ignorons, tant sa réserve était grande, et auquel il a fait lui-même dans plusieurs de ses œuvres, des allusions pudiques et voilées, porta cette exaltation, jusque-là intérieure et contenue, au dernier degré du paroxysme. Gérard ne domina plus son rêve ; mais des soins persistants dissipèrent le nuage qui avait obscurci un moment cette belle intelligence, du moins au point de vue prosaïque, car jamais elle ne lança de plus vifs éclairs et ne déploya de richesses plus inouïes. Pendant de longues heures nous avons écoulé le poète transformé en voyant qui nous déroulait de merveilleuses apocalypses et décrivait, avec une éloquence qui ne se retrouvera plus, des visions supérieures en éclat aux magies orientales du haschich.

Quel que fût l'état d'esprit où il se trouvait, jamais son sens littéraire ne fut altéré. À cette époque que nous venons d'indiquer se rapporte une suite de sonnets mystagogiques qu'il fit paraître plus tard sous le titre de *Vers dorés*, et dont l'obscurité s'illumine de soudains éclats comme une idole constellée d'escarboucles et de rubis dans l'ombre d'une crypte ; les rimes sonnent aussi bien, la phrase quoique d'un mystère à faire trouver Orphée et Lycophron limpides, est d'une langue aussi admirable que si ces vers eussent été faits par un grand poète de sang-froid.

L'Orient, après l'Allemagne, était la grande préoccupation de Gérard : du plus loin que nous le connaissons, il avait sur le chantier une certaine *Reine de Saba*, drame énorme, comparable à la *Sémiramis* trismégiste de Desjardins pour ses dimensions exagérées en dehors de tout cadre théâtral, qui, un instant, dut être mis en opéra à l'intention de Meyerbeer, et, reprenant sa forme de scénario, parut, sous le nom des *Nuits du Rhamadan*, dans *le National*, si nous ne nous trompons.

Il put voir le Caire, la Syrie, Constantinople, et il revint de ces voyages plus imbu encore d'idées de cabale, de magisme, d'initiations mystiques ; il but de longs traits à ces coupes vertigineuses que vous présentent les sphinx dont l'indéfinissable sourire de granit rose semble railler la sagesse moderne. Les cosmogonies et les théogonies, la symbolique des sciences occultes, occupèrent son cerveau plus qu'il ne l'aurait fallu, et souvent les esprits les plus compréhensifs ne purent le suivre au faite des Babels qu'il escaladait, ou descendre avec lui dans les syringes à plusieurs étages où il s'enfonçait.

Cependant, à travers cette combustion intérieure dont la flamme n'apparaissait que rarement au dehors, il faisait des récits de voyages, des promenades humoristiques, des nouvelles, des drames, des articles de journaux d'une fantaisie charmante et mesurée, d'un style fin et doux, d'une nuance argentée, car il s'abstint toujours des violentes colorations dont nous avons tous plus ou moins abusé, et le seul défaut qu'on puisse peut-être lui reprocher, c'est trop de sagesse.

Quel chef-d'œuvre que cette nouvelle de *Sylvie* insérée dans la *Revue des Deux Mondes*, et que la postérité placera à côté de *Paul et Virginie* et de *la Chaumière indienne* ! Quel mélange heureux de rêverie et de sensibilité ! Comme ces doux souvenirs d'enfance s'encadrent bien dans ce frais paysage !

Aurélia, ou le Rêve et la vie montre la raison froide assise au chevet de la fièvre chaude, l'hallucination s'analysant elle-même par un suprême effort philosophique. — Nous avons retrouvé les derniers feuillets de cet étrange travail, sans exemple peut-être, dans les poches du mort. Il le portait avec lui, comptant achever la phrase interrompue... Mais la main a laissé tomber le crayon, et le rêve a tué la vie ; l'équilibre maintenu jusque-là s'était rompu ; — cet esprit si charmant, si ailé, si lumineux, si tendre, s'est évaporé à jamais ; il a secoué son enveloppe terrestre, comme un haillon dont il ne voulait plus, et il est entré dans ce monde d'élohims, d'anges, de sylphes, dans ce paradis d'ombres adorées et de visions célestes, qui lui était déjà familier.

(LA PRESSE, 27 janvier 1855.)

---

[1] On sait que Gérard de Nerval se pendit en janvier 1855 rue de la Vieille-Lanterne. À propos d'un tableau de M. de Beaulieu exposé en 1859, Théophile Gautier a fait de cette rue la description suivante : « La *rue de la Vieille-Lanterne* réveille dans toute sa douleur un souvenir poignant. — Oui, voilà bien la noire coupure entre les hautes maisons lépreuses, la grille de l'égout, sinistre comme un soupirail d'enfer, l'escalier aux marches calleuses, le barreau rouillé où pend un reste de lacet ; tout ce sombre poème de fétidité et d'horreur, ce théâtre préparé pour les drames du désespoir, ce coupe-gorge du vieux Paris conservé comme par fatalité au milieu des splendeurs de la civilisation, et qui, Dieu merci ! a disparu. C'est bien ainsi qu'un froid matin de janvier, piétinant la neige suie, nous la vîmes, l'abominable rue ! témoin d'une agonie solitaire. Au fond de l'étroite fissuré, un pâle rayon faisait luire, sur la place du Châtelet, la Renommée d'or de la fontaine comme un vague symbole de gloire. — Seulement, détail effroyable et sinistre que M. A. de Beaulieu n'a pas connu ou qu'il a volontairement omis, sur la plate-forme de

l'escalier voletait et sautillait en sa sombre livrée de croquemort un corbeau privé, dont le croassement lugubre semblait adresser au suicide un appel qui fut entendu, hélas ! Qui sait si le noir plumage de l'oiseau, son cri funèbre, le nom patibulaire de la rue, l'aspect épouvantable du lieu, ne parurent pas, à cet esprit depuis si longtemps en proie au rêve, former des concordances cabalistiques et déterminantes, et si, dans l'âpre sifflement de la bise d'hiver, il ne crut pas entendre une voix chuchoter : C'est là !... » (*L'Artiste, 1859.*)

REPRISE DE CHATTERTON

(EN DÉCEMBRE 1857)

Une des vives impressions de notre jeunesse a été la première représentation de *Chatterton* qui eut lieu, comme chacun sait, le 12 février 1835. Aussi, l'autre soir, en nous rendant au Théâtre-Français, éprouvions-nous une certaine inquiétude, à laquelle le talent de M. Alfred de Vigny n'avait aucune part, hâtons-nous de le dire ; c'était de nous-même que nous doutions. — Allions-nous retrouver l'émotion des jeunes années, le naïf et confiant enthousiasme, la consonance parfaite avec l'œuvre, tous les sentiments qui nous animaient alors ? — Quand l'âge est venu, un grand poète l'a dit, il ne faut revoir ni les opinions ni les femmes qu'on aimait à vingt ans. Nos admirations ont été plus heureuses.

Chatterton, lorsqu'il fut joué, se séparait plus encore qu'aujourd'hui de la manière en vogue. C'était le temps du drame historique, shakespearien, chargé d'incidents, peuplé de personnages, enluminé de couleur locale, plein de fougue et de violence ; la bouffonnerie et le lyrisme s'y coudoyaient selon la formule prescrite ; la marotte des fous de cour faisait tinter ses grelots, et la bonne lame de Tolède, tant raillée depuis, frappait d'estoc et de taille. Dans *Chatterton*, le drame est tout intime et ne se compose que d'une idée ; de fait, d'action, il n'y en a pas, si ce n'est le suicide du poète deviné dès le premier mot. Aussi ne croyait-on pas l'œuvre possible au théâtre ; cependant, contre la prévision des habiles, le succès fut immense.

La jeunesse de ce temps-là était ivre d'art, de passion et de poésie ; tous les cerveaux bouillaient, tous les cœurs palpitaient d'ambitions démesurées. Le sort d'Icare n'effrayait personne. Des ailes ! des ailes ! des ailes ! s'écriait-on de toutes parts, dussions-nous tomber dans la mer ! Pour tomber du ciel, il faut y être monté, ne fût-ce qu'un instant, et cela est plus beau que de ramper toute sa vie sur la terre. Cette exaltation peut sembler bizarre à la génération qui a maintenant l'âge que nous avions alors, mais elle était sincère, et plusieurs l'ont prouvé sur qui, depuis longtemps, l'herbe pousse épaisse et verte. Le parterre devant lequel déclamait Chatterton était plein de pâles adolescents aux longs cheveux, croyant fermement qu'il n'y avait d'autre occupation acceptable sur ce globe que de faire des vers ou de la peinture, — de l'art, comme on disait, — et regardant les *bourgeois* avec un mépris dont celui des renards d'Heidelberg ou d'Iéna pour les *philistins* approche à peine. Les bourgeois ! c'était à peu près tout le monde ; les banquiers, les agents de change, les notaires, les négociants, les gens de boutique et autres, quiconque ne faisait pas partie du mystérieux cénacle et gagnait prosaïquement sa vie. Jamais telle soif de gloire ne brûla des lèvres humaines. Quant à l'argent, l'on n'y pensait pas. Plus d'un alors, comme dans ce concours de professions impossibles que raconte Théodore de Banville avec une ironie si résignée, aurait pu s'écrier sans mentir : « Moi, je suis poète lyrique, et je vis de mon état ! » Lorsqu'on n'a pas traversé cette époque folle, ardente, surexcitée, mais généreuse, on ne peut se figurer à quel oubli de l'existence matérielle l'enivrement, ou si l'on veut l'infatuation de l'art poussa d'obscures et frêles victimes qui aimèrent mieux mourir que de renoncer à leur rêve. — L'on entendait vraiment dans la nuit craquer la détonation des pistolets solitaires. Qu'on juge de l'effet que produisit dans un pareil milieu le *Chatterton* de M. Alfred de Vigny, auquel, si l'on veut le comprendre, il faut restituer l'atmosphère contemporaine.

Le noble auteur que sa position personnelle mettait à l'abri de semblables infortunes se préoccupa toujours du sort que la société fait aux poètes. Cette idée est développée tout au long dans *Stello ou les consultations du Docteur noir*, dont Chatterton n'est qu'un épisode repris et remanié pour la scène. Avec quelle sympathie nerveuse, quelle sensibilité féminine, quelle chaleureuse pitié M. de Vigny comprend et déplore les souffrances de ces âmes délicates froissées par le contact brutal des choses ! comme il réclame pour elles la vie et la rêverie, c'est-à-dire le pain et le temps ; en l'écoutant on lui donne raison, tellement sa voix est éloquente, et cependant qui jugera si le poète est vraiment un poète et si la société doit le nourrir oisif jusqu'à ce que l'inspiration lui descende du ciel ? — En croira-t-on les affirmations de l'orgueil ou les avis de la critique, et le bruit populaire ? Mais arrivé là, déjà l'écrivain n'a plus besoin d'aide.

— Personne a-t-il jamais strictement vécu de sa poésie, excepté ceux qui en sont morts ? nous ne le pensons pas. La poésie n'est pas lin état permanent de l'âme. Les mieux doués ne sont visités par le dieu que de loin en loin ; la volonté n'y peut rien ou presque rien. Seul parmi les ouvriers de l'art, le poète ne saurait être laborieux, son travail ne dépend pas de lui ; aucun — nous le disons sans crainte d'être contredit, même par les illustres — n'est certain le matin d'avoir fini le soir la pièce de vers qu'il commence, n'eût-elle que quelques strophes. Il faut rester accoudé à son pupitre et attendre que de l'essaim confus des rimes une se détache et vienne se poser au bord de l'écritoire, ou bien il faut se lever et poursuivre dans les bois ou par les rues la pensée qui se dérobe. Les vers se font de rêverie, de temps et de hasard ; avec une larme ou un rayon, avec un parfum ou un souvenir. Une stance abandonnée dans un coin de la mémoire comme une larve entourée de sa coque s'anime tout à coup et s'envole en battant des ailes ; son temps d'éclosion était venu. Au milieu d'une occupation toute différente ou d'un entretien sérieux, une bouche invisible vous souffle à l'oreille le mot qui vous manquait, et l'ode en suspens depuis plusieurs mois est achevée. Comment apprécier et surtout rémunérer un pareil labeur ? L'idée d'un poète exclusivement poète et vivant de son œuvre ne peut donc se soutenir. — De ce que certaines œuvres poétiques ont été chèrement payées, il ne faudrait même pas en inférer que leurs auteurs eussent pu se suffire *toujours* avec cette ressource, ce n'est qu'un accident et encore tout moderne, dû à des motifs qu'il ne serait pas difficile de préciser et qui n'ont aucun rapport avec la poésie pure.

M. Alfred de Vigny, nous le savons, ne pose pas Chatterton comme une généralité, mais comme une douloureuse exception. Ce malheureux enfant n'aurait jamais pu se résigner à la vie, le pain ne lui eût-il pas manqué, et il se sérail enveloppé, pour y mourir, dans son orgueil solitaire.

Quand la toile, en se levant, nous a laissé voir le décor un peu effacé par le temps, avec ses boiseries brunes, ses vitrages verdâtres et cette rampe d'escalier en bois sur laquelle glissait, au dénouement, le corps brisé de Kitty Bell, nous avons vainement cherché Joanny sur la chaise du quaker, et de l'autre côté la pauvre madame Dorval. Seul, Geffroy, pâle, vêtu de noir, se tenait debout au milieu de la scène, vieilli, comme tout le monde, de vingt-deux ans, ce qui est peut-être beaucoup pour un poète qui n'en avait que dix-huit, mais conservant le vrai esprit de l'époque, le sens intime de l'œuvre, déjà en partie perdu, l'aspect amer, romantique et fatal dont on raffolait en 1835.

Le commencement de la pièce a paru un peu froid, surtout aux spectateurs de la génération actuelle, dont les préoccupations sont si différentes de celles qui nous agitaient alors. John Bell, l'exact, le positif, le juste selon la loi, avec ses raisonnements pratiques et à peu près irréfutables, excitait autrefois une répulsion violente ; on le haïssait comme un traître de mélodrame tout chargé de noirceurs et de crimes, et lorsque, Barbe-Bleue commercial, il demandait compte à sa femme des quelques livres non justifiées sur le registre, un frisson de terreur parcourait la salle. On avait peur de lui voir décapiter la tremblante Kitty Bell avec le tranchant d'une règle plate. Plus d'une jeune femme romantique, au teint d'opale, aux longues boucles anglaises, tournait les yeux mélancoliquement vers son mari, classique, bien nourri et vermeil, comme pour attester la ressemblance. Maintenant John Bell, qui ne veut pas qu'on détruise ses mécaniques et prétend qu'il faut payer par un travail assidu son écot au banquet de la vie, ou se lever de table si l'on n'a pas d'argent, rigide pour les autres comme il l'a été pour lui-même, semble le seul personnage raisonnable de la pièce.

Le quaker, malgré ses excellentes intentions, radote un peu et fait l'effet sur sa chaise d'un patriarche en enfance. Kitty Bell aime chastement un jeune homme qui n'a pas un penny, ne fait que des vers et se promène en gesticulant ou en déclamant, maigre sous son mince habit noir râpé. Aucune femme ne la comprend, et les jeunes filles mêmes la trouvent absurde, elles dont l'idéal descend d'un coupé, en brodequins claqués, en gants de Suède, le cigare aux lèvres et le porte-monnaie bourré de billets et de napoléons. En 1835, cela paraissait tout simple d'aimer Chatterton ; mais aujourd'hui comment s'intéressera un particulier qui ne possède ni capitaux, ni rentes, ni maisons, ni propriétés au soleil, et qui ne veut pas même accepter de place, sous prétexte qu'il a écrit *la Bataille d'Hastings*, composé quelques pastiches de vieilles poésies en style anglo-saxon, et qu'il est un homme de génie ? Le lord-maire et les jeunes seigneurs en frac écarlate ont paru bien bons enfants de s'occuper de ce sauvage maniaque et de le venir relancer avec cette persistance. On n'y fait pas tant de façons à notre époque, et les lords montent peu l'escalier des mansardes, où les poètes peuvent du moins mourir de faim en paix, si tel est leur bon plaisir, car du moment que l'on cesse d'être poète, il faut le dire, la vie redevient possible.

Cependant l'émotion lentement préparée est arrivée enfin, lorsqu'on a vu cette chambre nue et froide, à peine éclairée par une lampe avare et dans laquelle la lune plongeait par les carreaux brouillés avec son regard blanc et son visage de morte, — triste et seule compagne d'une âme à l'agonie, inspiratrice défaillante d'un travail convulsivement découragé. Cet étroit grabat, plus semblable à un cercueil qu'à un lit, plus fait pour le cadavre que pour le corps, au bord duquel Chatterton veut forcer sa pensée vierge à se donner pour de l'argent comme une courtisane, a produit un effet sinistre. Plus d'un écrivain, dans la salle, a pu reconnaître là le tableau, exagéré sans doute, mais foncièrement vrai, de ses lassitudes, de ses luttes intérieures et de ses abattements. Oui, certes, il est dur, lorsque la Chimère vous sourit, de son sourire langoureusement perfide, vous caresse de ses yeux qui promettent l'amour, le bonheur et la gloire par des scintillations étranges, vous fouette le front du vent de ses ailes en partance pour l'infini et vous laisse mettre familièrement la main sur sa croupe de lionne, de la laisser s'envoler seule, dépitée et méprisante comme une femme dont on n'a pas compris l'aveu et de s'atteler piteusement à la lourde charrette de quelque besogne commandée. — Mais qu'y faire ? — Se rattacher à quelque devoir, à quelque amour, à quelque dévouement, traduire le prix de ce travail rebutant en sécurité, en bien-être, en aisance pour des têtes chères, et sacrifier courageusement son orgueil sur l'autel du foyer domestique. Eh bien, vous ne serez ni Homère, ni Dante, ni Shakespeare ; l'eussiez-vous été même en ne faisant que des vers ? — Le fâcheux de la chose, c'est que Pégase — comme on le voit dans la ballade de Schiller — n'est jamais, même lorsqu'il se résigne, un bien bon cheval de labour ; il trace quelques sillons droits, puis s'emporte, ouvre ses immenses ailes, casse ses traits, ou, s'il ne le peut, enlève avec lui le laboureur et la charrue, quitte à les laisser tomber plus loin brisés en mille pièces. En somme, la poésie est un don fatal, une sorte de malédiction pour celui qui le reçoit en naissant, — une grande fortune même n'empêche pas toujours le poète d'être malheureux ; l'exemple de Byron le prouve assez.

Le dénouement a remué les spectateurs comme aux premiers jours. — La passion la plus extrême et la plus pure y palpite d'un bout à l'autre. — Il ne s'agit plus ici de littérature ni de poésie. Chatterton, dès qu'il s'est décidé à mourir, redevient un homme et cesse d'être une abstraction. Du cerveau, le drame descend au cœur ; l'amour contenu éclate ; la mort est en tiers dans l'entrevue suprême ; et quand les lèvres de Chatterton effleurent le front immaculé de Ketty Bell, à ce premier et dernier baiser, la pauvre femme comprend que le pâle jeune homme va mourir. John Bell peut appeler tant qu'il voudra avec sa grosse voix, la timide créature ne répondra pas, et du seuil de la chambre funèbre glissera sur la rampe de l'escalier pour tomber à genoux et cacher sa tête innocemment coupable entre les feuillets humides de sa Bible.

La figure de Kitty Bell, cette angélique puritaine, cette terrestre sœur d'Éloa, est dessinée avec la plus idéale pureté. Quel chaste amour ! quelle passion voilée et contenue ! quelle susceptibilité d'hermine ! À peine au moment suprême son secret se trahit-il dans un sanglot de désespoir. — On sait que ce rôle fut un des triomphes de madame Dorval ; jamais peut-être cette admirable actrice ne s'éleva si haut ; quelle grâce anglaise et timide elle y mettait ! comme elle manégeait maternellement les deux babies, purs intermédiaires d'un amour inavoué ! Quelle douce charité féminine elle déployait envers ce grand enfant de génie mutiné contre le sort ! De quelle main légère elle tâchait de panser les plaies de cet orgueil souffrant ! Quelles vibrations du cœur, quelles caresses de l'âme dans les lentes et rares paroles qu'elle lui adressait, les yeux baissés, les mains sur la tête de ses deux chers petits comme pour prendre des forces contre elle-même ! Et quel cri déchirant à la fin, quel oubli, quel abandon lorsqu'elle roulait, foudroyée de douleur, au bas de ces marches montées par élans convulsifs, par saccades folles, presque à genoux, les pieds pris dans sa robe, les bras tendus, l'âme projetée hors du corps qui ne pouvait la suivre !

Ah ! si Chatterton avait ouvert une dernière fois ses yeux appesantis par l'opium et qu'il eût vu cette douleur éperdue, il serait mort heureux, sûr d'être aimé comme personne ne le fut, et de ne pas attendre longtemps là-bas l'âme sœur de la sienne.

(Moniteur, 14 décembre 1857.)

ALFRED DE VIGNY

NÉ EN 1799. — MORT EN 1863

M. le comte Alfred de Vigny fut une des plus pures gloires de l'école romantique, et bien que sa nature fine et discrète le tînt éloigné de la foule, il ne craignait pas de l'affronter lorsque la doctrine sacrée était en jeu. Malgré son dégoût pour les luttes grossières du théâtre, il traduisit l'*Othello* de Shakespeare avec une fidélité courageuse, et le livra aux orages du parterre. Cette traduction, où l'exactitude ne produit nulle part la gêne et qui a toute la liberté d'une œuvre originale, n'est pas restée au répertoire, et ce n'est qu'après un intervalle de plus de trente ans que Rouvière l'a ressuscitée pour jouer *le More de Venise* sur un théâtre du boulevard. La préface, un chef-d'œuvre de grâce, de finesse et d'ironie, abonde en idées nouvelles alors qui le sont encore aujourd'hui. Peu d'écrivains ont réalisé comme Alfred de Vigny l'idéal qu'on se forme du poète. De noble naissance, portant un nom mélodieux comme un frémissement de lyre, d'une beauté séraphique que même vers les derniers temps de sa vie l'âge ni les souffrances n'avaient pu altérer, doué d'assez de fortune pour qu'aucune nécessité vulgaire ne le forçât aux misérables besognes du jour, il garda pure, calme, poétique, sa physionomie littéraire. Il était bien le poète d'Éloa, cette vierge née d'une larme du Christ et descendant par pitié consoler Lucifer. Ce poème, le plus beau, le plus parfait peut-être de la langue française, de Vigny seul eût pu l'écrire, même parmi cette pléiade de grands poètes qui rayonnaient au ciel. Lui seul possédait ces gris nacrés, ces reflets de perle, ces transparences d'opale, ce bleu de clair de lune qui peuvent faire discerner l'immatériel sur le fond blanc de la lumière divine. Les générations présentes ont l'air d'avoir oublié *Éloa*. Il est rare qu'on en parle ou qu'on la cite. Ce n'en est pas moins un inestimable joyau à enchâsser dans les portes d'or du tabernacle. *Symeta, Dolorida, le Cor, la Frégate la Sérieuse,* montrent partout la proportion exquise de la forme avec l'idée ; ce sont de précieux flacons qui contiennent dans leur cristal taillé avec un art de lapidaire des essences concentrées et dont le parfum ne s'évapore pas. Comme tous les artistes de la nouvelle école, Alfred de Vigny écrivait aussi bien en prose qu'en vers, Il a fait *Cinq-Mars,* le roman de notre littérature qui se rapproche le plus de Walter Scott ; *Stello, Grandeur et servitude militaires,* où se trouve *le Cachet rouge,* un chef-d'œuvre de narration, d'intérêt et de sensibilité qu'il est impossible de lire sans que les yeux se mouillent de larmes ; *Chatterton,* son grand succès ; *la Maréchale d'Ancre,* un drame demi-tombé ; *Quitte pour la peur,* un délicieux pastel, et une traduction du *Marchand de Venise* qu'on devrait bien jouer comme hommage à sa mémoire, en ce temps où les chefs-d'œuvre n'encombrent pas les cartons.

Jamais le poète n'eut de défenseur plus ardent que de Vigny, et quoique Sainte-Beuve ait dit de lui en toute bienveillance et admiration du reste, en parlant des luttes de l'école romantique,

> . . . . . *Et Vigny plus secret.*
> *Comme en sa tour d'ivoire, avant midi, rentrait,*

du fond de sa retraite il maintenait les droits sacrés de la pensée contre l'oppression des choses matérielles. Il réclamait à grands cris, lui qui avait l'un et l'autre, du temps et du pain pour le poète. Cette idée l'obsédait ; il la développe sous toutes ses faces ; dans *Stello* et dans *Chatterton* il lui donne l'éclatante consécration du théâtre. Il regarde avec raison le poète comme le paria de la civilisation moderne, qu'on repousse de son vivant et qu'on dépouille après sa mort, car lui seul ne peut léguer à sa postérité le fruit de ses œuvres.

Quand on pense à de Vigny, on se le représente involontairement comme un cygne nageant le col un peu replié en arrière, les ailes à demi gonflées par la brise, sur une de ces eaux transparentes et diamantées des parcs anglais ; une *Virginia Water* égratignée d'un rayon de lune tombant à travers les chevelures glauques des saules. C'est une blancheur dans un rayon, un sillage d'argent sur un miroir limpide, un soupir parmi des fleurs d'eau et des feuillages pâles. On peut encore le comparer à une de ces nébuleuses gouttes de lait sur le sein bleu du ciel, qui brillent moins que les autres étoiles parce qu'elles sont placées plus haut et plus loin.

(MONITEUR, 28 septembre 1863.)

LA REPRISE D'ANTONY

(EN OCTOBRE 1867)

Quand on a, comme nous, assisté aux grandes premières représentations de l'école romantique, champs de bataille de luttes littéraires opiniâtres, on éprouve un plaisir mêlé d'une certaine mélancolie à revoir après tant d'années ces œuvres qui passionnaient si vivement les générations d'alors et qui furent l'éblouissement de notre jeunesse. L'autre soir, en mettant le pied sur le seuil du petit théâtre où l'on reprenait *Antony*, il nous prenait des hésitations, et si notre devoir de critique ne nous eût pas poussé en avant, nous nous en serions allé par un sentiment semblable à celui qui vous fait craindre de vous trouver vingt ans après devant une belle femme dont on a gardé un amoureux souvenir. Que reste-t-il de ces charmes autrefois adorés, et ne vaudrait-il pas mieux éviter cette dangereuse confrontation du passé et du présent ?

Nous songions au spectacle que présentaient les abords de la Porte-Saint-Martin le soir de la première représentation d'*Antony*, en 1831. C'était une agitation, un tumulte, une effervescence dont on se ferait difficilement une idée aujourd'hui. Il y avait là des mines étranges et farouches, des moustaches en croc, des royales pointues, des cheveux mérovingiens ou taillés en brosse, des pourpoints extravagants, des habits à revers de velours rejetés sur les épaules comme on en voit encore dans les lithographies de Devéria, des chapeaux de toutes les formes, excepté, bien entendu, de la forme usuelle. Les femmes, un peu effarées, descendaient de voiture, parées à la mode du temps, avec leurs coiffures à la girafe, leur haut peigne d'écaille, leurs manches à gigot et leurs jupes courtes laissant voir des souliers à cothurne. Parfois la foule s'ouvrait et donnait passage à quelque jeune maître déjà célèbre, poète, romancier ou peintre, vers qui les mains amies se tendaient. Des groupes nombreux stationnaient sur le boulevard et, ne pouvant avoir de place, regardaient entrer les favorisés.

Ce que fut la soirée, aucune exagération ne saurait le rendre. La salle était vraiment en délire ; on applaudissait, on sanglotait, on pleurait, ou criait. La passion brûlante de la pièce avait incendié tous les cœurs. Les jeunes femmes adoraient Antony ; les jeunes gens se seraient brûlé la cervelle pour Adèle d'Hervey. L'amour moderne se trouvait admirablement figuré par ce groupe, auquel Bocage et madame Dorval donnaient une intensité de vie extraordinaire ; Bocage l'homme fatal, madame Dorval la faible femme par excellence !... Jamais identification d'un acteur et d'un rôle ne fut plus complète : Bocage était véritablement Antony, et Adèle d'Hervey ne pouvait se détacher de madame Dorval. Henri Heine dans ses *Lettres sur la France*, après un parallèle entre Kean et Frédérick-Lemaître, s'exprime ainsi sur le compte de Bocage : « Il serait injuste, quand je rends un témoignage si louangeur pour Frédérick-Lemaître, de passer sous silence l'autre grand acteur que Paris possède. Bocage jouit ici d'une réputation aussi grande, et sa personnalité est, sinon aussi remarquable, du moins aussi intéressante que celle de son confrère. Bocage est un bel homme, distingué, dont les manières et les mouvements sont nobles. Sa voix métallique, riche en inflexions, se prête aussi bien aux éclats les plus tonnants du courroux et de la fureur qu'à la tendresse la plus caressante des murmures amoureux. Dans l'explosion la plus violente de la passion, il conserve toujours de la grâce, toujours la dignité de l'art, et dédaigne de s'aventurer dans la nature brutale comme Frédérick-Lemaître, qui obtient à ce prix de grands effets, mais des effets sans beauté poétique. Celui-ci est une nature exceptionnelle qui domine moins sa puissance démoniaque qu'il n'en est subjugué lui-même, et c'est pourquoi j'ai pu le comparer à Kean. Bocage n'est pas autrement organisé que le reste des hommes ; il se distingue seulement d'eux par une plus grande finesse d'organisation. Ce n'est point un produit bâtard d'Ariel et de Caliban, mais un être harmonique, figure élevée et belle comme Phœbus Apollon. Son œil a moins de valeur, mais il peut produire des effets immenses avec un mouvement de tête, surtout quand il la rejette dédaigneusement en arrière ; il a de froids soupirs ironiques qui vous passent dans l'âme comme une scie d'acier. Il a des larmes dans la voix et des accents de douleur tellement profonds qu'on croirait qu'il saigne intérieurement ; s'il se couvre les yeux avec les mains, on croirait entendre la Mort dire : Que la nuit soit ! Puis, quand il sourit, c'est comme si le soleil se levait sur ses lèvres ! »

Ces éloges, quelque talent qu'on reconnaisse à Bocage, sembleront aujourd'hui d'un lyrisme bien exagéré ; en ce temps-là ils n'étonnaient personne. Henri Heine, l'esprit le plus sceptique et le plus railleur qui ait existé, n'était pas homme à s'embarquer dans le faux enthousiasme ; il n'y a nulle ironie cachée sous ces lignes étranges et tel était bien l'effet que produisait Bocage. Il était par sa personne, son talent et la manière dont il comprenait ses rôles, le véritable idéal du jeune premier romantique. La tendresse, la passion, la beauté même ne suffisaient pas pour faire un amoureux accompli, il fallait encore une certaine fierté dédaigneuse, un mystère à la façon de Lara et du giaour, en un mot, une fatalité byronienne ; derrière l'amant on devait sentir un héros inconnu en butte aux injustices du sort et plus grand que son destin. On retrouve les traits principaux de ce caractère dans la plupart des pièces du temps.

Quant à madame Dorval, jamais on ne vit au théâtre une actrice plus profondément féminine. Quoiqu'elle ne fût pas régulièrement belle, elle possédait un charme suprême, une grâce irrésistible ; avec sa voix émue, troublée, qui semblait vibrer dans les larmes, elle s'insinuait doucement au cœur et, en quelques phrases, s'emparait du public mieux que ne l'eût fait une actrice détalent impérieux et de beauté souveraine. Comme elle était sympathique et touchante, comme elle intéressait, comme elle se faisait aimer, et comme on la trouvait adorable ! Elle avait des accents de nature, des cris de l'âme qui bouleversaient la salle. La première phrase venue : « Comment faire ? » ou bien : « Je suis bien malheureuse, » ou encore : « Mais je suis perdue, moi ! » lui fournissait l'occasion d'effets prodigieux. Il ne lui en fallait même pas tant : à la manière dont elle dénouait les brides de son chapeau et le jetait sur un fauteuil, on frissonnait comme à la scène la plus terrible. Quelle vérité dans ses gestes, dans ses poses, dans ses regards, lorsque, défaillante, elle s'appuyait contre quelque meuble, se tordait les bras, et levait au ciel ses yeux d'un bleu pâle tout noyés de larmes ! et comme dans cet amour éperdu, à travers cet enivrement coupable, elle restait encore honnête femme et *dame* ! Cet amant, on le sentait bien, devait être l'unique, et ce cœur brisé par la passion n'avait pas de place pour une autre image. Antony lui-même, malgré quelques phrases déclamatoires et sataniques à la mode du temps, est d'une sincérité parfaite : il adore Adèle d'Hervey ; il aime mieux mourir que de la compromettre, et le fameux mot : « Elle me résistait, je l'ai assassinée, » respire l'amour le plus chevaleresque, le plus profond et le plus sublime.

L'effet que dut produire cette pièce entraînante sur le public incandescent et la jeunesse volcanique de l'époque, on se le figure aisément. Nous ne possédons pas un morceau du fameux habit vert qui fut déchiré sur le dos d'Alexandre Dumas, comme il le raconte lui-même, par des admirateurs trop ardents qui voulaient garder un souvenir, une relique de lui ; mais nous étions vivement ému, et cette émotion nous l'avons en partie éprouvée samedi soir.

Les jeunes spectateurs qui ne connaissaient pas *Antony* se sont abandonnés sans résistance à ce drame si étrange pour eux, et les autres au mélancolique plaisir de retrouver quelques-unes de leurs anciennes impressions.

Alexandre Dumas assistait à la représentation dans une baignoire d'avant-scène ; il n'avait pas cette fois un habit vert, mais bien une redingote noire qu'il a remportée intacte. L'enthousiasme étant moins furibond en 1867 qu'en 1831, il a dû se contenter d'un gros bouquet que mademoiselle Duverger, à qui on l'avait jeté, lui a gracieusement tendu par-dessus la rampe.

(MONITEUR, 7 octobre 1867.)

FÉLICIEN MALLEFILLE

NÉ EN 1813. — MORT EN 1868

À ceux-ci les chemins de fleurs, à ceux-là les chemins de ronces. Celui de Mallefille fut âpre et rude, et il le gravit avec un invincible courage, l'œil toujours levé vers les hautes cimes, sans tenir compte des pierres, des épines ou des précipices. Nul n'a porté la mauvaise fortune avec plus de grandeur et de fierté espagnole. C'était un vrai hidalgo de lettres. Sa tête fine et maigre, au nez busqué, aux cheveux déjà argentés sur les tempes, avait un caractère héroïque et rappelait celle de Miguel Cervantes de Saavedra. Nous ne voulons pas exagérer le talent de Félicien Mallefille parce qu'il est mort. Son ambition fut plus haute que son vol. C'était un aigle sans doute, et qui avait toujours l'œil fixé sur le soleil, mais son essor était parfois inégal, pénible ; il manquait quelques plumes à cette grande aile fiévreusement palpitante. La nature les lui avait-elle refusées ou avaient-elles été coupées par quelque balle jalouse, tandis qu'il cherchait sa route vers l'idéal ? On ne sait. *Les Infants de Lara, Glenarvon, le Cœur et la Dot, les Mères repenties, les Sceptiques, les Mémoires de Don Juan*, témoignent d'une pensée élevée, forte et poétique,

que trahit parfois une exécution rebelle, mais la volonté du beau et du bien est partout. Le travail opiniâtre avec son huile et sa lime sont trop apparents à de certains endroits, mais les morceaux venus à bien ont l'éclat, la solidité et la trempe de l'acier. On peut aller au combat de l'idée avec ces bonnes lames de Tolède, brillantes, bien à la main, qui ont le fil et l'étincelle, et sont en même temps des joyaux et des armes. Mallefille avait guerroyé dans cette grande armée romantique de 1830, dont les rangs, hélas ! s'éclaircissent de jour en jour. S'il n'a pas commandé en chef, c'était un officier brillant et hardi ; il a tenu haut son enseigne pendant la bataille, et, le combat fini, il ne l'a pas abaissée. Quel que soit le talent qu'il ait montré, l'impression qui reste de Félicien Mallefille, c'est qu'il était plus grand que son œuvre.

(MONITEUR, 30 novembre 1868.)

NESTOR ROQUEPLAN

NÉ EN 1804. — MORT EN 1869

Nestor Roqueplan a succombé sur le théâtre, le champ de bataille des directeurs. Il n'eût sans doute pas choisi d'autre fin, et l'on peut penser de lui ce que Mérimée disait de Beyle : « Il ne craignait pas la mort, mais il n'aimait pas à en parler, la tenant pour une chose sale et vilaine plutôt que terrible. Il a eu celle qu'il désirait, celle que César avait souhaitée : *repentinam inopinatamque.* »

Il est bien tard pour lui consacrer quelques lignes d'amical souvenir. Maintenant, huit jours passés

Font d'une mort récente une vieille nouvelle,

Les journaux ont tout raconté jusque dans les moindres détails. Chacun a dit les anecdotes qu'il savait, et toutes les fleurs obligées ont été répandues sur cette tombe fermée à peine ; mais parmi ces bouquets de roses blanches — le défunt était garçon — il nous semble qu'il y avait passablement d'épines. Refuser de l'esprit à Nestor Roqueplan, ce n'était guère possible ; mais on ne s'est pas gêné pour insinuer qu'il n'avait pas de cœur, — un grand mot dont il ne faudrait pas abuser. — Telle n'est pas notre opinion : il aimait sa famille, il adorait son frère et il était naturellement tendre ; seulement, comme il avait cette pudeur de l'âme, si peu comprise, qui porte à voiler ses meilleurs sentiments, comme il détestait les affectations pathétiques, les pleurnicheries hors de propos et les emphases romanesques, dont il se moquait avec cette vive et fine raillerie que personne du moins ne conteste, il se fit bientôt une réputation d'égoïsme et de sécheresse. On prit à la lettre ses paradoxes, et il ne s'en fallut guère qu'il ne passât pour « un monstre » près des « âmes sensibles. »

Ce n'était pourtant qu'un aimable et spirituel viveur, causeur charmant et toujours prêt, un Parisien de Marseille, comme Méry et Gozlan, curieux de toutes les élégances, et qui aurait pu être, si la paresse érigée en principe et les distractions des plaisirs et des affaires ne l'en avaient empêché, un écrivain original et remarquable.

Nous l'avons connu jeune, lorsque déjà il dirigeait *la Charte* de 1830, un journal dont nul ne se souvient aujourd'hui, excepté nous, peut-être, qui fîmes dans ses colonnes nos premières armes de journaliste. Nestor était à cette époque à son plus beau moment de verve, de jeunesse et d'esprit ; il était impossible de ne pas se laisser emporter par cette entraînante vivacité méridionale, servie par un corps alerte et souple comme celui d'un jeune chat. Il avait déjà commencé sa croisade contre le soleil, contre la campagne, contre les voyages, contre la nature, qu'il n'admettait que dans les tableaux de son frère Camille.

Au milieu du désordre pittoresque de la bande romantique, il se distinguait par des recherches de toilette, un goût et un soin de costume qu'eussent approuvés Brummel et le beau Nash. Un des premiers, il importa en France la propreté anglaise avec son outillage compliqué ; nul n'avait plus soin de lui-même, et il eût au besoin écrit la *Théorie du dandysme* si bien posée par Barbey d'Aurevilly, dans son petit livre ; mais n'allez pas croire pour cela qu'il eût rien de britannique dans le caractère : il était essentiellement Français, ou plutôt Parisien, — de ceux qui ne se trouvent vraiment chez eux qu'entre la rue Drouot et la rue du Helder, du côté des Italiens. — Il se piquait de bien vivre, et formulait sur cette matière des aphorismes dont la forme paradoxale n'excluait pas la justesse. Son coup d'œil d'observateur était rapide et pénétrant, et nul ne saisissait comme lui le ridicule, la manie ou le *tic* du jour ; mais il n'y mettait aucune acrimonie philosophique, étant trop homme du monde pour cela, et il s'amusait des sots, cultivant avec soin ces grosses fleurs de bêtise et les arrosant, pour les faire épanouir, d'une pluie de sarcasmes incompris. Ce qu'il détestait le plus, c'étaient les ennuyeux solennels, les tartufes-prud'hommes, les ânes sérieux, comme il les appelait.

On s'est un peu moqué des soins qu'il prenait sur la fin de sa vie pour prolonger une jeunesse passée depuis longtemps, si l'on s'en rapporte aux dates, mais qui, si elle ne florissait pas sur son visage, souriait toujours dans son esprit et dans son caractère. Nestor ne pouvait avoir plus de trente ou trente-cinq ans : cela lui était impossible de vieillir, comme à ces jeunes premiers qui jouent à perpétuité les rôles d'amoureux où de vrais jeunes gens ne sauraient les remplacer. Singulier phénomène, Roqueplan était, pour toujours et sans circonstances atténuantes, condamné à la jeunesse, — eût-il atteint l'âge d'un patriarche. — Déjazet est un des plus frappants exemples de cette anomalie : ayant plus que l'âge d'une grand'mère, elle ravit tout le monde dans les rôles de pages et de chérubins d'amour. C'est là souvent un malheur et toujours un inconvénient.

Dans la vie de tout individu remarquable, il y a une époque relativement heureuse et brillante, où ses facultés se développent en harmonie avec les manières de ses contemporains. Il répond mieux qu'un autre à l'idéal du moment. C'est lui qu'on admire et qu'on se propose pour modèle. On imite ses chapeaux et ses gilets ; ses bons mots font toujours rire ; on les répète, on les cite dans les journaux ; le *cabaret* où il prend ses repas devient à la mode, et les mets qu'il préfère sont demandés ; les plus audacieux n'oseraient proclamer jolie une femme qu'il aurait trouvée laide, et s'il porte à sa boutonnière un camélia blanc, soyez sûrs que personne ne se risquera à en mettre un rouge. Mais le temps passe, le milieu dans lequel rayonnait la personnalité acceptée de tous se modifie et se défait, les amis disparaissent peu à peu, entraînés par la vie et par la mort ; les idées varient, les modes changent : autres temps, autres guitares ! et celui qui, par don fatal, ne peut vieillir, est regardé avec une sorte d'étonnement par les générations nouvelles. Il a beau être plus au courant que personne, n'ignorer rien des actualités en vogue, devancer même les changements, se livrer aux folies, aux soupers, à tous les plaisirs bruyants avec plus d'entrain et de santé que les mineurs et les petits-crevés (un mot de lui), il *a été*, et on lui en veut presque d'être encore. En réalité, on ne vit que dix ans, de vingt à trente ; c'est ce qui a inspiré au poète grec Ménandre ce vers mélancolique :

Ils sont aimés des dieux ceux-là qui meurent jeunes,

On ne peut cependant pas se supprimer, et il faut se résigner à se survivre, à s'effacer, à rentrer dans l'ombre avant qu'on vous y pousse par les épaules ; mais cela est dur, surtout quand on se sent plein de feu, d'idée et de vigueur ; et croyez que Nestor Roqueplan est mort de ce chagrin-là, en prenant pour prétexte une hypertrophie du cœur.

21 mai 1870.

J. BOUCHARDY

NÉ EN 1810. — MORT EN 1870

Une chose nous surprend dans les notices consacrées par les journaux à ce pauvre Joseph Bouchardy, qui est mort âgé de cinquante-neuf ans à peine, c'est qu'on en parle comme d'un burgrave du mélodrame, d'un Job le maudit plus que centenaire, dernier échantillon d'une race disparue. Bouchardy est-il, en effet, si éloigné de nous que cela, et si profondément enfoncé dans la nuit des temps ? S'est-il passé tant de siècles entre la première représentation de *Gaspardo le pêcheur* et celle de *l'Armurier de Santiago* ? Nous ne le pensons pas. Mais le temps va si vite aujourd'hui, on est si rapidement emporté, que lorsqu'on retourne la tête, les objets près de vous tout à l'heure sont déjà évanouis dans un lointain confus.

Ce sentiment est naturel aux jeunes générations, qui ne conçoivent pas qu'on ait vécu quand elles n'étaient pas nées encore, et qu'on ait obtenu d'immenses succès avec des ouvrages tout à fait en dehors des idées du jour. Les triomphes, pourtant très réels, de Bouchardy leur semblent inexplicables, et d'ailleurs ils remontent à des époques fabuleuses, antéhistoriques, à l'âge de la pierre et des habitations lacustres ; qui peut se souvenir de telles choses ? La vérité est que Bouchardy n'était pas beaucoup plus âgé que la plupart de ceux qui vont criant toujours : « Place aux jeunes ! » mais il avait su de bonne heure faire sa trouée et planter sa bannière sur la citadelle conquise. Les jeunes maintenant doivent être contents des vieux, qui mettent à déguerpir et à leur laisser le champ libre un empressement des plus louables. Qu'ils montrent tout à leur aise leur génie, et qu'à la vieille formule démodée de Joseph Bouchardy ils en substituent une autre toute neuve, nous ne demandons pas mieux.

Nous avons connu Bouchardy à l'âge de vingt ans, dans le petit cénacle qui se groupait autour de Pétrus Borel le lycanthrope, et dont faisaient partie Gérard de Nerval, Jehan Duseigneur, Augustus Mac Keat (Auguste Maquet), Philothée O'Neddy (Théophile Dondey), — car il était d'usage alors de donner un peu de bizarrerie et de truculence à son nom trop bourgeois, — Napol Tom, qu'il ne faut pas confondre avec Napol le Pyrénéen, Alphonse Brot, Jules Vabre, votre serviteur et quelques autres qu'il est inutile de désigner, car ils se sont dispersés dans la vie sans laisser de traces. Bouchardy, quoique grand admirateur de Shakespeare, de Victor Hugo et des poètes romantiques, ne faisait pas encore de littérature. Il étudiait la manière-noire sous l'Anglais Reynolds, et travaillait à la planche représentant le *Naufrage de la Méduse* d'après Géricault. Il était, comme nous tous, fort exalté et déclamait avec une ardeur furibonde, ce qui lui avait valu, dans la préface des *Rhapsodies*, l'appréciation suivante : « Bouchardy, cœur de salpêtre », phrase à laquelle nous ajoutions, pour complément, « et graveur au pointillé », plaisanterie que le futur auteur de *Lazare le pâtre et de Christophe le Suédois* acceptait de fort bonne grâce.

Bouchardy avait une tête tout à fait exotique. Il semblait appartenir à la race malaise, et il eût dit qu'il était né à Sumatra ou à Ceylan, qu'on l'aurait cru sur parole. Son teint, excessivement hâlé, où se glissaient des nuances jaune d'or, paraissait avoir été coloré par un soleil plus ardent que le nôtre, et pourtant Bouchardy n'avait guère quitté Paris ou dépassé la banlieue dans ses plus lointains voyages. Ses cheveux étaient si noirs, qu'ils en prenaient des reflets bleus ; de grands yeux à sclérotique jaune, des sourcils fortement marqués, une fine moustache et une faible barbe soyeuse complétaient cette physionomie indoue, et il ne lui manquait qu'une robe et un turban de mousseline blanche pour être le portrait vivant du héros Rama, du roi Douchmanta ou du prince Radin-Maniri. Tel était Bouchardy *in illo tempore*, et nous en avons fait ce croquis pour restituer une physionomie singulière, connue de la génération moderne sous un tout autre aspect. Ils sont peu nombreux aujourd'hui ceux qui ont vu le Bouchardy que nous décrivions. Gérard de Nerval est mort ; Pétrus Borel est mort ; Jehan Duseigneur est mort ; Bouchardy lui-même vient de mourir, caché dans sa petite maison de Châtenay, où, inconsolable de la perte de sa fille, il attendait, sous les arbres qu'elle avait plantés toute petite, l'instant de la rejoindre enfin. Nous ne l'avons pas vu dans cette dernière période, car il fuyait, ou du moins ne cherchait pas ses anciens amis. Il était devenu un vieillard hâve, cassé, détruit par le chagrin, et aussi par cette tristesse des auteurs qui ont connu l'enivrement du succès, et dont la vogue se retire sans qu'ils puissent apprécier les motifs de cet abandon. Les natures les plus philosophiques ont de la peine à se faire à ce silence souvent injuste : *Displicuit nasus tuus* (Ton nez a déplu) est une raison qui se donne aussi bien aux poètes qu'aux femmes dont on est las.

Bouchardy, qu'on méprise trop à présent, était dans son genre une puissante individualité, une nature vraiment originale. Il avait au plus haut degré le génie de la combinaison dramatique, et il faisait des pièces aussi compliquées que des serrures de Fichet ou de Huret, et que lui seul pouvait ouvrir ; il mettait à ce travail un acharnement étrange, passant les nuits et les jours à rêver, immobile, englouti comme un mathématicien qui cherche la solution d'un problème. Parfois il s'enfermait dans une situation, et il y restait une semaine entière sans pouvoir en sortir, comme cela peut vous arriver au bout d'un couloir, dans une chambre inhabitée dont le vent a fermé la porte sur vous, et dont vous n'avez pas la clef. Il descendait par la fenêtre, se hissait par le tuyau de la cheminée, ou fabriquait une fausse clef avec un clou.

Dès qu'il voyait un effet, il y marchait à travers tous les obstacles, et, pour donner toute sa valeur à un mot, il ne craignait pas d'imposer le mutisme pendant deux ou trois actes à un principal personnage. Eschyle d'ailleurs n'en faisait pas d'autres, et son Prométhée enchaîné n'ouvre pas la bouche pendant toutes les premières scènes de la tragédie. Il a fait des charpentes de drame aussi enchevêtrées que les forêts des cathédrales.

Aussi nous lui disions, par manière de plaisanterie, qu'il devait exécuter ses pièces d'après des modèles en bois. Quand il donna, — et on sait avec quel succès ! — le *Sonneur de Saint-Paul*, ce fut un grand émoi parmi les feuilletonistes pour en faire l'analyse. N'en pouvant venir à bout, nous allâmes requérir Bouchardy, qui était alors notre voisin, pour qu'il nous guidât à travers ce labyrinthe, dont il devait connaître mieux que personne les détours. Nous avions déjà écrit sous sa dictée, ou d'après ses indications, la valeur d'environ neuf colonnes, et nous n'en étions encore qu'à la moitié du premier acte. Il eût été plus simple d'imprimer la pièce, et nous esquivâmes la difficulté par des considérations générales. *Le Sonneur de Saint-Paul* eut plus de trois cents représentations ; il fut traduit en toutes les langues et joué sur tous les théâtres. Quelques mois après, nous étions à Jaën, une ville d'Andalousie, curieusement pittoresque et sauvage, où l'on ne marche que le couteau à la ceinture et la carabine à l'épaule, et que les Maures vaincus semblent avoir abandonnée d'hier ; en allant du Parader à la cathédrale, nous aperçûmes, sur un mur qu'on eût dit crépi à la chaux par Decamps, tant la lumière de midi s'y projetait ardente, parmi de naïves et féroces annonces de *corridas de toros*, les affiches de spectacles de la veille et du jour. La veille, on avait joué *Mérope ;* le soir même on donnait *el Campanero de San Pablo*, du très illustre seigneur don José Bouchardy. Sa gloire avait déjà passé par-dessus cette Sierra Morena où don Quichotte imita la pénitence d'Amadis des Gaules sur la Roche-Pauvre, et où Sancho Panza trouva la valise du fou Cardenio. La pièce avait à Jaën le même succès qu'à Paris : et certes ils connaissent en intrigues et en surprises de théâtre, ces compatriotes d'Alarcon, de Lopez de Vega et de Calderon.

Qu'on nous permette de citer ici quelques lignes écrites à propos de *Prâtis le bohémien*, un drame joué par Frederick, où nous résumions sous une forme légèrement ironique, mais exacte au fond, le talent de Bouchardy : « Tout cela est entremêlé de testaments pris, repris, déchirés, brûlés ; d'actes de naissance perdus, retrouvés ; de marches, de contre-marches, de surprises, de trahisons, de resurprises, de retrahisons, de poisons, de contre-poisons et de toutes les machines mélodramatiques si habilement manœuvrées par l'auteur. Il y a de quoi devenir fou ! Ne tournez pas la tête un instant, ne fouillez pas dans votre poche, ne nettoyez pas le verre de votre lorgnette, ne regardez pas votre jolie voisine : il se sera passé dans ce court espace de temps plus d'événements extraordinaires que n'en comporte la vie d'un patriarche ou la durée d'un mimodrame en vingt-six tableaux, et vous ne pourriez plus rien comprendre à ce qui suit, tant l'auteur est habile à ne pas laisser un moment de répit à l'attention. Quel terrible homme ! ni développements, ni explications, ni phrases, ni dialogue : des faits, rien que des faits, et quels faits, grands dieux ! de vrais miracles qui semblent à tout le monde très simples et très naturels ! La poétique de Bouchardy peut se résumer par cet exemple : — Toi ici ! par quel prodige ? mais tu es mort depuis dix-huit mois ! — Silence ! c'est un secret que je remporterai dans la tombe, répond le personnage interpellé. Cette explication suffit, et l'action continue sa marche. »

Ce qui faisait la force de Bouchardy, c'était son sérieux profond, sa conviction inébranlable. Il croyait *que c'était arrivé*, pour nous servir de la formule moderne, et bien heureux en art celui qui a cette foi, car il la communique aux autres, et domine son public. Il aimait à développer ces beaux et grands lieux communs qui sont le fond même de l'âme humaine, et qui font naître sur les lèvres du sceptique un mauvais rire : l'amour paternel, la fidélité, le dévouement, la loyauté chevaleresque, le point d'honneur, et tous les nobles motifs qui peuvent déterminer l'action. Ces choses depuis sont devenues ridicules, et le naïf Bouchardy s'en étonnait en voyant l'insuccès de ses dernières pièces, où il avait mis la même somme de talent que dans les premières. Ce qui lui manqua toujours, c'est le style, cet émail qui rend éternelles les œuvres qu'il revêt. Il est trop occupé de ses charpentes pour s'inquiéter beaucoup de ses phrases. Dans le vrai sens du mot, « il était du théâtre ». Cette qualité, chez lui, primait toutes les autres.

Bien que l'ombre soit descendue trop rapidement sur lui, il a tenu une assez grande place dans ce temps-ci. Toute proportion gardée, il était à peu près à Hugo ce que Marlowe fut à Shakespeare, et nous ne pouvons, nous l'un des derniers survivants de l'école, laisser ce vieux romantique s'étendre dans la tombe sans les honneurs qui lui sont dus.

7 juin 1870.

ALEXANDRE SOUMET

NÉ EN 1810. — MORT EN 1870

Alexandre Soumet, que recouvre un oubli immérité, a joui, vers 1820, d'une grande réputation poétique ; seulement il a eu le malheur de venir trop tôt et de se produire dans une phase intermédiaire et transitoire. L'aurore du romantisme commençait à poindre et glissait à l'horizon de furtives lueurs. Soumet était un des choryphées de l'école naissante : mais il fut bientôt remplacé, et la douce et tremblante clarté de son étoile fut obscurcie par le soleil levant de Victor Hugo, que Chateaubriand venait de baptiser enfant de génie. De cette façon, il est resté romantique pour les classiques et classique pour les romantiques. S'il eût fait son apparition plus tard, nul doute qu'il n'eût pleinement adhéré aux doctrines nouvelles, et il fût resté ainsi plus longtemps contemporain. Mais, en fait d'art, dans les époques de révolution littéraire, quelques années font beaucoup.

Dans ses rapports avec l'école classique, Soumet avait conservé non pas l'horreur du mot propre absolument, mais une pente naturelle à la périphrase. Ses vers, assez amples, pèchent par la monotonie du rhythme, et leur élégance souvent affectée fatigue bien vite. Ce sont de beaux vers dans la bonne et la mauvaise acception du mot, et il ne semble pas avoir tenu compte de ce cri naïf de Talma aux auteurs qui lui apportaient des pièces : « Surtout, pas de beaux vers ! » On n'imagine pas les orages qui éclataient au parterre du Théâtre-Français lorsque *le More de Venise*, traduit par Alfred de Vigny, redemandait en grinçant des dents ce *mouchoir* appelé prudemment *bandeau* dans la vague imitation shakespearienne du bon Ducis. La cloche se nommait l'*airain sonore*, la mer, l'élément humide ou liquide, et ainsi de suite. Les professeurs de rhétorique restaient atterrés devant l'audace de Racine, qui avait désigné les chiens par leur nom dans le Songe d'Athalie, — molosses eût été mieux ! — et ils invitaient les jeunes poètes à ne pas imiter cette licence du génie. Le premier qui écrivit *cloche* fit donc une action énorme : il s'exposait à ne plus être salué par ses meilleurs amis et risquait d'être exclu de partout. Ce sont de ces courages dont on ne sait pas assez gré aux poètes des périodes crépusculaires, des services qu'on oublie trop vite. Soumet a rendu quelques-uns de ces services, et a ménagé la transition d'un art à l'autre. Son œuvre, qu'on ne lit plus, est considérable et se distingue par de grandes qualités d'imagination, de couleur et d'harmonie ; outre ses tragédies, il a fait de longs fragments d'un poème de *Jeanne d'Arc*, où il cherchait à venger la vierge de Domrémy des lourdeurs de Chapelain et des légèretés de Voltaire, et la *Divine Épopée*, où l'on trouve des conceptions qui ne seraient pas indignes de Klopstock ou de Milton, si le style était toujours à la hauteur du sujet. Les tragédies et les épopées de Soumet ne donnent pas l'idée d'un poète tragique et d'un poète épique, mais seulement d'un poète. De tous ces ouvrages d'où il serait facile d'extraire des morceaux brillants, grâce à la musique de Bellini et à l'intérêt passionné du sujet, *Norma* survit seule.

Quand parut une *Fête de Néron,* la nouvelle théorie de l'art avait été promulguée dans la fameuse préface de *Cromwell.* Les mignons de Henri III soufflaient des pois dans leur sarbacane, en pleine Comédie-Française, et *Hernani,* prêt à sortir de la coulisse, frottait son cor sur sa manche pour le faire reluire. Bientôt allait éclater cette fanfare aux vibrations puissantes qui devait mettre en fuite les fantômes classiques. Il s'agissait de rajeunir la tragédie, de lui infuser un peu de sang rouge dans les veines, et d'assouplir ses draperies de marbre. C'était le but que se proposèrent MM. Soumet et Belmontet. À la rigueur, leur tragédie eût pu s'appeler drame, mais cela eût été bien vif pour un sujet romain traité en vers.

La couleur locale est étalée d'un pinceau timide sur le fond de la tragédie et semble effacée à nos yeux, habitués aux violences et aux empâtements du coloriage moderne. Mais elle a l'éclat d'une muraille peinte en rouge antique, à côté des grisailles si tristes et si froides à l'œil des pièces grecques ou romaines qu'on jouait auparavant.

16 AOÛT 1870.

CAMILLE ROQUEPLAN

Camille Roqueplan était élève d'Abel de Pujol et de Gros. Il ne ressemble guère ni à l'un ni à l'autre de ses maîtres : — à vrai dire, les gens bien doués n'ont d'autre professeur qu'eux-mêmes, et ils ne prennent à l'atelier que des recettes et des procédés matériels, qu'ils modifient bientôt à leur usage. Lorsqu'il sortit de l'école, — c'était le temps de la grande insurrection romantique : Eugène Devéria, qui, depuis, s'est retiré de la lice et se console dans la religion d'un chagrin inconnu, arrivait jeune et superbe avec sa *Naissance de Henri IV* et se posait comme un Paul Véronèse français ; Ary Scheffer, alors coloriste, précipitait les femmes du Souli du haut de leur rocher ; Louis Boulanger attachait Mazeppa au dos du cheval indompté ; E. Delacroix faisait mordre aux damnés les bords de la barque du Dante ; Decamps lançait la patrouille turque à travers les rues de Smyrne ; Bonnington rayait les vitres de Chambord avec le diamant de François 1er ; Poterlet brossait ses chaudes esquisses ; Barye hérissait la crinière de son lion ; Préault échevelait son beau groupe de la *Misère*. Il régnait dans les esprits une effervescence dont on n'a pas idée aujourd'hui : on était ivre de Shakespeare, de Gœthe, de Byron, de Walter Scott, auxquels on associait les gloires naissantes de Lamartine, de Victor Hugo, d'Alfred de Vigny, d'Alfred de Musset ; on parcourait les galeries avec des gestes d'admiration frénétique qui feraient bien rire la génération actuelle.

À l'étude des grands maîtres vénitiens et flamands, dédaignée sous le règne de David, on joignait celle de la nature ; on cherchait le vrai, le neuf, le pittoresque, peut-être plus que l'idéal ; mais cette réaction était bien permise après tant d'Ajax, d'Achilles et de Philoctètes. Camille Roqueplan, sans entrer dans aucun cénacle, épousa de cœur les nouvelles doctrines et se fit bientôt sa place au soleil. — Aux premiers moments de sa fureur contre le poncif classique, la jeune école semblait avoir adopté sa théorie d'art des sorcières de *Macbeth* sur la bruyère de Dunsinane : « Le beau est horrible, l'horrible est beau. » Roquelan ne prononça pas la formule sacramentelle et resta fidèle à la grâce, dont le romantisme, à ses débuts, fit peut-être trop bon marché. Quand tous voulaient être formidables, gigantesques et prodigieux, il se contenta d'être charmant. Là fut son originalité ; du reste, il se montra, autant que personne, nouveau, inattendu, plein de hardiesse. — Cet éternel moulin de Watelet, battant de sa roue une eau savonneuse au milieu d'un maigre bouquet d'arbres, ce fut Camille Roqueplan qui le démolit : il lui opposa le moulin de Hollande, à collerette de charpente, se dressant au milieu d'une plaine verte coupée de canaux, et se détachant sur un de ces ciels gris, si fins et si lumineux dans leur douceur, dont il eut tout de suite le secret ; nul, mieux que lui, ne sut faire fuir jusqu'à l'horizon les lignes plates des Campines, ou se dérouler la volute d'écume de la mer sur une plage sablonneuse.

Jusque-là, on n'avait rien vu de pareil, et il peut être regardé comme un des aïeux de notre jeune génération de paysagistes, si vraie, si forte, si variée, dont hier encore il était le contemporain : cela maintenant paraît tout simple, peindre des arbres, des terrains, des eaux, tels qu'ils sont dans la nature ; mais alors la nature n'était pas de bon goût ; les feuilles se découpaient sur un patron connu, les rochers avaient une coupe consacrée, les eaux tombaient d'une urne de pierre ; — on peut retrouver en province les vestiges de ce style dans les anciens papiers de salle à manger. Le moulin de Watelet, que nous citions tout à l'heure, semblait déjà un peu bien romantique à MM. Bidault et Bertin. Vous voyez ce qu'il fallait de courage et de talent pour rompre avec des habitudes si profondément enracinées. Par bonheur, à travers ses audaces, Camille Roqueplan gardait toujours le charme, et il fut le moins contesté de « nos jeunes modernes, » pour nous servir de l'expression de Sainte-Beuve dans les notes de *Joseph Delorme*.

La *Marée de l'équinoxe*, tirée d'une scène de *l'Antiquaire* de Walter Scott, la *Mort de l'espion Morris*, empruntée aussi à un roman de l'illustre baronnet, l'*Épisode la Saint-Barthélemy*, sujet puisé dans la *Chronique de Charles IX* de Mérimée, furent à peu près les seuls tableaux dramatiques de Camille Roqueplan ; bien que ces trois toiles renferment d'éminentes qualités, elles sont peut-être les moins originales de l'artiste : il était peintre avant tout, à prendre le mot en sa plus rigoureuse acception : l'intérêt ne consistait pas pour lui dans telle ou telle anecdote plus ou moins adroitement mise en scène, mais bien dans la grâce de l'arrangement, dans l'harmonie de la couleur, dans le bonheur de l'exécution. Il faisait de l'art pour l'art : excellente doctrine, quoi qu'on en ait pu dire, et il ne se souciait de rien prouver, sinon qu'il était un maître.

Il le fut, en effet, en des genres bien divers : il peignit le paysage aussi bien que Flers et Cabat et avant eux ; la marine, comme Bonnington et E. Isabey, avec un accent particulier ; puis, comme ce n'était pas un de ces esprits qui répètent indéfiniment la formule une fois trouvée, il s'engagea dans plusieurs sentiers pris et quittés tour à tour, où sa trace est restée empreinte. Il se fit Hollandais avec Netscher, Metzu, Mieris, et se composa un de ces riches intérieurs aux portières de damas des Indes, aux tables à pieds tors recouvertes de tapis de Turquie, aux buffets et aux crédences sculptés, qu'aimait à caresser leur pinceau patient ; il entassa sur les rayons des porcelaines du Japon, des verres de Venise, des grés armoriés, des chopes d'ivoire, des groupes de bronze, des magots en jade et en pagodite, des idoles mexicaines, des missels à fermoirs de cuivre, tout le capharnaüm bizarre de la curiosité, et produisit ce chef-d'œuvre qu'on nomme l'*Antiquaire* et qui a été acheté 30,000 francs à la vente de la galerie du duc d'Orléans. Par exemple, aucun Hollandais n'aurait su comme lui, dans le *Van Dyk à Londres*, retrousser cavalièrement un feutre, arrondir une plume, fripper une jupe de soie, faire miroiter une veste de velours et sourire de roses visages entre des grappes de cheveux blonds. Quelle couleur heureuse, et gaie, et transparente ! quelle élégance facile malgré tout le soin de l'exécution ! Mettez au milieu du musée d'Amsterdam les *Hollandais souscrivant en 1658 au profit des inondés*, ils seront là chez eux et supporteront les plus dangereux voisinages.

Entre ces tableaux et le *Lion amoureux* il n'y a aucun rapport. — On dirait, sans la grâce qui le signe, l'œuvre d'un autre artiste ; c'est une peinture transparente, argentée, frappée de reflets lumineux, un prodige de clair-obscur qui tient de Prudhon et de Corrége : le sage le plus farouche tendrait ses griffes aux ciseaux de cette blonde, type charmant à joindre aux Omphale, aux Dalila et aux Hérodiade.

Roqueplan a peint aussi, dans cette manière, une *Madeleine au désert*. Elle est si jolie, si jeune, si fraîche, qu'elle doit être installée d'hier « *in foraminibus petræ, in caverna maceriæ.* » La pénitence n'a pas encore eu le temps de creuser ses belles joues et de flétrir ses formes attrayantes que laisse voir une draperie de velours glissée sur ses genoux ; l'aimable peintre ne pouvait prendre la sainte pécheresse qu'à ce moment-là ; Ribera nous l'eût montrée les yeux caves, la bouche noire, les pommettes saillantes, la poitrine décharnée, ravinée comme un lit de torrent par les macérations, n'ayant pour tout vêtement qu'une broussaille de cheveux incultes ou qu'un bout de sparterie effilochée. — C'eût été plus vrai sans doute et plus catholique ; mais nous préférons la Madeleine de Roqueplan.

Qui n'a lu et relu avec délices dans les *Confessions* de Jean-Jacques Rousseau, l'histoire de mesdemoiselles Gallet, le passage du gué et la cueillette des cerises ? Roqueplan a traité ces deux sujets : les toiles de l'artiste valent les pages du prosateur, c'est tout dire ; rien n'est plus naïvement coquet, plus adorablement jeune. — Comme on comprend Rousseau, et qu'on voudrait jeter du haut de l'arbre ses lèvres, au lieu de cerises, sur le sein de ces belles filles ! Ici la façon est toute différente : l'huile prend une fleur de pastel.

Nous arrivons à une époque décisive de la vie de l'artiste : déjà frappé du mal dont il est mort, il était allé demander des forces à l'air tiède du Midi. Ranimé pour quelque temps par cette atmosphère pleine de soleil et de souffles balsamiques, il reprit la palette, et son talent fit peau neuve.

Nous écrivions en 1847, en voyant les *Espagnols des environs de Penticosa,* le *Visa des passe-ports,* les *Paysans de la vallée d'Ossau,* le *Ravin ;* — « Ce changement complet de manière est un événement grave et singulier dans la vie d'un artiste, surtout lorsqu'il n'implique aucune décadence, aucune pente au maniérisme : arriver du coquet au simple, du spirituel au vrai, du pétillant au lumineux, du gracieux au fort, c'est un bonheur rare, et il est bien des peintres, dont le passé ne vaut pas celui de M. Camille Roqueplan, à qui l'on pourrait souhaiter bénévolement une bonne maladie qui les envoie passer deux ans aux Pyrénées, en tête-à-tête avec la nature. Avec cette intelligence parfaite du coloris, qui ne lui a jamais fait défaut, M. Camille Roqueplan se baignant dans les ondes de cette lumière aveuglante des pays chauds, a compris que ce n'était ni par du jaune, ni par de l'orangé, ni par des tons dorés et cuits au four qu'il parviendrait à rendre cet éclat tranquille, cette lueur implacablement blanche du ciel méridional. Il a eu le courage de ne pas rendre avec du roux ce qui était gris, et avec du bitume ce qui était bleuâtre, — chose bien simple en apparence, mais qui constitue tout un art nouveau. »

La *Fontaine du grand figuier*, la *Vue de Biarritz*, sont des chefs-d'œuvre de solidité, d'éclat et de lumière ; les murailles de Decamps n'ont pas une blancheur plus étincelante. Camille Roqueplan, tout en peignant des paysans au teint hâlé, aux vestes de gros drap, aux pieds chaussés d'alpargatas ; des paysannes portant des cruches sur la tête, ou traînant quelque marmot pendu au coin de leur tablier sait dégager de ces natures rustiques le côté élégant et gracieux ; il leur donne la beauté qui leur est propre ; il dessine sous le capuchon écarlate des têtes qui, pour être vraies, n'en sont pas moins jolies ; chez lui, les haillons ont même du charme.

Si ses forces ne l'eussent pas trahi, il eût fait de la grande peinture avec le même succès, c était son rêve. Il regrettait de dépenser son talent en une foule d œuvres éparpillées, et ce fut pour lui un bonheur d'exécuter chez M. Darblay trois grands panneaux représentant des paysages animés de figures en costume Louis XV, pour la décoration d'une salle à manger. Il fit aussi quelques figures allégoriques au palais du Luxembourg, d'une couleur claire et mate, rappelant la douceur tranquille de la fresque et se soutenant à côté des peintures de Delacroix. Simple et modeste, tout occupé de son art, il ne sollicita jamais des travaux qu'on se fût empressé de lui accorder. Il obtint une seconde médaille en 1824, une première en 1828, la croix de chevalier de la Légion d'honneur en 1831, celle d'officier en 1852 ; récompense bien méritée ! Son dernier tableau, les *Filles d'Ève*, ne fait pas soupçonner que le pinceau allait échapper à la main qui peignait ces jeunes femmes coquettement costumées et mordant à belles dents aux pommes de l'arbre de science. Roqueplan laisse des cartons pleins d'études, d'esquisses, de dessins, de croquis, qu'il nous a été permis de feuilleter et qui témoignent de cet esprit chercheur, toujours en quête, toujours éveillé, oubliant la maladie par l'étude, et les défaillances du corps dans la contemplation de la nature.

En perdant Camille Roqueplan, l'École française a perdu un de ses coloristes les plus fins, les plus clairs, les plus lumineux ; un peintre charmant qui avait su, chose rare, introduire l'art dans la grâce et cacher un travail sérieux sous une facilité épanouie. Ces tableaux si gais, si vifs, si spirituels, si amusants pour l'œil, sont de vrais tableaux de maître, et la postérité les reconnaîtra pour tels.

1855.

EUGÈNE DELACROIX

I

À présent que le calme se fait autour de ce grand nom — un de ceux que la prospérité n'oubliera pas, — on ne saurait imaginer au milieu de quel tumulte, dans quelle ardente poussière de combat il a vécu. Chacune de ses œuvres soulevait des clameurs assourdissantes, des orages, des discussions furieuses. On invectivait l'artiste avec des injures telles qu'on ne, les eût pas adressées plus grossières ni plus ignominieuses à un voleur ou à un assassin. Toute urbanité critique avait cessé pour lui, et l'on empruntait, quand on était à court, des épithètes au *Catéchisme poissard*. C'était un sauvage, un barbare, un maniaque, un enragé, un fou qu'il fallait renvoyer à son lieu de naissance, Charenton. Il avait le goût du laid, de l'ignoble, du monstrueux ; et puis il ne savait pas dessiner, il cassait plus de membres qu'un rebouteur n'en eût pu remettre. Il jetait des seaux de couleur contre la toile, il peignait avec un balai ivre ; — ce balai ivre parut très joli et fit en son temps un effet énorme. Le jury, choisi alors parmi l'Institut, se donnait, tous les ans, le plaisir de lui refuser un ou deux tableaux. On renvoyait, marqués au dos de l'infamante lettre R, comme des barbouillages de rapin, ces cadres si estimés aujourd'hui. Le chef de la jeune école littéraire n'était pas ménagé davantage, et l'on ferait des diatribes lancées contre lui un recueil beaucoup plus long que ses œuvres, considérables pourtant. Quelqu'un qui n'aurait ni vu les tableaux de l'un, ni lu les poésies de l'autre, et ne les connaîtrait tous deux que par ces articles furibonds, ne pourrait s'empêcher de les croire un peintre de dernier ordre et un rimeur détestable.

C'est ainsi que les génies sont salués à leur aurore : étrange erreur dont chaque génération s'étonne après coup, et qu'elle recommence naïvement. Pour bien comprendre l'effet d'horripilation produit à son début par Eugène Delacroix, il faut se rappeler à quel degré d'insignifiance et de pâleur en était venue, de contre-épreuve en contre-épreuve, d'évanouissement en évanouissement, l'école pseudo-classique, reflet lointain de David. Un aérolithe tombé dans un marais, avec flamme, fumée et tonnerre, n'aurait pas causé un plus grand émoi parmi le chœur des grenouilles. Heureusement Eugène Delacroix eut tout d'abord la sympathie du cénacle romantique, quoique plus tard il ait nié, par une sorte de dandysme, avoir jamais partagé les doctrines des novateurs, imitant en cela Byron, qui exaltait Pope aux dépens de Shakespeare. Ces quelques partisans, peu nombreux mais fanatiques, le soutinrent de la voix et de la plume, et raffermirent dans la conscience de lui-même. Du reste, jamais talent ne fut plus courageux, plus opiniâtre, plus acharné à la bataille. Rien ne le rebutait, ni l'outrage, ni la moquerie, ni l'insuccès. Toute sa vie il resta sur la brèche, exposé aux coups, lorsque des maîtres plus adroits ou plus susceptibles se retiraient des expositions et se faisaient admirer en petite chapelle par des dévots choisis. Enfin, à la grande Exposition universelle de 1855, son œuvre rassemblé lui donna superbement raison ; les parois que ses toiles couvraient en devinrent rayonnantes et lumineuses. Il semblait y avoir dans cette salle un soleil qui n'éclairait pas les autres galeries. À partir de cette date solennelle et triomphale, les critiques se turent ; il devint de mauvais goût de nier un génie si évident.

Delacroix, que nous rencontrâmes pour la première fois quelque temps après 1830, était alors un jeune homme élégant et frêle qu'on ne pouvait oublier quand on l'avait vu. Son teint, d'une pâleur olivâtre, ses abondants cheveux noirs, qu'il a gardés tels jusqu'à la fin de sa vie, ses yeux fauves à l'expression féline, couverts d'épais sourcils dont la pointe intérieure remontait, ses lèvres fines et minces un peu bridées sur des dents magnifiques et ombrées de légères moustaches, son menton volontaire et puissant accusé par un méplat robuste, lui composaient une physionomie d'une beauté farouche, étrange, exotique, presque inquiétante : on eût dit un maharajah de l'Inde, ayant reçu à Calcutta une parfaite éducation de gentleman et venant se promener en habit européen à travers la civilisation parisienne. Cette tête nerveuse, expressive, mobile, pétillait d'esprit, de génie et de passion. On trouvait que Delacroix ressemblait à lord Byron, et pour faire mieux sentir cette ressemblance, Devéria, dans une même médaille, dessinait leurs profils accolés. Les succès refusés au peintre, l'homme du monde (Delacroix le fut toujours) les obtenait sans conteste. Personne n'était plus séduisant que lui lorsqu'il voulait s'en donner la peine. Il savait adoucir le caractère féroce de son masque par un sourire plein d'urbanité. Il était moelleux, velouté, câlin comme un de ces tigres dont il excelle à rendre la grâce souple et formidable, et, dans les salons, tout le monde disait : « Quel dommage qu'un homme si charmant fasse de semblable peinture ! »

Dans cette époque tout agitée de passions littéraires, de systèmes d'art et de nouveautés esthétiques, on parlait beaucoup, et Delacroix en fut un des causeurs les plus goûtés. Il se promettait bien de garder le silence ou de ne jeter que quelques mots dans la conversation, car dès lors il avait les germes de la maladie de larynx qui finit par l'emporter et que combattit longtemps une hygiène savante résolument soutenue ; mais bientôt il se laissait aller et développait dans les meilleurs termes les idées les plus ingénieuses et, chose étonnante, les plus sages. Jamais œuvre ne ressembla moins à l'idéal de l'artiste qui l'exécuta que celui d'Eugène Delacroix. On aurait pu croire que c'était chez lui un jeu d'esprit d'avancer des théories contraires à sa pratique, mais tout nous fait croire qu'il était sincère en émettant ces idées, si étranges dans sa bouche. Seulement, quand il était devant sa toile, sa palette au pouce, au milieu d'un atelier où ne pénétrait personne et où régnait une température de serre pour les plantes tropicales, il oubliait ses classiques opinions de la veille, et, son fougueux tempérament de peintre reprenant le dessus, il ébauchait une de ces pages enfiévrées de passion qui excitaient dans les camps rivaux des huées et des dithyrambes.

Un moment on crut qu'Eugène Devéria, dont la *Naissance de Henri IV* fut si remarquée pour son éclatante couleur, et qu'on appelait déjà le Paul Véronèse français, allait être le peintre romantique continuant dans son art le mouvement littéraire ; mais ce brillant début n'eut pas de suite. Une influence mystérieuse détourna ce beau talent de sa route, et Delacroix resta le représentant de la peinture nouvelle.

En ce temps-là, la peinture et la poésie fraternisaient. Les artistes lisaient les poètes et les poètes visitaient les artistes. On trouvait Shakespeare, Dante, Gœthe, lord Byron et Walter Scott dans l'atelier comme dans le cabinet d'étude. Il y avait autant de lâches de couleur que de taches d'encre sur les marges de ces beaux livres sans cesse feuilletés. Les imaginations, déjà bien excitées par elles-mêmes, se surchauffaient à la lecture de ces œuvres étrangères d'un coloris si riche, d'une fantaisie si libre et si puissante. L'enthousiasme tenait du délire. Il semblait qu'on eût découvert la poésie, et c'était, en effet, la vérité. Maintenant que ce beau feu est refroidi et que la génération positive qui occupe la scène du monde se préoccupe d'autres idées, on ne saurait croire quel vertige, quel éblouissement produisirent sur nous tel tableau, telle pièce, qu'on se contente aujourd'hui d'approuver d'un petit signe de tête. Cela était si neuf, si inattendu, si vivace, si ardent !

Delacroix, bien qu'en paroles il affectât quelque froideur, ressentait plus vivement que personne la fièvre de son époque. Il en avait le génie inquiet, tumultueux, lyrique, désordonné, paroxyste. Tous les souffles orageux qui traversaient l'air faisaient tressaillir et vibrer son organisation nerveuse. S'il exécutait en peintre, il pensait en poète, et le fond de son talent est fait de littérature. Il comprenait avec une intimité profonde le sens mystérieux des œuvres où il puisait des sujets. Il s'assimilait les types qu'il empruntait, les faisait vivre en lui, leur infusait le sang de son cœur, leur donnait le frémissement de ses nerfs, et les recréait de fond en comble, tout en leur gardant leur physionomie. Tandis que d'autres fins talents de l'époque dessinaient des vignettes, lui peignit toujours des tableaux qui pouvaient exister en dehors du livre où il en puisait le motif. Il pénétrait si avant au cœur de l'œuvre qu'il la rendait plus profonde, plus sensible et plus significative pour l'auteur même. Nous trouvons dans les conversations de Gœthe, recueillies par Eckermann, ce curieux passage sous la date du 29 novembre 1826 :

« Gœthe me présenta une lithographie représentant la scène où Faust et Méphistophélès, pour délivrer Marguerite de la prison, glissent en sifflant dans la nuit sur deux chevaux, et passent prés d'un gibet. Faust monte un cheval noir, lancé à un galop effréné, et qui parait, comme son cavalier, s'effrayer des spectres qui passent sous le gibet. Ils vont si vite que Faust a de la peine à se tenir. Un vent violent vient à sa rencontre, et a enlevé sa toque qui, retenue à son cou par un cordon, flotte loin derrière lui. Il tourne vers Méphistophélès un visage plein d'anxiété et semble épier sa réponse. Méphistophélès est tranquille, sans crainte, comme un être supérieur.

« Il ne monte pas un cheval vivant : il n'aime pas ce qui vit. Et d'ailleurs il n'en a pas besoin ; sa volonté suffit pour l'entraîner aussi vite que le vent. Il n'a un cheval que parce qu'il faut qu'on se l'imagine à cheval ; il lui suffisait donc de ramasser, parmi les premiers débris d'animaux qu'il a rencontrés, un squelette ayant encore sa peau. Cette carcasse est de ton clair, et semble jeter dans l'obscurité de la nuit des lueurs phosphorescentes. Elle n'a ni rênes ni selle, et galope sans cela. Le cavalier supra-terrestre, tout en causant, se tourne vers Faust d'un air léger et négligent ; l'air qui fouette à sa rencontre n'existe pas pour lui ; il ne sent rien, son cheval non plus ; ni un cheveu ni un crin ne bougent.

« Cette spirituelle composition nous donna le plus grand plaisir. « On doit avouer, dit Gœthe, qu'on ne s'était pas soi-même représenté la scène aussi parfaitement. Voici une autre feuille, que dites-vous de celle-là ? »

« Je vis la scène brutale des buveurs dans la cave d'Auerbach ; le moment choisi, comme étant la quintessence de la scène entière, était celui où le vin renversé jaillit en flammes et où la bestialité des buveurs se montre de diverses manières. Tout est passion, mouvement ; Méphistophélès seul reste dans la sereine tranquillité qui lui est habituelle. Les blasphèmes, les cris, le couteau levé sur lui par son voisin le plus proche, ne lui sont de rien. Il s'est assis sur un coin de table et laisse pendre ses jambes ; lever son doigt, c'est assez pour éteindre et la passion et la flamme. Plus on considérait cet excellent dessin, plus on admirait la grandeur d'intelligence de l'artiste, qui n'avait pas créé une seule figure semblable à une autre, et qui dans chacune d'elles présentait un nouvel instant de l'action.

« M. Delacroix, a dit Gœthe, est un grand talent, qui a, dans *Faust*, précisément trouvé son vrai aliment. Les Français lui reprochent trop de rudesse sauvage, mais ici elle est parfaitement à sa place. On espère qu'il reproduira *Faust* tout entier, et j'attends surtout avec joie la cuisine des sorcières et les scènes du Brocken. On voit que son observation a sondé profondément la vie, et pour cela une ville comme Paris lui offrait les meilleures occasions. »

« Je dis alors que de tels dessins contribuaient énormément à une intelligence complète du poème. « C'est certain, dit Gœthe, car l'imagination plus parfaite d'un artiste nous force à nous représenter les situations comme il se les est représentées à lui-même. Et s'il me faut avouer que M. Delacroix a surpassé les tableaux que je m'étais faits de scènes écrites par moi-même, à plus forte raison les lecteurs trouveront-ils toutes ces compositions pleines de vie et allant bien au delà des images qu'ils se sont créées. »

C'est ainsi que le Jupiter de Weimar, le poète marmoréen, le grand plastique, jugeait dans sa vieillesse les jeunes efforts de l'artiste romantique. Jamais plus splendide et plus intelligent éloge ne fut donné à la peinture par la poésie. Nous ignorons si Eugène Delacroix connut dès lors cette haute appréciation de Gœthe. Elle l'aurait consolé de bien des critiques ineptes ou malveillantes. Avoir dépassé l'image que le grand Gœthe s'était faite de son Faust, c'était beau cela !

Si Shakespeare eût été notre contemporain et eût pu voir les illustrations d'*Hamlet*, où l'artiste a pénétré si profondément ce drame mystérieux plein d'ombres noires et de clartés livides, il aurait reconnu sur les dessins, plus vivants, plus sinistres et plus caractéristiques, les fantômes de sa propre imagination.

II

Un autre suffrage empreint d'une sorte de divination, celui de M. Thiers, qui, dans son Salon de 1827, ne craint pas, à propos de la *Barque du Dante*, de placer Eugène Delacroix au nombre des grands maîtres, dut consoler l'artiste de bien des diatribes et des injustices. Ce sera un éternel honneur pour l'homme d'État d'avoir deviné le génie du peintre [1]. Ainsi, à ses débuts dans la carrière, Delacroix eut pour premiers appréciateurs Gœthe et Thiers. Cette admiration de l'homme politique devint précieuse pour l'artiste, car, arrivé au pouvoir, M. Thiers se souvint du génie dont il avait eu le pressentiment avant tous les autres, l'appuya de son crédit dans la distribution des commandes, et procura l'occasion de s'affirmer sur une large échelle à un talent fait pour les grandes choses.

On avait tellement abusé des Grecs et des Romains dans l'école décadente de David, qu'ils étaient en complet discrédit à cette époque. La première manière de Delacroix fut donc purement romantique, c'est-à-dire n'empruntant rien aux souvenirs ni aux formes de l'antiquité. Les sujets qu'il traita furent relativement modernes, empruntés à l'histoire du moyen âge, à Dante, à Shakespeare, à Gœthe, à lord Byron ou à Walter Scott. C'est à cette période et à cette situation des esprits que remontent la *Barque du Dante*, la *Bataille de Nancy*, *Marino Faliero*, le *Combat du giaour et du pacha*, le *Tasse dans la prison des fous*, le *Massacre de l'évêque de Liège*, le *Massacre de Scio*, le premier Hamlet, Nous en pourrions citer davantage, mais nous ne faisons pas ici un catalogue, et ce que nous indiquions suffit pour deviner le reste.

Le talent d'Eugène Delacroix avait dès lors toute son originalité et le distinguait nettement des contemporains ; cependant ce serait une erreur de croire qu'il n'empruntât rien du milieu où il baignait. Les grands maîtres à distance semblent isolés, mais ils n'en furent pas moins enveloppés de la vie générale, ils reçurent presque autant qu'ils donnèrent, et firent de larges emprunts à la somme des idées communes en circulation lorsqu'ils vivaient. Seulement ils frappèrent à leur coin ineffaçable le métal fourni par l'époque et en firent des médailles éternelles.

Par sa nature nerveuse, impressionnable, Delacroix, plus que personne, vibrait an passage des idées, des événements et des passions de son temps. Malgré une apparence sceptique, il en partageait les fièvres, il en traversait les flammes, et, comme l'airain de Corinthe, il était composé de tous les métaux en fusion.

Dans ses premiers ouvrages, des influences diverses sont visibles. Il y a du Gros et surtout du Géricault dans la *Barque du Dante*. Les torses des damnés, où s'écrase la lourde écume du fleuve infernal, font penser au *Naufrage de la Méduse* pour la pâleur noyée des chairs, la force des ombres et l'effort anatomique. L'école anglaise préoccupa incontestablement Delacroix, qui dut étudier beaucoup les portraits de sir Thomas Lawrence. La *Mort de Sardanapale*, entre autres, présente certaines gammes rosées et bleuâtres, certaines transparences rehaussées d'empâtements brusques comme des vigueurs d'huile appliquées sur de l'aquarelle, qui rappellent la palette et la facture du maître britannique. Les *Combats du giaour et du pacha*, car Delacroix traita deux fois ce sujet, ont une fraîcheur, un éclat et une limpidité où se sent l'influence de Bonnington. Poterlet même, un coloriste mort tout jeune et dont il ne reste que quelques fines et chaudes esquisses, ne lui fut pas inutile. Mais cela n'altérait en rien sa forte individualité. Comme un guerrier couvert d'une armure bien trempée et bien polie, il reflétait un instant les objets voisins, prenait quelques-uns de leurs tons et passait, pour reparaître un peu plus loin avec sa couleur propre.

Le voyage qu'il fit au Maroc lui ouvrit tout un monde de lumière, de sérénité et d'azur. Decamps n'était pas revenu de sa caravane en Orient et Marilhat n'était pas parti encore. Ce fut E. Delacroix qui, pittoresquement, découvrit l'Afrique. On sait avec quel éclat de soleil et quelle transparence d'ombre il peignit les *Femmes d'Alger*, ce bouquet de fleurs vivantes, la *Noce juive*, l'*Empereur Muley-Abder-Rhaman*, les *Convulsionnistes de Tanger* et tant d'autres scènes de la vie arabe. Il prit en Orient le goût des chevaux, des lions et des tigres, qu'il peignit comme Barye les sculpte, avec une puissance de couleur, un frémissement de vie et une férocité incroyables. Ah ! ce ne sont pas des lions classiques coiffés d'une perruque à la Louis XIV et tenant une boule sous la patte que les lions de Delacroix ! Ils froncent leurs masques terribles, hérissent leurs fauves crinières, allongent leurs ongles tranchants, et semblent provoquer la zagaie barbelée du Cafre ou la balle conique de Jules Gérard.

Les peintures murales de la salle du Trône à la Chambre des députés révèlent chez Delacroix d'admirables aptitudes décoratives. Son style s'agrandit tout à coup ; sa couleur, tout en restant chaude, intense et vivace, prit la tranquillité lumineuse de la fresque et se suspendit aux murailles comme une tapisserie riche et moelleuse. Les nécessités de l'allégorie, car il n'est guère possible de placer des scènes de la vie réelle dans les plafonds, les coupoles, les pendentifs et les tympans, le forcèrent d'abord le nu et la draperie, et il s'en tira à merveille. Il entendit l'antique comme Shakespeare dans *Antoine et Cléopâtre, Jules César* et *Coriolan*, en y mettant la flamme, le mouvement, l'éclat et même une certaine familiarité puissante d'un effet irrésistible. Sur ces sujets, réduits jusque-là à l'immobilité du bas-relief, il répandit les magies de la couleur et fit remonter la pourpre de la vie dans les veines pâles du marbre. Le *Triomphe de Trajan*, la *Mort de Marc Aurèle*, *Médée poignardant ses enfants*, sont des spécimens magnifiques de cette manière nouvelle que l'artiste développa dans son *Élysée des poètes* à la bibliothèque du Sénat, son plafond d'*Apollon* à la galerie du Louvre, et ses peintures du salon de la Paix à l'Hôtel de Ville.

Delacroix n'était pas de ces peintres qui s'enferment à plaisir dans une étroite spécialité et ne représentent qu'un petit nombre d'objets toujours les mêmes. Son vaste talent embrassait la nature entière, et tout ce qui avait vie, forme et couleur était du ressort de sa palette.

Esprit singulièrement harmonieux dans son désordre apparent, il s'était fait un monde à lui, un microcosme où il régnait en maître et dont les éléments se composaient et se décomposaient suivant l'effet qu'il voulait produire.

Là flottaient toutes les images de la nature, non pas copiées, mais conçues et transformées, et servant comme des mots à exprimer des idées, et surtout des passions. Dans la moindre ébauche comme dans le tableau le plus important, le ciel, le terrain, les arbres, la mer, les fabriques participent à la scène qu'ils entourent ; ils sont orageux ou clairs, unis ou tourmentés, sans feuilles ou verdoyants, calmes ou convulsifs, ruinés ou magnifiques, mais toujours ils semblent épouser les colères, les haines, les douleurs et les tristesses des personnages. Il serait impossible de les en détacher. Les figures elles-mêmes ont des costumes, des draperies, des armes et des accessoires significatifs qui ne pourraient servir à d'autres. Tout se lient, tout est lié et forme un ensemble magique dont aucune partie ne saurait être retranchée ou transposée sans faire écrouler l'édifice. En art, nous ne connaissons que Rembrandt qui ait cette unité profonde et indissoluble. Cela tient à ce que ces deux grands maîtres créent par une sorte de vision intérieure qu'ils ont le don de rendre sensible avec les moyens qu'ils possèdent, et non par l'étude immédiate du sujet. Rembrandt, comme Delacroix, a son architecture, son vestiaire, son arsenal, son musée d'antiques, ses types et ses formes, sa lumière et sa nuit, ses gammes de ton qui n'existent pas ailleurs et dont il sait tirer des effets merveilleux, rendant le fantastique plus vrai que la réalité.

Ce caractère du génie d'Eugène Delacroix ne nous semble pas avoir été suffisamment compris, même en ces derniers temps où les admirateurs tardifs ne lui manquèrent pas. C'est par cette refonte et cette création à nouveau du sujet que l'artiste sut rester si original en traitant des scènes tirées de drames, de poèmes et de romans, au lieu de scènes puisées directement dans la nature. Il donne la fleur, l'essence de l'idée même du sujet, sans s'astreindre à des détails oiseux ou d'une vérité prosaïque qui détourneraient l'attention ou feraient dissonance.

Dans son œuvre, Delacroix a toujours cherché le signe caractéristique, le trait de passion, le geste significatif, la note étrange et rare. Son dessin, qu'on a si souvent critiqué, et qui est très savant malgré de visibles incorrections que le moindre rapin peut relever, ondoie et tremble comme une flamme autour des formes qu'il se garde de délimiter pour n'en pas gêner le mouvement ; le contour craque plutôt que d'arrêter l'élan d'un bras levé ou tendu. La couleur s'entasse à l'endroit qui est le point central de l'action, car, avant tout, Delacroix veut donner la sensation de la chose qu'il représente dans son essence même, et non dans sa réalité photographique.

Le but de l'art, on l'a trop oublié de nos jours, n'est pas la reproduction exacte de la nature, mais bien la création, au moyen des formes et des couleurs qu'elle nous livre, d'un microcosme où puissent habiter et se produire les rêves, les sensations et les idées que nous inspire l'aspect du monde. C'est ce que comprenait instinctivement ou scientifiquement Delacroix, et ce qui donnait à sa peinture un caractère si particulier, si neuf et si étrange.

L'école française a eu pour principaux mérites la sagesse, la clarté, la sobriété, l'intention et la composition philosophique, le dessin spirituel et correct ; mais elle satisfait plus la raison que les yeux. Elle ne compte guère de coloriste, et quand on a nommé Watteau, qui était presque flamand, Chardin, Prudhon et Gros, on hésite. Anvers dit Rubens, Amsterdam Rembrandt, Venise Titien, Paul Véronèse, Tintoret ; Séville Murillo, Madrid Velasquez, Londres Reynolds ou Lawrence ; Paris ne peut répondre que Delacroix, et c'est un nom digne de s'inscrire parmi ces noms illustres.

Quoique contesté et disputé bien longtemps, Delacroix a tenu une grande place dans l'art moderne, et le vide de sa mort se fera bientôt sentir par un refroidissement et une décoloration qui iront augmentant chaque jour. Il avait jeté sa verve, son génie, sa couleur, sa hardiesse, sa sauvagerie, sa férocité, dans cette peinture trop sage, trop rangée, trop bourgeoise, où la propreté est considérée comme une vertu. Il était inquiet, fiévreux, passionné, amoureux de l'art et de la gloire, poursuivant son idéal à travers tout, ne craignant pas d'être choquant, ayant horreur du commun, âpre au travail malgré sa santé délicate, et fécond comme un véritable maître, car il laisse un œuvre immense. Il s'est colleté avec Gœthe, avec Shakspeare, avec Byron, avec la mythologie et le moyen âge, avec la Bible et l'Évangile, avec les tigres, les lions et la mer, et il n'a été vaincu dans aucune de ces luttes.

(MONITEUR, 18 novembre 1864.)

__1__ Nous avons pensé qu'il serait intéressant de reproduire ici le passage de l'article de M. Thiers relatif à Eug. Delacroix. Le voici :

« J'ai parlé de M. Drolling comme d'un homme consommé dans son art, de M. Destouches comme d'un jeune artiste qui annonce le plus beau style ; à ces espérances il est doux d'en ajouter une nouvelle et d'annoncer un grand talent dans la génération qui s'élève.

« Aucun tableau ne révèle mieux, à mon avis, l'avenir d'un grand peintre que celui de M. Delacroix représentant le *Dante et Virgile aux enfers*. C'est là surtout qu'on peut remarquer ce jet de talent, cet élan de la supériorité naissante qui ranime les espérances un peu découragées par le mérite trop modéré de tout le reste.

« Le Dante et Virgile, conduits par Caron, traversent le fleuve infernal, et fendent avec peine la foule qui se presse autour de la barque pour y pénétrer. Le Dante, supposé vivant, a l'horrible teinte des lieux ; Virgile, couronné d'un sombre laurier, a les couleurs de la mort. Les malheureux condamnés à désirer éternellement la rive opposée s'attachent à la barque. L'un la saisit en vain, et renversé par son mouvement trop rapide, est replongé dans les eaux ; un autre l'embrasse et repousse avec les pieds ceux qui veulent aborder comme lui ; deux autres serrent avec les dents ce bois qui leur échappe. Il y a là l'égoïsme et le désespoir de l'enfer. Dans ce sujet si voisin de l'exagération, on trouve cependant une sévérité de goût, une convenance locale en quelque sorte, qui relève le dessin, auquel des juges sévères mais peu avisés ici, pourraient reprocher de manquer de noblesse. Le pinceau est large et ferme, la couleur simple et vigoureuse, quoique un peu crue.

« L'auteur a, outre cette imagination poétique qui est commune au peintre comme à l'écrivain, cette imagination de l'art, qu'on pourrait en quelque sorte appeler l'imagination du dessin et qui est tout autre que la précédente. Il jette ses figures, les groupe, les plie à volonté avec la hardiesse de Michel-Ange et la fécondité de Rubens. Je ne sais quel souvenir des grands artistes me saisit à l'aspect de ce tableau ; j'y retrouve cette puissance sauvage, ardente mais naturelle, qui cède sans effort à son propre entraînement. »

[Salon de 1822, ou Collection des articles insérés au Constitutionnel sur l'exposition de cette année. 1 vol. in-8°, par M. A. Thiers (Maradan, Paris, 1822), pages 56 et 57.]

EUGÈNE DEVÉRIA

NÉ EN 1805. — MORT EN 1865

Eugène Devéria fut un des plus beaux espoirs du romantisme naissant. L'ombre et l'oubli se sont déjà faits depuis longues années sur ce nom qui se leva dans une aurore de splendeurs, d'admirations et d'enthousiasmes. — Nul début ne fut plus brillant et ne fit de telles promesses. On put croire justement, quand fut exposée la *Naissance de Henri IV*, que la France allait avoir son Paul Véronèse et qu'un grand coloriste nous était venu. L'artiste qui commençait par ce coup de maître avait vingt-deux ans à peine. — Eugène Devéria était né en 1805, et son tableau porte la date de 1827. On devait tout attendre d'une nature ainsi douée, mais ce bel élan se ralentit bien vite : une influence mystérieuse glaça la verve du peintre, les chefs-d'œuvre espérés ne se firent pas, et la génération actuelle ne peut se représenter l'importance qu'eut en son temps Eugène Devéria.

C'était alors un beau jeune homme, de grande taille, d'une sveltesse robuste, à la mine fière et hardie ; il portait les cheveux coupés en brosse, des moustaches retroussées en croc, une longue barbe pointue, « effroi du bourgeois glabre. » La barbe, si généralement admise aujourd'hui, paraissait encore à cette époque une chose farouche, barbare et monstrueuse. Mais les peintres romantiques ne tenaient pas à réaliser l'idéal du parfait notaire ; ils recherchaient tout ce qui pouvait les distinguer des philistins. Eugène Dévéria avait le goût des ajustements fastueux comme un Vénitien du seizième siècle. Il aimait le satin, le damas, les joyaux, et se serait volontiers promené en robe de brocart d'or comme un Magnifique de Titien ou de Bonifazio. Ne pouvant porter tout à fait le costume de son talent, il essayait de modifier l'affreux habit moderne. Ses fracs évasés, rejetés sur les épaules, faisaient miroiter de larges revers de velours, et dégageaient la poitrine bombée par des gilets en forme de pourpoint. Ses chapeaux rappelaient le feutre de Rubens. De fortes bagues avec des pierres gravées pour chaton, d'épaisses chevalières d'or brillaient à ses doigts, et quand il allait dans la rue, un ample manteau drapé à l'espagnole complétait ces élégantes excentricités pittoresques.

Ces fantaisies de costume sembleraient étranges maintenant, mais alors on les trouvait naturelles : — le mot *artiste* excusait tout, et chacun, poète, peintre ou sculpteur, suivait à peu près son caprice.

L'atelier d'Eugène Devéria était situé rue de l'Est [1], dans la maison de M. Petitot, où logeait aussi le statuaire Cartellier, et l'artiste l'occupait de moitié avec Louis Boulanger, qui achevait son *Mazeppa* pendant qu'Eugène travaillait à sa *Naissance de Henri IV*. Ces deux œuvres, qui firent époque parmi les premières réalisations des théories romantiques, furent élaborées fraternellement sous le même toit ; mais Eugène Devéria demeurait dans sa famille, rue Notre-Dame-des-Champs, tout près de Victor Hugo, dans la maison duquel se réunissait ce qu'on a depuis appelé le Cénacle. — En ce temps-là, les peintres et les poètes se fréquentaient beaucoup, échangeant de mutuelles admirations. Quoique le précepte *Ut pictura poesis* fût classique, il avait cours dans la nouvelle école, et certes le talent de tous gagna à cette familiarité des deux arts. Comme Louis Boulanger, Eugène Devéria était un lettré, il faisait de jolis vers, et avait tout ce qu'il fallait pour comprendre la grande révolution littéraire dont le poète des *Odes et Ballades* était le promoteur. Il se distingua par sa pétulante chaleur d'applaudissements aux tumultueuses représentations d'*Hernani*, où il menait une bande d'artistes et de rapins ; tant que la lutte dura, il fut de toutes les batailles de la nouvelle école. Le romantisme était chez lui chez les Devéria, comme on disait alors. En effet, ils étaient deux, Achille et Eugène ; Achille était l'aîné, et si les nécessités de la vie ne l'eussent forcé à une production incessante, il eût sans doute laissé un grand nom, car il n'était pas moins bien doué que son frère ; et dans son œuvre presque innombrable qu'on recherchera plus tard, lithographies, vignettes, portraits, compositions de toutes sortes, on trouve toujours un dessin souple, libre, original, et d'une élégance florentine qui suppose beaucoup de science. L'époque tout entière y revit avec ses modes, ses tournures, ses affectations et ses excentricités caractéristiques. La maison des Devéria était donc un des foyers du romantisme ; on y voyait Sainte-Beuve, Alfred de Musset, Fontaney, David (d'Angers), Planche, Louis Boulanger, Abel Hugo, Paul Foucher, Pétrus Borel, Pacini, Plantade et bien d'autres. Le grand maître y venait lui même souvent.

Eugène Devéria était élève de Girodet, on ne le dirait guère ; mais Eugène Delacroix eut pour maître Guérin. Qui pourrait le croire ? La *Naissance de Henri IV* ne rappelle pas plus *Atala* et *Chactas* que la *Barque du Dante* ne rappelle le *Marcus Sextus*.

Il est difficile, maintenant que la révolution est accomplie, de faire comprendre l'effet que produisirent les tableaux des deux jeunes maîtres, l'un si éclatant, l'autre si robuste de couleur ; celui-là si joyeux et celui-ci d'une âpreté si sombre, parmi les contre-épreuves de plus en plus pâles de l'école expirante de David ; et il est bon de replacer ces œuvres dans les milieux qui les virent naître, pour joindre leur mérite relatif à leur mérite absolu.

Le champ de bataille resta à Delacroix, plus énergique, plus persistent et d*un génie plus complexe. Eugène Devéria ne dépassa point son premier effort. Son coup d'essai fut son chef-d'œuvre.

Sans doute il y a des qualités brillantes, une couleur aimable, une facilité prodigieuse dans le *Puget montrant un groupe, à Louis XIV ;* dans la chapelle de *Sainte-Geneviève* à Notre-Dame de Lorette ; dans le *Louis-Philippe à la Chambre des députés ;* dans la *Marie Stuart* écoutant sur l'échafaud la lecture de son arrêt de mort ; dans la *Chapelle des Doms* à Avignon ; mais ce n'est plus la belle et solide couleur vénitienne, ni l'exécution magistrale de l'œuvre qui valut à l'artiste sa réputation et qui la lui maintiendra quand on fera le bilan de ce siècle. On reste par un tableau comme par un livre. Heureux qui a fait un chef-d'œuvre, fût-il unique !

Nous déliant de nos impressions de jeunesse à travers lesquelles la *Naissance de Henri IV* nous apparaissait avec sa fraîche et neuve splendeur, parée de toutes les séductions de la palette, après le long jeûne de couleur que l'école pseudo-classique avait infligé aux yeux, nous sommes allé revoir au Luxembourg, où elle se trouve, cette toile qui semblait si merveilleuse en 1827 ; elle a parfaitement supporté l'épreuve du temps. Son chaud et lumineux coloris s'est harmonisé sous la patine des années, et nous avons, aujourd'hui comme autrefois, admiré cette composition adroitement groupée en pyramide, ce rapport des tons entre eux, cette manière souple et abondante, ce parfait sentiment du style d'apparat, ces charmantes têtes de femmes, ce nain portant un perroquet, et ce grand chien qu'on croirait échappé d'une scène de Paul Véronèse.

Tout cela est peint en pleine pâte, avec une hardiesse, une sûreté et une aisance magistrales ; les figures se relient les unes aux autres soit par un geste, soit par un rappel de ton ; les fonds s'éclairent ou s'obscurcissent d'une façon logique derrière les personnages, et l'aspect général frappe par une unité de plus en plus rare. La *Naissance de Henri IV* n'est pas une marqueterie de morceaux étudiés séparément et réunis d'une manière quelconque, c'est un tableau où tout se lient, fait d'une seule palette et d'une même brosse. Nous croyons que les délais voulus écoulés, il tiendra glorieusement sa place au Louvre dans le salon carré, tribune de l'école française, et sauvera de l'oubli le nom jadis si sonore d'Eugène Devéria.

(MONITEUR, 15 février 1865.)

---

[1] Henri Regnauld a occupé cet atelier aussitôt après la mort d'Eugène Devéria. (Voir *Correspondance de Henri Regnauld*. Bibliothèque Charpentier.)

CAMILLE FLERS

NÉ EN 1802. — MORT EN 1866

Camille Fiers, paysagiste de beaucoup de talent, fut le maître de Cabat et l'un des premiers alla étudier la nature chez elle ; il précéda dans cette voie Jules Dupré, Théodore Rousseau et la phalange romantique du paysage, et son nom, un peu moins sonore aujourd'hui, eut alors son retentissement. C'était un coloriste tendre et frais, amant des ombrages humides, des étangs bordés de joncs, des petites rivières barrées par des vannes de moulin, des grasses prairies, où les vaches ont de l'herbe jusqu'au poitrail ; des chaumières dardant leurs tire-bouchons de fumée à travers les arbres, des sentiers bordés de haies où brille comme un coquelicot la jupe rouge d'une paysanne ; des ponts rustiques du haut desquels, jambes pendantes, un enfant jette sa ligne, et pour horizon il se contentait d'un humble coteau, mettant son ourlet bleuâtre au bord du ciel. Sur tout cela il faisait flotter des ciels légers, pommelés de fins nuages blancs, dorés de lumière. Quand il cherchait un site pour peindre, il allait à travers les prés et s'arrêtait là où il avait entendu « chanter les grenouilles. » — c'était son expression, — sûr d'y trouver toujours un endroit pittoresque : de l'eau, des roseaux et des arbres. Il a peint beaucoup aux environs d'Aumale, dont la nature lui plaisait, et c'est là qu'il est mort, quoique sa dépouille ait été ramenée à Paris pour être descendue au tombeau de famille. Les tableaux de Camille Flers se recommandent par l'aimable vérité du ton, la finesse du pinceau et un délicat sentiment de la campagne qu'on n'avait pas avant lui. Il est bien important de fixer cette date qui est sa gloire. Dès 1830, il avait quitté le bois sacré du paysage historique et ne voulait plus avoir d'autre modèle que la nature. Une place honorable doit lui être faite parmi les novateurs de cette belle époque, qui, tous, plus ou moins, ont profité de lui.

(MONITEUR, 6 juillet 1866.)

LOUIS BOULANGER

NÉ EN 1806. — MORT EN 1867

Louis Boulanger était professeur de l'académie de dessin de Dijon, une place qu'occupa quelque temps Ziégler. Encore un des vaillants soldats de l'armée romantique qui est tombé loin du champ de bataille, — car, hélas ! le temps de ces belles luttes est passé, — et qui s'est éteint presque obscurément, après avoir commencé dans les éclairs et les rayons. À cette époque, les peintres et les poètes vivaient familièrement ensemble, et c'étaient d'un art à l'autre d'incessants et profitables échanges. Le poète prenait quelquefois le crayon et le peintre la plume. On causait vers dans l'atelier et tableaux dans le cabinet. Louis Boulanger était un esprit artiste et un esprit littéraire, et la nouvelle école ne comptait pas de plus fervent adepte. On comptait beaucoup alors sur son avenir, et ses brillants débuts autorisaient toutes les espérances.

Son premier tableau, *Mazeppa*, avait obtenu un grand succès. C'était une peinture fougueuse, pleine de hardiesse et de fierté, d'une couleur superbe, d'un maniement de brosse très habile qui cherchait Rubens et Titien, et dont l'aspect éblouissait les yeux habitués aux pâleurs de l'école classique. Il avait fait aussi deux grandes lithographies, sans doute difficiles à trouver maintenant, l'une qui représente le *Massacre de la Saint-Barthélemi*, et l'autre la *Ronde du sabbat* d'après la célèbre ballade. La scène d'histoire n'était pas moins bizarre et fantastique que la scène légendaire, mais dans l'une et l'autre il y avait cette transformation de la réalité en chimère et cette entente des terreurs nocturnes qu'on ne rencontre que dans les Caprices de Goya. La *Mort de Bailly*, gigantesque tableau, de composition singulière et d'exécution farouche, dont le sujet moderne prêtait moins au talent moyen âge de Boulanger, suscita des critiques assez violentes. L'on cria à la laideur, à la monstruosité, et nous eûmes beau répondre comme les sorcières de Macbeth : « L'horrible est beau, le beau horrible, » le tableau n'eut pas le succès de *Mazeppa*. Il est vrai que l'artiste avait donné d'assez atroces têtes aux bourreaux de Bailly. Devéria, Boulanger, Delacroix, étaient encore des noms d'égale valeur. Mais seul Delacroix poursuivit sa route jusqu'au bout. Eugène Devéria s'arrêta après la *Naissance de Henri IV*, son début et son chef-d'œuvre, et Boulanger, plus tard, se prit à douter de lui-même et revint sur ses pas comme pour chercher une autre voie.

Louis Boulanger avait un défaut bien rare, l'admiration portée à l'excès. Il aimait tant les maîtres qu'il en oubliait sa propre individualité. Il passait de longues heures à les contempler, à les copier, à en parler. Tantôt c'était Rubens, tantôt c'était Véronèse, et puis Titien ; d'autres fois, franchissant les monts, il allait à Velasquez et à Goya. Les œuvres de l'art lui cachaient un peu les œuvres de la nature. Mais quelle finesse, quel tact, quel sentiment, quelle compréhension en face d'un tableau ou d'une pièce de poésie ! comme il en savourait les qualités et quelle joie sincère et lumineuse à la vue d'une belle chose !

On a été un peu injuste envers Boulanger, et s'il a trop admiré, on ne l'a pas admiré assez. C'était pourtant une magnifique peinture que le *Triomphe de Pétrarque*, — et l'artiste méritait bien quelques-unes des fleurs que les jeunes filles effeuillaient devant le char du poète. *Renaud dans les jardins d'Armide*, les *Noces de Gamache* et les peintures faites pour la salle à manger de Froment-Meurice, étaient pourtant des merveilles de grâce et de couleur.

Un instant Boulanger eut la maladie du style, cette maladie qui prend les peintres à l'âge critique et les fait rougir des audaces de la jeunesse ; mais un voyage en Espagne, où nous eûmes le plaisir de passer quelques jours avec lui, l'avait retrempé et ramené aux saines doctrines romantiques, et, au dernier Salon, la *Cour des Miracles* et la *Fête chez les bohémiens* firent voir qu'il était bien toujours le Louis Boulanger de 1830. C'était, en outre, un causeur charmant, un poète délicat et un linguiste habile ; il parlait le plus pur castillan et avec lui s'en est allé un des plus aimables compagnons de notre jeunesse.

11 mars 1867.

....

Puisque nous avons prononcé le nom de Louis Boulanger, rectifions une petite erreur que nous avons commise à propos d'une œuvre du célèbre peintre romantique. Ce n'est pas dans la salle à manger de Froment-Meurice, mais bien dans celle de madame Malher, sœur du grand orfèvre, que Boulanger exécuta cette charmante décoration, d'une invention si spirituelle et d'une si riche couleur, à laquelle notre article faisait allusion.

Louis Boulanger est remplacé à Dijon par Célestin Nanteuil [1], un autre romantique, qui illustra de ses vignettes et ses frontispices les œuvres de la nouvelle école, talent d'une inépuisable fécondité, absorbé comme Achille Devéria par la lithographie, à laquelle il donna une couleur, un effet et un caprice qu'on n'a pas dépassés. Célestin Nanteuil, s'il ne s'est pas révélé tout entier comme peintre, a, par ses trop rares tableaux, montré qu'il était un artiste de race merveilleusement doué, à qui seulement le loisir a manqué pour développer ses qualités précieuses ; mais ce qu'il a fait suffit pour le mettre au rang le plus honorable. On n'a pas oublié la *Source, Dans les Vignes, un Rayon de Soleil,* une *Tentation, Souvenirs du passé, Ivresse, Phœbé,* toiles d'une composition ingénieuse, d'une couleur exquise et d'un effet original. On ne pouvait faire un meilleur choix et la nomination de Célestin Nanteuil sera accueillie avec faveur par tout le monde de l'art.

1ER MARS 1867.

---

[1] Au moment où nous mettons sous presse cette trop courte notice, nous apprenons la mort de Célestin Nanteuil (septembre 1875). Il était né en 1815.

THÉODORE ROUSSEAU

NÉ EN 1812. — MORT EN 1867

Théodore Rousseau appartenait à celle grande génération de 1850, qui marquera dans l'avenir et dont on parlera comme d'une des époques climatériques de l'esprit humain. On eût dit qu'une flamme était descendue du ciel, le même jour, sur des fronts privilégiés. Quelle ardeur, quel enthousiasme, quel amour de l'art, quelle horreur de la vulgarité et des succès achetés par de bourgeoises concessions ! Chacun se donnait tout entier avec son effort suprême et sa plus intense originalité. Toutes les natures étaient lancées à fond de train, et l'on se souciait peu de mourir, pourvu qu'on atteignît le but. L'art se renouvelait sur toutes ses faces ; la poésie, le théâtre, le roman, la peinture, la musique formaient un bouquet de chefs-d'œuvre. Cabat avait découvert la nature sans aller bien loin. Le jardin Beaujon, le cabaret de Montsouris, la Mare aux canards, le Moulin de la galette, lui avaient suffi. Flers, le maître de Cabat, trouvait des paysages charmants aux environs d'Aumale. Théodore Rousseau, après s'être inspiré des coteaux de Sèvres et de Meudon, s'était aventuré jusqu'à la forêt de Fontainebleau, alors presque inconnue, et il y avait planté sa tente. Là il peignait des arbres, des rochers, des ciels, comme si Berlin, Bidault, Watelet, Michallon n'eussent jamais existé ; des arbres qui n'étaient pas historiques, des rochers où ne s'abritait pas la nymphe Écho, des ciels que ne traversait pas Vénus sur son char. Il rendait ce qu'il voyait avec son attitude, son dessin, sa couleur, ses rapports de ton, naïvement, sincèrement, amoureusement, ne se doutant pas que c'était là une audace presque insensée, et qu'il allait passer pour barbare, chimérique et fou.

La vérité a ce privilège lorsqu'elle se montre dans sa saine nudité, au milieu de nos vaines apparences et de nos mensonges spécieux ; on la trouve indécente et l'on veut la faire rentrer dans son puits. Après avoir paru une fois au Salon, par surprise sans doute, Rousseau en fut exclu systématiquement pendant de longues années. L'Institut semblait craindre que ce feuille révolutionnaire ne renversât la société de fond en comble. À chaque refus d'admission, c'étaient dans la jeune presse d'alors des cris, des injures, des diatribes contre le jury, dont on ne saurait se faire une idée. Quelle consommation d'épithètes et de métaphores outrageantes ! Nous-même nous étions, à l'endroit de ces pauvres jurés, d'une férocité qui nous fait sourire aujourd'hui quand le hasard met sous nos yeux ces pages virulentes, début obligatoire de tout Salon en ce temps. La forme était peut-être excessive, mais nous avions raison de défendre la liberté de l'art. Cependant Rousseau, sans se décourager, continuait à étudier la nature ; il allait la surprendre le matin en déshabillé, quand elle croit que personne ne la regarde ; il l'épiait à sa sieste de midi et surtout au crépuscule, au moment qu'elle va s'endormir. Il ne la quittait même pas la nuit et la cherchait aux heures mystérieuses, à travers la demi-transparence des ténèbres. De ces études d'une conscience si scrupuleuse, d'une observation si profonde, il taisait des tableaux pleins de hardiesse, de fougue et d'originalité, ajoutant, comme tout grand artiste, son âme à la nature. Ces tableaux, quelques amis seulement les connaissaient, et ils durent rester longtemps dans l'atelier, humiliés, poussiéreux et retournés contre les murs, comme pour cacher leur affront !

Heureusement il y avait en ce temps-là des jeunes gens doués du sentiment de l'enthousiasme et de l'admiration, qui s'éprenaient d'un talent et s'y dévouaient avec une sorte de fanatisme. Ils ne manquaient aucune occasion de vanter leur dieu, souvent un dieu inconnu, de le défendre, de l'exalter par-dessus tous les autres, d'injurier même un peu ses adversaires, de crier à l'injustice des juges et à la stupidité du siècle. Dans les ateliers, dans les salons, sur le boulevard, où se rencontraient les péripatéticiens de l'esthétique, ils lui recrutaient des néophytes qu'ils menaient mystérieusement contempler le chef-d'œuvre repoussé. C'est ainsi que nous vîmes pour la première fois l'*Allée de châtaigniers* de Théodore Rousseau. L'impression que produisit sur nous cette peinture si forte, si drue, d'une fraîcheur si vigoureuse, tout imbibée des sèves de la nature et des souffles de l'atmosphère, on peut facilement le comprendre. Trente ans n'ont pas affaibli le souvenir de cette surprise, et en retrouvant chez Khalil Bey le tableau devenu célèbre, nous avons éprouvé le même effet qu'autrefois. C'est pour notre âge mûr une vraie satisfaction que de n'avoir rien à réformer des admirations de notre jeunesse. Ce que nous avons trouvé beau jadis l'est encore et le sera probablement toujours, car pour beaucoup de ceux que nous aimions, la postérité a déjà commencé. Si la vie ne nous a pas tenu toutes ses promesses, l'art au moins, rendons-lui cette justice, ne nous a jamais trompé. Aucun des dieux que nous avons adorés n'est un faux dieu, et nous pouvons continuer à brûler devant eux un encens légitime.

Hélas ! pourquoi faut-il que nous en jetions si souvent les grains sur la flamme d'un trépied funèbre !

Les tableaux d'un paysagiste n'ont pas, comme ceux d'un peintre d'histoire, de nom spécial qui les distingue. Il n'y a ni fait ni anecdote dans le paysage tel que le concevait Rousseau. Les personnages n'y interviennent que comme d'agréables taches de couleur, et n'ont pas plus d'importance qu'ils n'en offrent réellement au sein de la vaste nature, où l'homme disparaît si aisément. Sauf quelque particularité de site, *Paysage* est encore le meilleur titre qu'on puisse donner à un paysage, et c'est ce qui nous empêche de citer ici les principales œuvres de Théodore Rousseau, comme il était si facile de le faire pour Ingres. La postérité saura bien leur trouver des noms, comme pour Ruysdaël ou pour Hobbema.

Contrairement à la plupart des peintres, qui se confinent dans une manière qui devient reconnaissable comme une écriture, Rousseau est très varié dans son œuvre ; il cherche la vérité par tous les moyens : tantôt il empâte, tantôt il frotte ; cette fois il procède avec la fougue de l'esquisse ; cette autre, il finit minutieusement ; aujourd'hui il choisit un site qu'il présente à une heure particulière, sous un aspect presque fantastique, comme en offre souvent la nature à ses contemplateurs assidus ; demain il reproduira avec bonhomie une campagne toute plate, accidentée d'un chemin communal, et hérissée de quelques maigres peupliers ; ou bien il s'enfonce dans sa forêt chérie ; il prend un chêne et en fait le portrait comme on ferait celui d'un dieu, d'un héros ou d'un empereur. Quelle majesté et quelle force active encore dans cet ancien de la forêt, dans ce burgrave végétal, digne d'être chanté par Laprade, qui a vu les siècles tomber autour de lui comme les feuilles jaunes de l'automne ! Il eût rendu des oracles à Dodone et fourni le gui sacré, dans le bois druidique, à la faucille d'or d'une Velléda. La couleur intense de ce chef-d'œuvre s'est déjà agatisée, comme disent les experts et les connaisseurs, et ne changera pas plus désormais que celle d'une mosaïque. Quoique profondément original et procédant directement de la nature, Théodore Rousseau avait cependant sa famille dans l'art ; il était un peu cousin à la mode de Bretagne de Gainsborough, de Constable, et surtout de ce peintre, peu connu sur le continent, que les Anglais appellent Old Crome (le vieux Crome). Rousseau dessinait bien et fidèlement, mais c'est surtout comme coloriste qu'il restera. À l'âge où l'artiste, jugeant sa jeunesse avec sévérité, prend la maladie du style, Théodore, grâce à sa incessante familiarité avec la nature et à son tempérament robuste, surmonta heureusement celle crise fâcheuse, resta lui-même et se contenta d'admirer, sans les copier, les paysages philosophiques du Poussin. Par une de ces analogies secrètes qu'on sent plutôt qu'on ne les raisonne, on peut dire que Théodore Rousseau était le Delacroix du paysage.

Qu'on nous permette de placer ici un souvenir personnel. Après avoir subi longtemps la persécution, celui qu'on appelait le *grand refusé* en était venu à être juré et même président du jury. Des conditions plus équitables et plus libérales de jugement avaient permis cette transformation. L'ancien coupable, le condamné d'autrefois s'était assis à son tour sur le fauteuil du juge. Le soin religieux, l'attention soutenue, la compréhensive indulgence qu'il apportait a ces délicates fonctions, dont on ne peut apprécier la difficulté qu'après les avoir pratiquées soi-même, il n'est pas besoin de les dire, et lorsqu'une œuvre bizarre, outrée, extravagante de pensée ou d'exécution, nous passait sous les yeux, avant de prononcer le verdict de refus, Rousseau disait aux vieux de 1830, devenus comme lui membres du jury : « Prenons garde, messieurs ; nous ne sommes peut-être plus que des ganaches romantiques, classiques à notre façon. »

À l'une de ces séances, la dernière, nous sortîmes ensemble. Le paysagiste solitaire était un causeur remarquable ; il parlait bien de toutes choses et surtout de son art. Une vieille ardeur inextinguible l'empêchait de sentir la fatigue, et après ce travail qui courbaturait les plus jeunes, il était animé, vaillant, prêt à la théorie, au paradoxe et à l'esthétique. Nous traversions lentement ces jardins où Ledoyen a installé sa cuisine, dans une villa pompéienne d'un assez bon effet, entrevue sous un rayon de soleil à travers des massifs de verdure. Un arbre d'un jet superbe et le tronc à demi enveloppé de lierre, comme une colonne, nous frappa, et nous le fîmes remarquer au grand artiste. Nous trouvions à cet arbre une élégance particulière, mondaine pour ainsi dire et fashionable. Il y a, disions-nous, des arbres sauvages, des arbres paysans, des arbres bourgeois, des arbres dandies ; celui-ci en est un. On peut le considérer comme un marquis de la végétation ; on dirait qu'il s'est formé aux belles manières en voyant passer sous son ombre le luxe du grand monde et du demi-monde, les voitures brillantes, les chevaux fringants, les toilettes tapageuses. Les arbres des parcs princiers ou seigneuriaux semblent porter des blasons. Sans doute la nature inculte vaut mieux, mais il y a un charme dans cette nature arrangée. Et pourquoi les paysagistes ne représentent-ils jamais un parc, un jardin, une villa avec son élégance agréable, quoiqu'un peu peignée ? Théodore Rousseau répondit : « Cela est bien difficile. » Nous allâmes, tout en continuant le discours, au Cours la Reine, à l'Élysée et aux Tuileries : différents groupes d'arbres de la disposition la plus heureuse et d'une beauté de formes qu'on «'aurait pas trouvée plus grande dans une forêt vierge, mais toujours avec un cachet aristocratique reconnaissable. Les grands yeux de l'artiste s'étaient illuminés, et déjà le tableau se composait dans sa tête, et son doigt levé, suivant le contour des choses, en esquissait les principales lignes. Deux marronniers qui s'élèvent derrière la Diane chasseresse lui paraissaient propres à former le groupe central, ou, comme il le disait, le nœud de la composition. Ce rêve l'occupait déjà tout entier ; il voulait peindre l'arbre des cités après avoir si bien peint l'arbre des forêts, et, nous donnant une brusque poignée de main, il nous quitta en nous jetant ces mots : « Ce tableau, je le ferai. »

Ce tableau, il ne l'a pas fait. L'homme fait des projets sans compter sur la mort, et nul n'est sûr d'achever la ligne commencée. Nous n'avons plus revu Théodore Rousseau. Qui eût pu croire que cette promenade charmante, entremêlée de causeries, d'études de la nature, de discussions amicales sur l'art, était le dernier entretien que nous aurions sur la terre ? La journée était belle, tout souriait ; l'artiste, avec ses larges épaules, sa physionomie vigoureuse et colorée, sa barbe où se glissaient à peine quelques touches grises, semblait logiquement promis à une longue vie. Nul pressentiment funeste, rien qui présageât la séparation éternelle. Quelle chose douloureuse et mélancolique de penser que lorsqu'on se quitte, c'est peut-être pour toujours !

Maintenant Théodore Rousseau repose à Fontainebleau, dans ce cimetière où nous avons déjà mené Decamps, à travers la forêt, par une journée de printemps qui semblait rire de la douleur humaine. Il a voulu être enterré là, près de cette chaumière de Barbison, enfouie dans les fleurs et les plantes grimpantes, où il se plaisait, et qui ressemblait au cottage de Gainsborough. Que la nature donne un bon sommeil à son peintre favori, et que la forêt tant aimée lui verse une ombre fraîche découpée de soleil !

(MONITEUR, 4 janvier 1868.)

FROMENT MEURICE

NÉ EN 1802. — MORT EN 1855

Froment Meurice, frère de Paul Meurice, le poète, le dramaturge et le publiciste distingué, se rattachait à ce grand mouvement romantique qui, vers 1830, renouvela en France la face de l'art, et fit éclore des pléiades de poètes et d'artistes, comme la Renaissance du XVIe siècle. — L'orfèvrerie avant cette époque ressemblait aux vers de tragédie : froide, luisante, polie et banale, elle reproduisait les vieilles formes pseudo-classiques, et les surtouts qu'elle fabriquait auraient pu servir à la table d'Astrée pour manger des alexandrins de Crébillon ; les pierreries s'enchâssaient dans des montures plates pu des grecques symétriques auxquelles suffisait la main de l'ouvrier ; l'argenterie affectait le genre anglais, — c'est tout dire. — Wagner, un grand artiste de la famille des Maso Finiguerra, des Benvenuto Cellini, du Ghiubetti, des Aldegraver, d'Albert Dürer, commença la révolution que Froment Meurice continua et fit triompher.

Dans ce groupe éclatant de poètes, de peintres, de sculpteurs, de musiciens. Froment Meurice, et c'est un grand honneur, sera l'orfèvre ; il cisèle l'idée que cette forte génération a chantée, peinte, sculptée, modelée ; il apporte au trophée de l'art du XIXe siècle une couronne aux brillantes feuilles d'or, aux impérissables fleurs de diamants. V. Hugo, dans une odelette charmante, l'a appelé le statuaire du bijou ; Balzac, le Dante de la Comédie humaine, ne manque jamais d'attacher au bras de ses grandes dames ou de ses courtisanes, de ses duchesses de Maufrigneuse et de ses Aurélie Schuntz, un bracelet de Froment Meurice. Vous trouverez son nom toutes les fois qu'il s'agit de luxe intelligent, d'art rare et délicat dans les pages des poètes, des romanciers, des critiques. Si par hasard, la fortune heurte du pied le seuil d'un artiste qui n'a bu jusque-là que dans la coupe de l'idéal, il va commander tou de suite des seaux d'argent pour frapper le vin de Champagne à l'orfèvre habile digne de comprendre toutes les fantaisies.

Froment Meurice n'a pas beaucoup exécuté par lui-même, quoiqu'il maniât avec beaucoup d'adresse l'ébauchoir, le ciselet et le marteau. Il inventait, il cherchait, il dessinait, il trouvait des combinaisons heureuses ; il excellait à diriger un atelier, à souffler son esprit aux ouvriers. Son idée, sinon sa main, a mis un cachet sur toutes ses œuvres. Comme un chef d'orchestre, il inspirait et conduisait tout un monde de sculpteurs, de dessinateurs, d'ornemanistes, de graveurs, d'émailleurs et de joailliers, car l'orfèvre aujourd'hui n'a plus le temps de ceindre le tablier et de tourmenter lui-même le métal pour le forcer à prendre des formes diverses. Pradier, David, Feuchères, Cavelier, Préault, Schœnwerk, Pascal, Rouillaud, ont été traduits en or, en argent, en fer oxydé, par Froment Meurice. Il a réduit leurs statues en épingles, en pommes de canne, en candélabres, en pieds de coupe, les entourant de rinceaux d'émail et de fleurs, de pierreries ; faisant tenir à la Vérité un diamant pour miroir, donnant des ailes de saphir aux anges, des grappes de rubis aux Érigones.

Du reste, il ne cherchait à absorber la gloire de personne, sachant que la sienne se suffisait, et aux expositions il indiquait loyalement le nom de ses collaborateurs, artisans ou artistes.

Ce serait un long travail que de récapituler les œuvres si nombreuses qui ont valu à Froment Meurice la réputation qu'il laisse : surtouts, toilettes, aiguières, coffrets, écrins, châsses byzantines, ostensoirs, calices, coupes, boucliers, cachets, bagues, bracelets, colliers, tabatières ; il a su varier à l'infini ces créations fantasques du monde de l'ornement où la femme jaillit du calice de la fleur, où la chimère se termine en feuillage, où la salamandre se tord dans un feu de rubis, où le lézard fuit sous des herbes d'émeraude, où l'arabesque embrouille à plaisir ses entrelacs et ses complications ; il a fait onduler, sous des néréides d'argent aux cheveux d'or vert, des flots de nacre, de burgau, de perles et de corail ; sous les pieds des nymphes terrestres, il a mis un sol de diamants, de topazes et de pierres fines ; aux pampres de métal il a mêlé des vendangeurs d'ivoire, enchâssés dans des tabatières des miniatures de moissonneurs, et fait de sa boutique un antre étincelant comme la caverne d'Aladin, le trésor du calife Haroun-al-Raschid, le puits d'Aboul-Casem ou la voûte verte de Dresde. — Le bouquet de diamants et de briolettes que Cardillac reprit tout sanglant à la pointe du poignard. Froment Meurice l'a serti de nouveau aussi brillant, aussi léger, aussi phosphorescent de bluettes fascinatrices, et, moins cruel que le féroce orfèvre du temps de Louis XIV, il n'en a pas assassiné l'heureux possesseur.

L'orfèvre ne travaille que pour les empereurs, les papes, les rois, les princes et les heureux de la terre ; pourtant Froment Meurice, qui comptait dans sa clientèle Pie IX, l'empereur Nicolas, la reine Marie-Amélie, la reine Victoria, la duchesse de Parme, la duchesse d'Orléans, le duc de Montpensier, le comte de Paris, l'empereur Napoléon III, le prince Napoléon, le prince Demidoff, le duc de Luynes, le duc de Noailles, M. de Rothschild, M. Véron, mademoiselle Rachel, pensait à mettre l'art charmant de la bijouterie à la portée de toutes les femmes. Il voulait que chaque belle, sans être riche et sans se vendre, pût avoir des boucles d'oreilles, une broche, un bracelet d'un goût exquis, où la forme valût plus que l'or, et pour cela il étudiait les grandes découvertes modernes, la galvanoplastie, ce procédé merveilleux qui remplace le ciseleur par l'électricité et peut, presque sans frais, reproduire à l'infini les plus purs modèles.

(LA PRESSE, 4 avril 1855.)

BARYE

[1]La révolution romantique qui se préparait sous la Restauration et qui éclata en 1850, fut moins sensible dans la sculpture que dans tout autre art. Les peintres suivirent les poètes, mais la statuaire resta presque impassible dans sa sérénité de marbre. Les Grecs semblent en avoir à tout jamais fixé les lois, les conditions et l'idéal. On peut dire que cet art si noble et si pur vit encore aujourd'hui sur la tradition antique, et qu'il a dégénéré toutes les fois qu'il s'en est éloigné. Cependant, il y eut aussi de ce côté un mouvement de rénovation. Il parut possible à quelques esprits audacieux de faire entrer plus de nature dans le vieux moule convenu, ce moule dût-il craquer par endroits : David (d'Angers), Auguste Préault, Antonin Moine, Maindron, Triqueti, mademoiselle Fauveau, Barye, représentèrent, en sculpture, le nouveau mouvement d'originalité et de liberté. L'opposition qu'ils rencontrèrent fut encore plus violente que celle qu'on faisait aux poètes et aux peintres, car la statuaire, par l'habitude et le besoin du nu, empruntant presque tous ses sujets à la vie héroïque, à la mythologie, à l'allégorie, reste

forcément classique et païenne : le christianisme, avec ses pudeurs et son mépris de la chair, n'a pu l'obliger à s'habiller. Elle aime à représenter la forme sous le costume de la Vérité sortant de son puits, et en fait d'habit elle n'admet guère que la draperie, accompagnement libre de la nudité. Pour nos époques compliquées et troublées, ce détachement de la passion, de l'accident, de la couleur, ce calme immuable, arrivent aisément à la froideur et à l'ennui. La composition d'une statue se borne à des eurythmies d'attitude, à des pondérations de lignes, à des balancements de contours, et le soin de la beauté en exclut toute violence caractéristique. En suivant cette route à travers une civilisation qui ne lui est pas favorable, l'antique devient aisément classique, le classique académique et l'académique poncif. On n'a plus qu'une suite de surmoulages de formes de plus en plus effacées.

Barye a été, dans ce combat de l'idée nouvelle contre la routine, un des plus courageux, des plus fermes et des plus patients lutteurs. Né en 1796, il entra dans l'art par la porte de l'industrie. À treize ans, il fut mis chez Fourier, graveur sur acier, dont la spécialité était de faire des matrices pour les équipements militaires. En 1812, la conscription le prit et il servit quelque temps dans la brigade du génie topographique. On conserve même de lui quelques plans en relief qui remontent à cette époque. Après 1814, il continua son travail de ciseleur mais même temps il dessinait, il modelait, il étudiait ; il avait pour maîtres Bosio et Gros, car Barye est un de ces talents perplexes qui ne se bornent pas à une des formes de l'art ; il manie comme l'ébauchoir du statuaire le pinceau du peintre ; et nous avons vu de lui des aquarelles d'un style et d'une fermeté admirables. Il se préparait ainsi à l'admission au grand concours de l'École des beaux-arts pour la gravure et la statuaire. D'après le talent qu'il a déployé depuis dans cette lutte, et que personne ne conteste, on pourrait croire qu'il triompha aisément ; mais, ou ce talent n'était encore qu'en germe, ou les juges ne surent pas le découvrir chez le jeune artiste : il n'obtint qu'une mention honorable pour la gravure et que deux seconds prix de sculpture. Il ne poussa pas plus loin ces essais infructueux et il se remit, loin de l'école, à suivre sa propre inspiration. Cet insuccès fut peut-être un bonheur pour son originalité. La nécessité de vivre lui fit accepter des travaux d'industrie où il apporta une manière nouvelle qui en faisait des objets d'art. Il devint bientôt d'une habileté sans rivale dans les bronzes, dont il inventait les modèles, et qu'il exécutait à cire perdue d'après les procédés des anciens Florentins. Aucun détail de mélange, de fonte, de ciselure, de patine ne lui était inconnu, et il pouvait mettre au service du grand artiste qu'il était, l'adresse pratique de l'ouvrier le plus expert. Nous insistons sur ce point parce que la plupart des statuaires de nos jours, occupés seulement de la partie idéale de leur art, après avoir modelé leur terre ou leur cire, la confient pour l'exécution aux praticiens qui ne sauraient y donner ce coup de pouce final qui est le sentiment même de l'artiste. Il manque à ces statues mathématiquement semblables à leurs modèles, l'enveloppe suprême, la fleur d'épiderme, la palpitation de vie, chose moins importante peut-être dans le marbre que dans le bronze, dont le métal ductile reproduit jusqu'aux gaufrures imperceptibles que le doigt laisse sur l'argile.

On a longtemps considéré Barye comme un *animalier*, tant on est prompt, en France, à parquer un artiste dans une spécialité qu'on se plaît à rétrécir de plus en plus. Cependant il avait débuté, au Salon de 1827, par des bustes où il montrait qu'il pouvait modeler aussi bien un homme qu'un lion. Refusé au Salon de 1836, comme le furent E. Delacroix, Théodore Rousseau, Corot, Préault, Maindron et bien d'autres, par un jury composé alors exclusivement de membres de l'Institut hostiles aux idées nouvelles, il se retira, comme on dit, sous sa tente, ne voulant plus s'exposera l'affront, mais non découragé : car une nature aussi robuste, aussi énergique, aussi patiente que celle de Barye ne se rebute pas aisément. Privé de la publicité des Expositions et de l'aide des commandes officielles, il exécuta une foule de bronzes grands et petits, qui ajoutèrent à sa réputation déjà très grande, et qui du cercle des artistes, les premiers appréciateurs en toutes choses, s'était promptement répandue : certes, Barye n'avait besoin, pour être célèbre, de l'intérêt qui s'attache à la victime d'une injuste réprobation, mais cette auréole de martyr, qu'il n'avait pas cherchée, ne lui nuisit pas, et l'on admirait d'autant plus ce mâle et courageux artiste qui, dans le silence et la solitude de l'atelier, en dehors de tout appui du gouvernement, étudiait, travaillait et multipliait des œuvres marquées au cachet d'une originalité puissante.

Barye n'a pas traité l'animal en simple naturaliste, il ne s'est pas contenté d'en représenter l'attitude habituelle et les détails caractéristiques ; il en a dégagé la beauté et le style, cherchant les grandes lignes, les plans larges, les tournures superbes, les fiertés de contours, les équilibres de poses, comme s'il s'agissait de la figure humaine. Mais, hâtons-nous de le dire, de sévères études d'ostéologie, de musculatures, de pelages, de longues contemplations de l'animal vivant, la connaissance parfaite de ses mœurs, de son caractère, de ses allures, lui permettaient de concilier la vérité avec l'idéal.

Il ne faut pas s'imaginer qu'il n'y eût pas de lions académiques et de tigres poncifs. Pour se convaincre du contraire, il suffit de regarder, dans les jardins publics, ces grands caniches sculptés, posés sur des piédestaux aux angles des terrasses et des rampes. Ils ont des perruques de marbre à la Louis XIV, de celles qu'on appelait in-folio, dont les boucles, correctement frisées, leur descendent jusqu'à l'échine. Leurs faces débonnaires, aux traits presque humains, ressemblent à des masques de pères nobles dans la vieille comédie ; leur corps flasque, arrondi, sans os, sans nerf et comme bourré de son, n'a ni souplesse ni vigueur, et leur patte soulevée s'appuie sur une boule : geste peu léonin, il faut l'avouer.

Aussi, quel effet produisit le *Lion au serpent*, le chef-d'œuvre peut-être de Barye ! À l'aspect de ce terrible et superbe animal, hérissant sa crinière inculte, crispant son mufle avec une colère pleine de dégoût, maintenant sous ses ongles d'airain le hideux reptile qui se redresse dans la convulsion d'une rage impuissante, tous les pauvres lions de marbre serrèrent leurs queues entre leurs jambes et faillirent laisser échapper la boule qui leur sert de contenance. Celui-là était un vrai lion de l'Atlas, majestueusement fauve, aux muscles invaincus et dont le *rictus* farouche n'affectait pas le sourire académique. Transporté du désert au jardin des Tuileries, il effrayait comme un lion réel, et l'on eût aimé à le voir dans une cage, si la patine verte du bronze n'eût rassuré sur son compte et indiqué qu'il ne vivait que de la vie formidable de l'art. Le lion au repos, fait pour lui servir de pendant, rappelle par la solennité tranquille de l'altitude, la grandeur des lignes, ces gigantesques lions de marbre du Pirée, faits pour traîner le char de Cybèle, et que Morosini, le Péloponésiatique, fit transporter à Venise, où ils gardent maintenant la porte de l'arsenal.

Le *Tigre dévorant un crocodile* n'obtint pas un moindre succès. Quelle énergie, quelle férocité et quel frisson de convoitise satisfaite sur cette échine crispée, courbée en arc, dans ces pattes aux coudes ressortis, dans ces hanches saillantes, dans ces flancs pantelants, dans cette queue convulsive, et comme le pauvre monstre écaillé se tordait piteusement et douloureusement sous cette étreinte inéluctable entre ces griffes aussi aiguës que des poignards ! Jamais les luttes de la nature et les fatalités de la destruction ne furent rendues d'une manière plus profonde et plus puissante.

Il suffit de citer le *Combat d'ours*, l'*Ours dans son auge*, le *Cheval renversé par un lion*, la *Gazelle morte*, l'*Éléphant d'Asie*, le *Jaguar* dévorant un lièvre, pour que toutes les mémoires se rappellent aussitôt ces groupes d'une vie si palpitante, d'une facture si fine et d'une tournure si fière. On connaît moins le surtout de table exécuté pour le duc d'Orléans sur les dessins de Chenavard, et qui comprenait neuf groupes de chasses dans les différentes parties du monde, excellent thème, qui permit à Barye de mêler avec une furie pittoresque hommes, lions, tigres, chevaux, éléphants.

Pendant sa longue absence du Salon, Barye a fait les *Trois Grâces, Angélique et Médor, Thésée combattant le Minotaure*, plusieurs statuettes équestres qui n'auraient eu besoin que d'être grandies pour faire aussi bonne figure sur les places que celles de Gattamelata et du général Colleoni. Car, ne craignons pas de le répéter, Barye n'est pas seulement un admirable faiseur d'animaux, c'est un statuaire dans toute la force du mot, du plus grand goût et du plus grand style. On le vit bien en 1850, lorsqu'il fit sa rentrée au Salon, rentrée triomphale, et qui le mit, pour tout le monde, à ce premier rang qu'il méritait depuis si longues années. Le *Centaure dompté par un Lapithe* montra que ce romantique proscrit par le jury était le statuaire moderne qui se rapprochait le plus de Phidias et de la sculpture grecque. Ce Lapithe, aux formes robustes et simples, beau comme l'idéal, vrai comme la nature ; aurait pu figurer dans le fronton du Parthénon, à côté de l'Ilissus, et le Centaure se mêler aux cavalcades des métopes. L'on s'étonna que celui qui faisait si bien les bêtes réussît autant lorsqu'il modelait des hommes et des héros, comme si la forme n'était pas une dans sa diversité apparente et pouvait avoir des secrets pour un contemplateur doué d'un œil aussi perçant que Barye !

Le statuaire des lions a exécuté récemment quatre groupes en ronde bosse pour les pavillons du Louvre : la *Paix*, la *Guerre*, la *Force protégeant le Travail*, l'*Ordre comprimant les pervers*. Dans ces groupes, les figures sont heureusement combinées avec des animaux qui en précisent le sens allégorique. Elles ont celle tranquillité de lignes et cette sérénité monumentale qui conviennent à la statuaire quand elle est liée à l'architecture.

Barye, qui est aujourd'hui dans toute la force d'une verte vieillesse, a une physionomie calme, forte et douce, qui ne garde aucune aigreur des luttes subies, mais où il est facile de lire, à travers la bonté, la résolution que rien ne décourage et la conscience modeste d'un talent habitué longtemps à se passer d'éloges ; le corps est robuste et promet encore de longues années au travail.

(L'Illustration, 19 mai 1866.)

---

[1] Cette étude se trouve, accompagnée d'un portrait de M. Barye, dans *les Célébrités contemporaines*. (Aug. Marc, éditeur.)

HIPPOLYTE MONPOU

NÉ EN 1804. — MORT EN 1841

S'il est un musicien auquel les poètes doivent de la reconnaissance, c'est assurément Hippolyte Monpou : loin de rechercher les paroles insignifiantes, il s'attaquait bravement aux plus beaux vers, aux rythmes les plus savants et les plus compliqués ; rien ne l'effrayait, pas même les mètres sautillants, les rimes à écho, les contrepetteries gothiques des *Odes et Ballades* ; il savait tirer de tout cela des mélodies inattendues, des effets étranges, blâmés des uns, admirés de quelques autres, et, grâce à *l'Andalouse* à *Mon beau navire*, au *Fou de Tolède*, bien que bizarre, il était devenu populaire. Monpou était un compositeur littéraire et romantique ; élevé à l'école de Choron, il avait beaucoup étudié la musique des grands maîtres du seizième et du dix-septième siècle. Il en avait contracté un certain goût d'archaïsme, un style figuré contrastant fort avec les habitudes modernes ; de là aussi son absence de symétrie dans le rhythme, ses enjambements et ses suspensions de césure, qui le rendaient plus propre que tout autre à mettre en musique les vers des novateurs, rendus également ennemis des périodes carrées par la lecture des anciens et de Ronsard.

Pendant longtemps, Hippolyte Monpou, de même que tous les poètes dont il traduisait les vers, fut regardé par les bourgeois électeurs et éligibles comme un écervelé, comme un furieux qu'on avait tort de laisser chanter sans muselière ; quand il s'asseyait au piano, l'œil en feu, la moustache hérissée, il se formait autour de lui un cercle de respectueuse terreur : aux premiers vers de l'*Andalouse,* les mères envoyaient coucher leurs filles et plongeaient dans leurs bouquets, d'un air de modeste embarras, leur nez nuancé des roses de la pudeur. La mélodie effrayait autant que les paroles ! Peu à peu, cependant, l'on finit par s'y faire ; seulement, on substituait, *teint* à *sein* bruni, et l'on disait :

C'est la maîtresse qu'on me donne...

au lieu de :

C'est ma maîtresse, ma lionne...

qui paraissait, en ce temps-là, par trop bestial et monstrueux.

Une foule de romances, toutes plus charmantes les unes que les autres et dont plusieurs sont devenues populaires, répandirent la réputation de l'auteur, qui put enfin aborder le théâtre, objet de tous ses vœux. *Le Luthier de Vienne, les Deux Reines, Piquillo,* — dont les jolies paroles étaient dues à la collaboration d'Alexandre Dumas et de Gérard de Nerval, — *le Planteur et la Chaste Suzanne,* à la Renaissance, se succédèrent rapidement, et la mort surprit Monpou sur la partition inachevée de *Lambert Simnel.* Cette partition, qui dénote un grand progrès, achevée par Adolphe Adam avec une délicatesse discrète, une conscience et une piété d'artiste qui font honneur à son talent et à son cœur, a été représentée à l'Opéra-Comique avec le plus grand et le plus légitime succès.

Nous ne sommes pas de ceux qui attendent qu'un homme soit mort pour lui trouver du génie ; les admirations posthumes nous touchent peu, et ce que nous disons de Monpou devenu une pincée de poussière, nous l'aurions dit de Monpou se promenant sur le boulevard en fumant un cigare ou en ruminant quelque mélodie : *Lambert Simnel* renferme des morceaux qui ne dépareraient l'œuvre d'aucun maître et qui n'auraient besoin, pour être jugés excellents, que d'avoir quelques douzaines d'années de plus et d'être signés d'un nom étranger. Le canevas sur lequel Monpou a brodé sa musique n'est pas des plus neufs, mais cela importe peu.

19 septembre 1841.

....

Monpou, que nous avons connu jadis, était un musicien romantique et littéraire : il aimait fort la ballade et il en cherchait dans les œuvres des poètes de ce temps ; tout Alfred de Musset y avait passé, et nous nous souvenons encore d'avoir entendu Monpou chanter : « Avez-vous vu dans Barcelone... » avec une verve endiablée, des poses et des gestes comme Hoffmann en donne à ses musiciens fantastiques. Kreisler eût paru froid à côté de lui. Il cherchait l'originalité et la trouvait souvent. Jamais compositeur n'eut pour son art un amour plus furibond et plus enthousiaste ; nul ne se ménageait moins. Quand il était au piano et qu'il se sentait compris après avoir chanté une romance, il disait : « Et celle-là, comment la trouvez-vous ? » et il continuait ainsi, à notre grand plaisir, jusqu'à ce que les bougies arrivées à leur fin fissent éclater les bobèches. Il croyait comme nous aux sérénades, aux alcades, aux mantilles, aux guitares, aux castagnettes, à toute cette Italie et à cette Espagne un peu de convention mises à la mode par l'auteur de *Don Paëz*, de

Portia et de la *Marquesa d'Amaegui*. Il mettait sur ces couplets tapageurs, écervelés et hardis comme des pages, une musique étincelante et folle, pleine de cris bizarres et de portements de voix à l'andalouse, qui nous plaisait fort. « *Gastibelza, l'homme à la carabine*, » cette guitare profondément espagnole de Victor Hugo, avait inspiré à Monpou une mélodie sauvage et plaintive, d'un caractère étrange, qui resta longtemps populaire, et que nul romantique, s'il en reste encore, n'a oubliée. Les poètes aimaient beaucoup ce musicien qui respectait leurs paroles et ne dérangeait pas l'économie de leurs strophes savantes. Monpou aimait les rythmes difficiles, et prétendait que les coupes peu usitées amenaient des motifs nouveaux. Bref, il a été l'un des nôtres et comme le Berlioz de la ballade.

C'était une joie quand il arrivait dans un de ces ateliers de peintre qui alors servaient de salon aux littérateurs, suivant le précepte d'Horace, *Ut pictura poesis*, et chacun lui tendait une cigarette, qu'il jetait à moitié fumée, pour se mettre au piano. Le Monpou du théâtre fut moins romantique : chacun, en passant cette porte qui conduit de la salle à la scène, se courbe toujours un peu et y laisse quelque lambeau de son individualité. Il obtint pourtant des succès qui promettaient un heureux avenir ; mais il mourut jeune encore, et n'ayant pas donné sa mesure. Puisque son nom reparaît sur l'affiche, nous en avons profité pour dessiner quelques traits d'une physionomie originale qu'on a trop tôt oubliée et qui avait bien sa valeur. La galerie romantique offrirait une lacune si le médaillon de Monpou n'y était suspendu, d'autant plus que cette école, si fertile en poètes et on peintres, l'était fort peu en musiciens, nous ne savons trop pourquoi.

2 DÉCEMBRE 1867.

HECTOR BERLIOZ

NÉ EN 1803. — MORT EN 1870

Ce fut une destinée âpre, tourmentée et contraire que la sienne. Comme le poète Théophile de Viau le dit de lui-même : Il était né « sous une étoile enragée. » Toujours sa barque fut battue des flots et des vents, noyée à demi d'écume, assaillie de la foudre, repoussée du port et remportée en pleine mer au moment d'aborder ; mais à la poupe était assise une inflexible volonté, que la chute de l'univers n'eût pas ébranlée et qui, malgré les voiles en pièces, les mais brisés, la carène faisant eau de toutes parts, poursuivait imperturbablement sa route vers l'idéal.

Personne n'eut à l'art un dévouement plus absolu et ne lui sacrifia si complètement sa vie. En ce temps d'incertitudes, de scepticisme, de concessions aux autres, d'abandon : de soi-même, de recherche du succès par des moyens opposés, Hector Berlioz n'écouta pas un seul instant ce lâche tentateur qui se penche, aux heures mauvaises, sur le fauteuil de l'artiste, et lui souffle à l'oreille des conseils prudents. Sa foi ne reçut aucune atteinte, et, même aux plus tristes jours, malgré l'indifférence, malgré la raillerie, malgré la pauvreté, jamais l'idée ne lui vint d'acheter la vogue par une mélodie vulgaire, par un pont-neuf rythmé comme une contredanse. En dépit de tout, il resta fidèle à sa conception du beau : s'il fut un grand génie, on peut le discuter encore, — le monde est livré aux controverses, — mais nul ne penserait à nier qu'il fut un grand caractère.

Dans cette renaissance de 1830, il représente l'idée musicale romantique : la rupture des vieux moules, la substitution de formes nouvelles aux invariables rythmes carrés, la richesse compliquée et savante de l'orchestre, la fidélité de la couleur locale, les effets inattendus de sonorité, la profondeur tumultueuse et shakespearienne des passions, les rêveries amoureuses ou mélancoliques, les nostalgies et les postulations de l'âme, les sentiments indéfinis et mystérieux que la parole ne peut rendre, et ce quelque chose de plus que tout, qui échappe aux mots et que font deviner les notes.

Ce que les poètes essayaient dans leurs vers, Hector Berlioz le tenta dans la musique avec une énergie, une audace et une originalité qui étonnèrent alors plus qu'elles ne charmèrent. L'éducation musicale en France était loin d'être aussi avancée qu'elle l'est aujourd'hui. Habeneck, dévoué au grand art, risquait de temps à autre quelques-unes des plus *intelligibles* symphonies de Beethoven, qu'on trouvait barbares, sauvages, délirantes, inexécutables, bien qu'on les jouât, et que les classiques d'alors prétendissent n'être pas plus de la musique, que les vers de Victor Hugo n'étaient de la poésie, et les tableaux d'Eugène Delacroix de la peinture. Pour faire admettre le *Freyschütz* de Weber, Castil-Blaze était obligé de le travestir en *Robin des Bois* et d'y ajouter beaucoup du sien. Rossini lui-même, avec sa lumineuse et souriante facilité, passait aux yeux des sages pour une mauvaise tête musicale, un novateur dangereux qui corrompait la belle simplicité des maîtres ; on lui reprochait le vacarme de son orchestre, le tintamarre de ses cuivres, le tonnerre de ses crescendo. —

On conçoit aisément que dans un tel milieu Berlioz ne devait pas rencontrer beaucoup d'encouragements, mais il était de ceux qui savent se passer de succès. Une irrésistible vocation l'avait entraîné vers son art.

Fils d'un médecin, destiné à la même profession, il quitta l'amphithéâtre pour le Conservatoire, où il étudia sous Reicha et Lesueur, il vit sa pension supprimée, et fut réduit à entrer comme choriste au théâtre des Nouveautés, à 50 francs par mois d'appointements, qui suffisaient aux sobres besoins matériels de cette vie consacrée tout entière à l'art.

Par l'horreur des formules vulgaires, le sentiment descriptif, la compréhension de la nature et le désir de faire exprimer à son art ce qu'il n'avait pas dit encore, Hector Berlioz fut un vrai romantique, et comme tel engagé dans la grande bataille où il lutta avec un acharnement incroyable.

Il avait déjà fait une messe à quatre voix avec chœurs et orchestre, une ouverture de *Wawerley*, et la *Symphonie fantastique*, espèce d'autobiographie musicale où l'artiste fait raconter aux voix et aux murmures de l'orchestre ses rêves, ses amours, ses tristesses, ses désespoirs, ses cauchemars et ses folles terreurs nerveuses.

Très admirée et très applaudie par les adeptes du romantisme, la *Symphonie fantastique* produisit alors un effet analogue à celui des premiers morceaux de Richard Wagner exécutés en France : la représentation du *Tannhäuser* à l'Opéra donne parfaitement l'idée de ce genre de succès réservé chez nous à toute œuvre nouvelle. Ce furent des discussions violentes de part et d'autre, où l'urbanité ne fut pas toujours observée strictement ; car en art on se passionne encore plus qu'en politique. Quoique Berlioz fût regardé généralement comme fou, cependant il inspirait cette terreur que répand autour de lui tout être qu'on sait investi d'une puissance secrète. À travers ses bizarreries, ses obscurités, ses exagérations, on devinait une énergie que rien ne ferait ployer ; il avait dès lors cette assiette inébranlable d'une force primitive et ressemblait à ce personnage panthéiste du second *Faust*, que Gœthe appelle « Oréas, roc de nature. »

C'est une idée assez répandue parmi le public que les romantiques, qu'ils soient poètes, peintres ou musiciens, s'affranchissent des règles parce qu'ils ne les ont pas apprises ou sont trop inhabiles pour n'en être pas gênés. Rien de plus faux : les novateurs ont tous possédé une science technique profonde. Pour réformer, il faut savoir. Tous ces prétendus artistes échevelés, sans frein, qui, soi-disant, n'écrivaient que sous l'inspiration de la fièvre chaude, étaient au contraire des *contrapuntistes* consommés, chacun dans sa sphère, et en état de conclure une fugue avec une régularité parfaite. Le soin rigoureux de la forme et de la couleur, les difficultés d'architectonique, la nouveauté de détail qu'ils s'imposaient demandaient un bien autre travail que la soumission aux vieilles règles reconnues et souvent peu observées.

Son romantisme n'empêchait donc pas Hector Berlioz de mériter le prix de composition et d'obtenir le grand prix de Rome pour sa cantate de *Sardanapale*, un magnifique sujet traité en tragédie par lord Byron et en tableau par Eugène Delacroix.

On était alors en 1830, et Berlioz composa en l'honneur des victimes de Juillet une marche funèbre et triomphale du plus grand caractère. Nous nous souvenons encore, avec un frisson d'enthousiasme, du passage où les âmes des héros entrent dans les cieux, sur une éclatante fanfare qui mêle les voix des anges aux acclamations déjà lointaines des hommes.

Il partit ensuite pour l'Italie, élève ayant la réputation d'un maître. La musique italienne ne devait pas le charmer beaucoup, avec son insouciance de l'harmonie et son chant facile, qui ne se préoccupe ni des paroles ni de la situation, et court sur un fond uni comme les légères arabesques de Pompéï, agréable par lui-même, indépendamment de la signification. Mais cette belle et grandiose nature agit fortement sur lui et il en garda une durable impression pittoresque. Cependant les œuvres qu'il écrivit à Rome montrent que ses préoccupations étaient ailleurs. Alavilla Medici, sous les pins en ombelle des jardins Panfili ou Borghèse, dans la solitude du Champ romain, il pensait à Shakspeare, à Gœthe, à Walter Scott ; il faisait le Retour à la vie, la *Ballade du pêcheur*, la scène de l'ombre d'*Hamlet*, l'ouverture du *Roi Lear* et de *Rob-Roy*.

Aucune trace de son séjour en Italie ne se remarque dans ses compositions de cette époque. Ses prédilections le poussaient vers l'Allemagne, où il ne put aller. Aux représentations des acteurs anglais, qu'il suivait en admirateur passionné de Shakspeare, à force de lui voir représenter Ophélie, Cordélia, Portia, et toutes ces charmantes héroïnes si tendres et si romanesques ; il s'éprit de miss Smithson, une actrice de grand talent et de grande beauté, qu'il épousa, et dont la maladie, à son retour de Rome, l'empêcha de visiter la patrie de Bach, de Mozart, d'Haydn et de Beethoven. Henri Heine raconte que Berlioz, au temps de sa passion, pour admirer son idéal de plus près, et peut-être n'ayant pas assez d'argent pour payer une stalle tous les soirs, s'était engagé comme timbalier dans l'orchestre, où il se démenait avec une singulière frénésie, tapant sur ses timbales comme le roi nègre de Freiligrath tapait sur son tambour, surtout aux entrées tragiques de l'actrice adorée.

La symphonie d'*Harold*, qu'il composa vers ce temps-là, fut accueillie plus favorablement que ne le furent depuis ses autres œuvres. La Marche de pèlerins qu'elle renferme fut redemandée et obtint le même succès que la Marche du *Tannhauser* aujourd'hui. Cela ne veut pas dire que ce morceau fût supérieur au reste de l'œuvre, qui contient des beautés de premier ordre ; mais le rhythme obligé d'une marche rend l'idée musicale plus sensible aux oreilles, qui ont besoin qu'on leur scande les vers d'un poème et qu'on leur batte la mesure d'une partition.

Si Berlioz comptait un grand nombre de négateurs et de détracteurs, il avait un partisan dont on ne pouvait l'accuser la compétence, Paganini, ce diable et cet ange du violon, qu'on accusait d'avoir enfermé l'âme d'une maîtresse dans le cercueil sonore de son instrument. L'inimitable et fantastique virtuose, qui faisait croire à la puissance des incantations, admirait passionnément Berlioz, et lui, l'avare, dont on racontait des légendes à faire trouver Harpagon prodigue, devenu généreux comme un roi d'Asie, envoyait à l'artiste vingt mille francs en reconnaissance du noble plaisir que cette œuvre lui avait causé.

Nous ne pouvons suivre, composition par composition, dans ces quelques pages, la carrière musicale de Berlioz. Il aborda le théâtre et donna *Benvenuto Cellini* à l'Opéra. Le livret était d'Émile Deschamps et d'Auguste Barbier. Madame Stoltz remplissait le rôle d'Ascanio. La musique, du plus délicat travail, abondait en choses charmantes, en motifs pleins d'originalité ; mais il était décidé que Berlioz manquait de mélodie, et, malgré le délicieux air de *la Mélancolie*, si bien chanté par madame Stoltz, le beau chant des ciseleurs :

> *Les métaux, ces fleurs souterraines*
> *Qui ne s'ouvrent qu'au front des reines,*
> *Des papes et des empereurs ;*

> *le suave et le large andante de Cellini :*
> *Sur les monts les plus sauvages,*
> *Que ne suis-je un simple pasteur ?*

> *la chanson d'une grâce si plaintive :*
> *Heureux les matelots !*
> *Ils s'en vont sur les flots ;*

malgré le joyeux tumulte du carnaval qui traversait la pièce, l'opéra de Berlioz n'eut que trois ou quatre représentations. Lorsqu'on reprend tant d'œuvres insignifiantes, démodées et d'une désespérante banalité de facture, on ferait bien mieux de remettre à la scène cette œuvre hardie, originale, pleine d'innovations, qu'on accepterait aisément aujourd'hui et qui aurait peut-être la chance d'un succès posthume.

Non pas découragé, mais ne pouvant réussir au théâtre qu'en faisant des concessions qui répugnaient à sa nature hautaine, Berlioz se réduisit aux symphonies dramatiques, comme la *Damnation de Faust* et *Roméo et Juliette*, qu'il faisait jouer à ses frais sur cette scène idéale qui n'a besoin ni de décors ni de costumes, et où la fantaisie du poète règne en maîtresse. *La Damnation de Faust* contient précisément ce qui manque au *Faust*, d'ailleurs si remarquable, de Gounod : la profondeur sinistre et mystérieuse, l'ombre où scintille vaguement l'étoile du microcosme, l'accablement du savoir humain en face de l'inconnu, l'ironie diabolique de la négation et la fatigue de l'esprit s'élançant vers la matière. Certes le *Faust* tel que Gœthe le concevait n'a jamais été mieux compris. Il nous est resté de la scène du jardin un souvenir délicieux, et la marche infernale qui galope sur un thème hongrois obtint un immense succès. Que de belles choses, pas assez appréciées, dans *Roméo et Juliette* : le bal chez Capulet ! la sérénade et le scherzo de la reine Mab, où le compositeur lutte de poésie de légèreté et de grâce avec ce Mercutio si spirituel, que Shakespeare n'a pu le soutenir jusqu'au bout de la pièce et le fait tuer, après quelques scènes étincelantes, par le comte Paris !

Berlioz n'était pas seulement un compositeur de premier ordre, c'était un écrivain plein de sens, d'esprit et d'humour. Il a fait longtemps le feuilleton de musique au *Journal des Débats*, où il soutenait ses doctrines, attaquait tout ce qui lui semblait vulgaire, et célébrait ses dieux, Gluck et Beethoven, à qui il dressait des autels de marbre blanc comme à des immortels. Mais il ne parlait de ses feuilletons si remarqués qu'avec une secrète amertume. Il est douloureux pour le compositeur de déposer sa lyre pour prendre la plume, pour le poète de nourrir sa poésie avec sa prose, pour le peintre de faire payer ses tableaux par ses lithographies ; en un mot, de vivre du métier de son art. C'est une misère que chacun de nous a connue, et ce n'est pas la moins pénible à supporter. Chaque heure consacrée à ces besognes est peut-être une heure d'immortalité qu'on se vole ; ce temps perdu, le retrouvera-t-on ? et quand l'incessant labeur vous aura, sur le déclin de la vie, procuré quelque loisir, aura-t-on la force d'exécuter les conceptions de la jeunesse ? pourra-t-on rallumer cette flamme évanouie, recomposer ce rêve emporté dans l'oubli ?

Ce sont là les vrais chagrins de l'artiste au grand cœur. De là venait cette mélancolie tragique, cette mélancolie prométhéenne de Berlioz. Il se sentait un titan capable d'escalader le ciel et d'affronter Jupiter, et il lui fallait rester cloué sur la croix du Caucase, avec des clous de diamant, par la Force et la Puissance, comme le héros d'Eschyle, le flanc fouillé par le bec d'un vautour ; et encore n'eut-il pas cette consolation que les deux mille Océanides, transportées par des chars ailés, vinssent pleurer en chœur au pied de sa montagne.

L'Enfance du Christ, oratorio d'une naïveté charmante, et où la musique s'amuse à balbutier les premières paroles du Dieu nouveau-né, qu'accompagne le chant des anges, parut être mieux comprise du public.

Les amis de Berlioz lui disaient, en présence de spectateurs assez nombreux : « Eh bien, les voilà qui viennent. » Avec un sourire mélancolique, il répondit : « Oui, ils viennent ; mais, moi, je m'en vais. »

Sa dernière tentative a été l'opéra des *Troyens*, donné au Théâtre-Lyrique ; il en avait écrit le poème, dédaignant, comme Wagner, de s'adresser à un faiseur de livret. Il croyait, ainsi que Gluck, qu'au théâtre, la parole et la note devaient être étroitement unies, et il n'admettait pas ces coupes d'airs, de cavatine, qui arrêtent l'action. Il y a de grandes beautés dans cet opéra si en dehors des habitudes du public ; un large et pur sentiment de l'antiquité y règne, et il y passe par moments, avec un éclat de clairon, comme un souffle de poésie homérique.

Cette popularité dont il n'a pas joui en France, où cependant il comptait d'ardents admirateurs, il l'avait obtenue depuis longtemps à l'étranger. L'Allemagne le connaissait et l'applaudissait ; on le nommait parmi les grands maîtres modernes. Mais chaque jour sa tristesse devenait plus sombre et plus amère ; le chagrin sculptait de plus en plus profondément cette belle tête d'aigle irrité, impatient de l'espace et auquel on refuse l'essor. Cette blonde crinière, qu'il secouait jadis si éperdument, en conduisant à l'orchestre quelque chef-d'œuvre, avait blanchi depuis longtemps. Ce stoïque de l'art, qui avait souffert si patiemment pour le beau, dont l'amour-propre avait dû saigner tant de fois, ne put résister à la perte d'un fils adoré. Il s'enveloppa d'ombre et de silence, puis mourut. Il n'y a que les farouches et les hautains pour avoir de ces tendresses.

(Journal officiel, 10 mars 1870.)

MADAME DORVAL

NÉE EN 1801. — MORTE EN 1849

Ce qui a tué madame Dorval, c'est sa trop vive sensibilité, c'est la passion, l'enthousiasme, l'âme trop prodiguée, l'huile brûlée vite dans une lampe ardente, l'indifférence, le dédain de certains grands théâtres, le silence qui se faisait autour d'un nom naguère retentissant, et surtout le regret d'un enfant perdu ; car, ainsi que le dit Victor Hugo, le grand poète :

Ces petits bras sont forts pour vous tirer en terre !

Nous connaissions à peine madame Dorval, et, cependant, il nous semble avoir perdu une amie intime : une part de notre âme et de notre jeunesse descend dans la tombe avec elle ; lorsqu'on a de longue main suivi une actrice à travers les transformations de sa vie de théâtre, qu'on a pleuré, aimé, souffert avec elle, sous les noms dont la fantaisie des poètes la baptise, il s'établit entre elle et vous, — elle figure rayonnante, vous spectateur perdu dans l'ombre,

— un magnétisme qu'il est difficile de ne pas croire réciproque.

Quand de cette bouche aimée s'envolent les pensées secrètes de votre cœur avec les vers du maître admiré que vous récitez en même temps qu'elle, il vous semble que c'est pour vous seul qu'elle parle ainsi, pour vous seul qu'elle trouve ces accents qui remuent toute une salle, pour vous seul qu'elle a choisi ce rôle, pour vous seul qu'elle a mis cette rose dans ses cheveux, ce velours noir à son bras ; réalisant le rêve des poètes, elle devient pour le critique une espèce de maîtresse idéale, la seule peut-être qu'il puisse aimer. Les vers d'Alfred de Musset :

> *S'il est vrai que Schiller n'ait aimé qu'Amélie,*
> *Gœthe que Marguerite et Rousseau que Julie,*
> *Que la terre leur soit légère, — ils ont aimé !*

s'appliquent tout aussi justement aux feuilletonistes qu'aux poètes.

Adèle d'Hervey, Ketty Bell, Marion de Lorme, vous avez vécu pour nous d'une vie réelle ; vous ne fûtes point de vains fantômes fardés, séparés de nous par un cordon de feu ; nous avons cru à votre amour, à vos larmes, à vos désespoirs : jamais chagrins personnels ne nous ont serré le cœur et rougi la paupière autant que les vôtres ; et si nous avons survécu à votre mort de chaque soir, c'est l'espérance de vous revoir le lendemain plus tristes, plus plaintives, plus passionnées et plus charmantes qui nous a soutenu. Ah ! comme nous avons été jaloux d'Antony, de Chatterton et de Didier !

Un grand vide se fait dans l'âme lorsque les choses qui ont passionné votre jeunesse disparaissent les unes après les autres : où retrouver ces émotions, ces luttes, ces fureurs, ces emportements, ce dévouement sans bornes à l'art, cette puissance d'admiration, cette absence complète d'envie qui caractérisèrent cette belle époque, ce grand mouvement romantique qui, semblable à celui de la Renaissance, renouvela l'art de fond en comble, et fit éclore du même coup Lamartine, Hugo, Alexandre Dumas, Alfred de Musset, Sand, Balzac, Sainte-Beuve, Auguste Barbier, Delacroix, Louis Boulanger, Ary Scheffer, Devéria, Decamps, David (d'Angers), Barye, Hector Berlioz, Frédérick Lemaître et madame Dorval, disparue trop tôt de cette pléiade étincelante, dont elle n'était pas une des moins lumineuses étoiles !

Frédérick Lemaître, que nous venons de nommer, et madame Dorval formaient un couple théâtral parfaitement assorti. C'était la vraie femme de Frédérick, comme Frédérick était son vrai mari, — sur la scène, bien entendu. — Ces deux talents se complétaient l'un par l'autre et se grandissaient en se rapprochant. Frédérick était l'homme qu'il fallait pour faire pleurer cette femme ; mais aussi comme elle savait l'attendrir quand sa fureur était passée ! quels accents elle lui arrachait ! Qui ne les a pas vus ensemble, dans *le Joueur* par exemple, dans *Peblo, ou le Jardinier de Valence*, n'a rien vu ; il ne connaît ni tout Frederick, ni toute madame Dorval. Frédérick doit aujourd'hui se sentir bien veuf.

Ce bonheur d'avoir rencontré un talent pareil au sien, avec qui elle puisse engager une de ces belles luttes dramatiques qui soulèvent les salles, a manqué, jusqu'à présent, à mademoiselle Rachel.

Le talent de madame Dorval était tout passionné, non qu'elle négligeât l'art, mais l'art lui venait de l'inspiration ; elle ne calculait pas son jeu geste par geste, et ne dessinait, pas ses entrées et ses sorties avec de la craie sur le plancher : elle se mettait dans la situation du personnage, elle l'épousait complètement, elle devenait lui, et agissait comme il aurait agi : de la phrase la plus simple, d'une interjection, d'un *oh !* d'un *mon Dieu !* elle faisait jaillir des effets électriques, inattendus, que l'auteur n'avait pas même soupçonnés. Elle avait des cris d'une vérité poignante, des sanglots à briser la poitrine, des intonations si naturelles, des larmes si sincères, que le théâtre était oublié et qu'on ne pouvait croire à une douleur de convention.

Madame Dorval ne devait rien à la tradition. Son talent était essentiellement moderne, et c'est là sa plus grande qualité : elle a vécu dans son temps, avec les idées, les passions, les amours, les erreurs et les défauts de son temps ; dramatique et non tragique, elle a suivi la fortune des novateurs, et s'en est bien trouvée. Elle a été femme où d'autres se seraient contentées d'être actrices : jamais rien de si vivant, de si vrai, de si pareil aux spectatrices de la salle ne s'était montré au théâtre : il semblait qu'on regardât, non sur une scène, mais par un trou, dans une chambre fermée, une femme qui se serait crue seule.

Le Théâtre-Français doit avoir le remords de ne s'être pas attaché cette grande actrice, comme il aura plus tard le regret d'avoir laissé Frédérick, un acteur plus grand et plus vaste que Talma, s'abrutir à la Porte-Saint-Martin ou courir la province.

Nous avons au moins une consolation : ces éloges, fleurs funèbres que nous jetons sur la tombe de la grande actrice, nous n'avons pas attendu qu'elle y fût couchée, pour les lui offrir : elle a pu, vivante, jouir de cette admiration compréhensive et passionnée, de ces louanges enthousiastes, ambroisie plus douce aux lèvres des artistes que le vin de la richesse dans des coupes d'or ciselées. Nous ne sommes pas de ces panégyristes posthumes qui n'exaltent que les défunts, et vous reconnaissent toutes les qualités possibles dès que vous êtes cloué dans la bière. Pourquoi ne pas être tout de suite, pour les contemporains de génie ou de talent, de l'avis de la postérité ? pourquoi ces effusions lyriques adressées à des ombres ?

Le plus lointain souvenir que nous ayons sur madame Dorval, c'est la première représentation de *Marion de Lorme*. Le drame venait de la prendre au mélodrame ; la poésie au patois du boulevard. Aussi comme elle était heureuse et fière et rayonnante ! comme elle semblait à son aise dans cette grande passion et dans ce grand style ! comme elle planait d'une aile facile, soutenue par le souffle puissant du jeune maître ! Nous la voyons encore avec ces longues touffes de cheveux blonds mêlés de perles, sa robe de satin blanc, et se faisant défaire par dame Rose.

Le dernier rôle où nous l'ayons vue, c'est Marie-Jeanne, une autre Marie, car ce nom qui était le sien lui sied à merveille. Ce n'était plus la brillante courtisane attendrie et purifiée par l'amour, c'était la pauvre femme du peuple, la mère de douleurs du faubourg, ayant dans le cœur les sept pointes d'épée, comme la *Marie au Golgotha*.

Ce n'était plus la haute poésie dramatique, mais c'était du moins la vérité simple et touchante qu'il fallait à son talent naturel, qu'elle avait un peu compromis dans des tentatives tragiques, dans la *Lucrèce* de Ponsard, par exemple ; car elle aussi, la pauvre femme, ignorante dans toutes ces discussions, et qui ne savait que son cœur, avait eu un instant de doute et de faiblesse. Elle s'était laissée aller à l'école du bon sens et avait voulu débiter des songes comme une tragédienne du Théâtre-Français. Heureusement, elle n'a fait qu'un pas dans cette voie fatale. Elle avait reconnu à temps qu'il ne faut pas sortir de son sillon, et que les idées et les passions de la jeunesse doivent se continuer dans la maturité du talent, non pas châtiées et refroidies, mais éperonnées et poussées avec plus de fougue et de fureur encore : tels ces génies qui vieillissent en devenant plus sauvages, plus ardents, plus altiers, plus féroces, exagérant toujours leur propre caractère, comme Rembrandt, comme Michel-Ange, comme Beethoven.

(LA PRESSE, 1ᵉʳ juin 1849.)

FRÉDÉRICK LEMAÎTRE

NÉE EN 1801. — MORTE EN 1849

Depuis bien des années, pour notre part, nous n'avons jamais manqué une des créations de Frédérick Lemaître, et nous le connaissons dans tous ses aspects : c'est toujours un noble et beau spectacle que de voir ce grand acteur, le seul qui chez nous rappelle Garrick, Kemble, Macready, et surtout Kean, faire trembler de son vaste souffle shakespearien les frêles portants des coulisses des scènes du boulevard.

Qu'importe le tréteau à l'inspiration ! Frédérick n'a-t-il pas fait s'entasser tout ce que Paris avait de plus aristocratique et de plus élégant dans ce bouge étroit des Folies-Dramatiques, où Robert Macaire se réveillait le lendemain de l'exécution, éclairé et rajeuni par la guillotine, dédaigneux désormais de faire « suer le chêne sur le trimar » comme un vulgaire escarpe, et comprenant que M. Gogo était une moins compromettante victime que ce bon M. Germeuil à la culotte beurre frais ? — On aurait été l'entendre sous les toiles d'une baraque foraine, devant une rangée de chandelles non mouchées, entre quatre lampions fumeux.

Il est singulier qu'un acteur de ce génie n'ait pas tout d'abord fait partie de la Comédie-Française. — Balzac, il est vrai n'était pas de l'Académie. — Ces talents excessifs effrayent toujours un peu les corps constitués. — Cela a nui à la Comédie-Française, non à Frédérick, que les poètes et les habiles ont accompagné dans sa carrière nomade. À la Porte-Saint-Martin, il a trouvé *Richard d'Arlington, Gennaro, Don César de Bazan* ; à la Renaissance, *Ruy Blas* ; aux Variétés, *Kean* ; à la Gaîté, *Paillasse,* sans compter cent drames qu'il a fait vivre de sa vie puissante et qui semblaient des chefs-d'œuvre lorsqu'il les jouait.

Frédérick a ce privilège d'être terrible ou comique, élégant et trivial, féroce et tendre, de pouvoir descendre jusqu'à la farce et monter jusqu'à la poésie la plus sublime comme tous les acteurs complets ; ainsi il peut lancer l'imprécation de Ruy Blas dans le conseil des ministres et débiter le pallas de paillasse dans une place de village. Richard d'Arlington, il jette sa femme par la fenêtre avec la même aisance qu'il cuisine la soupe aux choux du saltimbanque et porte son fils en équilibre sur le bout de son nez. Il dit : « En avant la musique ! » aussi bien que

Je le tiens écumant sous mon talon de fer.

ou

Je crois que vous venez d'insulter votre reine.

Dans Robert Macaire, ce Méphistophélès du bagne, bien plus spirituel que l'autre, il a élevé le sarcasme à la trentième puissance et trouvé des inflexions de voix inouïes et des gestes d'une éloquence incroyable.

Il a été plus beau que jamais dans Paillasse.

(La Presse, 14 janvier 1855.)

BOCAGE

NÉ EN 1801. — MORT EN 1862

Chaque homme a dans son existence une phase d'épanouissement complet où il est véritablement le contemporain de son époque ; cette époque fut pour Bocage la grande période romantique de 1830 à 1840. Il réalisait de la façon la plus absolue l'idéal du temps ; la nouvelle école n'eut pas de plus intelligent interprète. Grand, mince, élancé, d'une beauté fatale et byronienne, comme on disait alors, qu'il était superbe avec ses sourcils noirs, ses yeux d'un bleu sombre, son teint pâle et ses abondants cheveux bruns ! Henri Heine écrivait dans ses *Lettres sur la France* : « Bocage, beau comme Apollon ! » Il était ardent, passionné, amer, mélancolique, et bien qu'il n'ait jamais joué les jeunes premiers dans le sens qu'on attache aujourd'hui à ce mol, personne n'a exprimé l'amour avec plus de flamme, d'énergie, de puissance, d'entraînement et de séduction. Ils peuvent l'attester ceux qui ont vu la première représentation d'*Antony*, et cette salle électrisée, folle, ivre, mettant à applaudir une fureur qu'on ne connaît plus maintenant et qu'il n'est pas donné aux claqueurs de contrefaire. Le Didier de *Marion de Lorme*, qui précéda *Antony* de quelques mois, a été une des belles créations de Bocage. Nous le voyons encore en son costume noir, austère, sérieux, plein de foi, livrant son cœur sans réserve à la courtisane qu'il croit pure, oubliant dans cet amour les malheurs de sa vie, puis se réveillant terrible, implacable, quand il apprend que Marie est Marion, et ne pouvant s'arracher de l'âme cette image adorée et maudite. Quels accents il trouvait pour rendre ces chocs de passions contraires, ces luttes de l'amour et du mépris, et surtout cette indignation de la sainte confiance trompée !

Dans le Buridan de *la Tour de Nesle*, Bocage réalisa la plus étrange figure peut-être du drame moderne avec une profondeur de pensée, une maîtrise de conduite, une intensité de vie et une puissance de fascination qu'on n'a pas égalées. Comme il serpentait à travers ce dédale d'événements fantastiques et mystérieux, dominant l'action, ayant toujours une riposte prête aux coups du sort, se relevant au moment où on le croyait écrasé, plein de sang-froid, d'aplomb et d'audace ! comme il était bien le capitaine d'aventures du moyen âge ! À ce mot, les réalistes sourient et murmurent : « La bonne lame de Tolède ! » — Eh bien, il est plus facile de la railler que de la soulever, cette bonne lame de Tolède ! Plusieurs l'ont essayé qui l'ont laissée tomber à terre piteusement, car il faut, pour la manier, un grand souffle, une haute taille et un bras vigoureux. Ce temps fut le beau temps de Bocage. Il luttait de talent avec le génie de Frédérick, la passion de madame Dorval, la majesté épique de mademoiselle Georges, et il ne fut inférieur à aucun de ces redoutables partenaires : les rôles créés par lui restèrent marqués à son sceau, nul ne put y effacer son empreinte ; et naguère, quand on reprit *la Tour de Nesle* à la Porte-Saint-Martin, Bocage, le vieux Bocage, comme on disait, montra que le vrai Buridan était à Belleville.

Pendant sa seconde période, Bocage créa avec beaucoup de succès le rôle de Brute dans la *Lucrèce* de Ponsard. Malgré le mérite de la pièce, le talent qu'il y déploya, le succès qu'il y obtint, l'acteur romantique par excellence était sorti de son élément naturel. Mais ce n'était pas sa faute ; le public français, qui n'accepte l'art qu'à son corps défendant, commençait à être las de passion, de lyrisme et de poésie. Le grand mouvement shakespearien de 1830 s'arrêtait entravé par d'insurmontables obstacles. Tandis que *Lucrèce* triomphait, *les Burgraves*, cette trilogie eschylienne, recevaient le plus froid accueil. Bocage jeta encore un éclat étincelant dans le rôle du major Palmer ; mais, jusqu'à un certain point, il partageait, en ce moment de réaction, la disgrâce de l'école romantique. Le temps n'avait cependant diminué en rien ses facultés de comédien ; il le fit bien voir dans le père de Claudie, où l'Antony des premiers jours s'était transformé en vieillard vénérable, patriarcal et presque biblique. *Le Marbrier* lui fournit aussi une scène où, par un jeu muet, il put faire fondre en larmes toute une salle. Il joua dans le *Paris* de M. Paul Meurice un rôle long, difficile, à transformations multiples, que nul n'eût pu rendre comme lui, et enfin il eut ce bonheur, après bien des traverses dramatiques, de mourir en pleine lumière, à la suite d'un succès qui fit voir à la jeune génération surprise ce qu'était ce Bocage dont nous lui faisions des récits. Comme il savait se rendre jeune, élégant, coquet, plein de grâce et de galanterie pour soutenir le renom des *Beaux Messieurs de Bois-Doré* jusqu'au moment où, l'héritier légitime retrouvé, il reprenait ses pantoufles, sa robe de chambre et ses cheveux blancs, n'étant plus forcé de représenter la vie luxueuse et brillante au manoir ! N'y a-t-il pas dans ce rôle à deux faces et la mort si voisine de l'acteur un sujet de rapprochement mélancolique ? Le comédien semble, comme M. de Bois-Doré, avoir voulu montrer combien encore il pouvait être aimable, charmant, fin et tendre. Il a déployé, en une occasion suprême, ces grâces dont on n'a plus le secret, et, le succès obtenu, avant que le tumulte flatteur des applaudissements se soit apaisé, il a essuyé tranquillement le fard de sa joue pâle d'une mort future, jeté la perruque blonde qui cachait ses cheveux d'argent, et, au lieu d'entrer dans la coulisse, il est entré dans le tombeau. Seulement, il ne laisse pas après lui un jeune monsieur de Bois-Doré qui le remplace !

(MONITEUR, 8 septembre 1862.)

MADEMOISELLE GEORGES

NÉE EN 1786. — MORTE EN 1867

Il est de ces figures qui laissent dans le souvenir une trace tellement radieuse qu'elles semblent devoir être immortelles ; même quand depuis longtemps déjà elles sont disparues de la scène, elles restent mêlées à la vie, on s'en occupe, et leur nom ailé voltige sur les lèvres des hommes. Elles sont entrées, quoique réelles, dans ce monde des types créés par les poètes où l'âge, le temps, les dates n'existent plus ; l'ombre de la retraite ne peut pas éteindre leur éclat. Quoiqu'on ne les voie plus, elles sont présentes, et l'on a peine à s'imaginer qu'elles subissent le sort commun. Mademoiselle Georges était une de celle-là ; on aurait cru qu'elle durerait éternellement, comme cette superbe Melpomène de Velletri, du Musée des antiques, qu'on eût prise pour le portrait anticipé de l'illustre tragédienne.

Elle avait près de quatre-vingts ans, la grande Georges, et les générations d'admirateurs s'étaient succédé devant elle, et les fils comme les pères vantaient sa beauté indestructible. Le temps, *edax rerum*, semblait avoir peur d'altérer ce pur marbre ; il le respectait, il le ménageait, sachant bien que la nature serait longue à reproduire un pareil chef-d'œuvre. Georges était faite à la taille des tragédies d'Eschyle ; sur le théâtre de Bacchus, elle eût, dans *l'Orestie*, joué Clytemnestre sans cothurne. Et ce n'était pas seulement une statue digne de Phidias, une forme merveilleuse et parfaite : l'intelligence, la passion, le génie animaient ce beau corps ; une âme brûlait dans cette perfection sculpturale.

Cette Melpomène, que les Grecs n'eussent pas rêvée plus belle, plus sévère et plus grandiose, savait sortir de son temple à colonnes doriques et entrer, la tête haute, dans le décor compliqué du drame ; son profil magnifique ne se détachait pas moins pur d'une tenture en cuir de Cordoue que d'un *velum* de pourpre. Elle était chez elle à Venise et à Ferrare comme à Rome ou à Mycènes, et en venant de l'antiquité dans le moyen âge, elle ressemblait à Hélène dans le château gothique de Faust. La déesse se devinait à travers le costume. Chose étrange, elle a été l'idole des classiques et l'idole des romantiques. Quelle Clytemnestre, quelle Agrippine, quelle Cléopâtre, quelle Sémiramis ! disaient les uns. — Quelle Lucrèce Borgia, quelle Marie Tudor, quelle Marguerite de Bourgogne ! répondaient les autres. Et les deux partis avaient raison : le drame lui doit autant que la tragédie.

Nous n'avons connu mademoiselle Georges qu'après 1830, et pour ainsi dire dans la phase moderne de son talent. Quoique dès lors elle eût passé l'âge qu'on appelle jeunesse pour les autres femmes, elle était de la plus étonnante beauté. C'est toujours avec éblouissement que nous nous rappelons le sourire par lequel elle ouvrait le second acte de *Marie Tudor*, à demi couchée sur une pile de carreaux, vêtue de velours nacarat à crevés de brocart d'argent, sa main royale effleurant les cheveux bruns de Fabiano Fabiani agenouillé. Son profil nacré se découpait sur un fond d'une richesse sombre ; elle étincelait, elle nageait dans la lumière ; elle avait des fulgurations de beauté, des élancements d'éclat, et représentait comme dans un rêve la puissance enivrée par l'amour. Avant qu'elle eût dit un mot, des tonnerres d'applaudissements qui ne pouvaient s'apaiser retentissaient du parterre au cintre.

Comme elle était belle aussi dans Lucrèce Borgia, quand elle se penchait sur le front de Gennaro, endormi, et avec quelle fierté terrible elle se redressait sous le foudroiement d'insultes lorsque son masque arraché trahissait son incognito ! On voyait, à travers la lividité de sa colère impuissante, luire comme une réverbération d'enfer le projet de quelque épouvantable vengeance. De quel ton elle disait au duc, dans la scène des flacons : « Don Alfonse de Ferrare, mon quatrième mari ! » Et ce rugissement de tigresse quand, au dernier acte, elle montrait leurs cercueils à ses convives empoisonnés ! « Vous m'avez donné un bal à Venise, je vous rends un souper à Ferrare. » Qui ne se souvient de cette phrase ? Sa voix stridente en scandait chaque syllabe avec une lenteur cruelle qui augmentait l'oppression des cœurs. C'était là de la vraie terreur, de la vraie passion, du vrai drame. En ce temps-là, pour jouer ces œuvres hardies, il y avait un quatuor sublime : Frederick Lemaître, Bocage, mademoiselle Georges, madame Dorval. Il n'en reste plus qu'un seul de ces fiers artistes, le plus grand peut-être, Frederick. Le siècle, en avançant, se dépeuple, et tous ces grands morts, nous ne voyons pas qui les remplacera dans l'avenir encore obscur ; car Rachel, cette flamme ardente dans ce corps frêle, est partie avant Georges.

Quoique appartenant à une autre génération, mademoiselle Georges a été notre contemporaine par ses succès dans le drame moderne ; elle avait quitté Eschyle pour Shakespeare — ce n'est pas là une défection — et s'était généreusement associée aux efforts de notre école. Elle nous a ébloui, ému, passionné ; elle a fait passer sur nous le grand souffle des terreurs tragiques. Son souvenir est lié à celui d'œuvres qui ont été les événements de notre jeunesse, et il nous semble qu'une partie de nous-même s'en aille avec elle. Ainsi, pièce à pièce, l'édifice où nous avons vécu s'écroule, et chaque pierre qui tombe porte un nom illustre suivi d'une épitaphe. Les représentants de nos anciens rêves s'évanouissent, nos interlocuteurs d'autrefois entrent dans l'éternel silence, nos types de beauté s'effacent ; nos amours, nos admirations ne sont plus ; notre idéal a fui.

Il nous faut chercher un autre milieu, faire de nouvelles connaissances, accoutumer nos yeux à des visages inconnus, trouver d'autres gloires, inventer des talents, prendre la jeunesse où elle est, admirer ce qui vient, tâcher de lire les livres qu'on imprime, d'écouter les pièces qu'on joue ; en un mot, refaire de fond en comble le mobilier de notre vie. C'est le train du monde, et l'on aurait tort de s'en plaindre. Chaque flot luit un moment sous le rayon et puis rentre dans l'ombre. Heureuse encore la vague qui reçoit le reflet de lumière ! Mais avec quelque courage qu'on s'enfonce dans le mystérieux avenir, on ne peut se défendre d'un mélancolique retour sur soi-même, à chacune de ces morts qui diminuent le nombre des témoins et des compagnons de notre passé ; on songe avec effroi qu'on va bientôt être comme un étranger, dont personne ne sait l'origine et les antécédents, parmi la génération actuelle ; un douloureux sentiment de solitude s'empare de votre âme, et l'on se dit que peut-être on eût bien fait de s'en aller avec les autres.

L'illustre tragédienne repose sur la colline aux arbres verts, ayant pour linceul le manteau noir de Rodogune qu'elle portait à sa représentation d'adieu. Ainsi un soldat tombé dort dans son manteau de guerre.

(MONITEUR, 14 janvier 1867.)

LES PROGRÈS DE LA POÉSIE
FRANÇAISE DEPUIS 1830

I

Ce n'est pas une chose aisée que de déterminer le rôle joué par la poésie dans la littérature française pendant les années qui nous séparent de la révolution de 1848. Le grand mouvement de rénovation commencé vers la fin de la Restauration, et qui se continua sous le règne de Louis-Philippe d'une façon si brillante, n'a pas encore fermé son cycle et semble devoir imposer sa forme à la poésie de ce siècle. Il ne s'est pas écoulé un temps assez long pour que l'ancien idéal soit oublié et qu'on en ait trouvé un nouveau. Les noms qu'on cite dans ces phrases où l'on veut résumer brièvement la valeur poétique de l'époque sont toujours les mêmes, et la pléiade n'a pas augmenté le nombre de ses étoiles. Si quelque astre nouveau a pointé au fond de l'azur, sa lumière n'est pas encore arrivée à tous les yeux ; les critiques, ces astronomes dont le télescope est toujours braqué vers le ciel littéraire et qui veillent quand les autres dorment, aperçoivent seuls et notent sur leurs catalogues ces scintillations plus ou moins distinctes. Le public ne s'en occupe guère et se contente de reconnaître dans la nuit trois ou quatre étoiles de première grandeur, ne se doutant pas que ces lueurs vagues qu'il néglige sont parfois des mondes considérables observés depuis longtemps.

Pour donner à notre travail la clarté désirable, nous en indiquons les divisions nécessaires. Nous apprécierons d'abord brièvement le caractère général de la poésie au dix-neuvième siècle, et nous signalerons les maîtres dont l'influence reste sensible sur la génération actuelle ; puis, nous parlerons des poètes qui, ayant débuté avant 1848, ont continué à produire, appartenant ainsi au passé par leurs premières œuvres et au présent par les dernières ; et enfin, mais avec plus de développements, car c'est là le sujet même de mon travail, des poètes surgis après la révolution de Février. Nous aurions préféré entrer de plain-pied, *in médias res*, mais rien ne commence brusquement ; aujourd'hui a sa racine dans hier ; les idées, comme les lettres arabes, sont liées à la précédente et à la suivante.

On peut dater d'André Chénier la poésie moderne. Ses vers, publiés par de Latouche, furent une vraie révélation. On sentit toute l'aridité de la versification descriptive et didactique en usage à cette époque. Un frais souffle, venu de la Grèce traversa les imaginations, l'on respira avec délices ces fleurs au parfum enivrant qui auraient trompé les abeilles de l'Hymette. Il y avait si longtemps que les Muses tenaient à leurs mains des bouquets artificiels plus secs et plus inodores que les plantes des herbiers, où jamais ne tremblait ni une larme humaine ni une perle de rosée ! Ce retour à l'antiquité, éternellement jeune, fit éclore un nouveau printemps. L'alexandrin apprit de l'hexamètre grec la césure mobile, les variétés de coupes, les suspensions, les rejets, toute cette secrète harmonie et ce rhythme intérieur si heureusement retrouvés par le chantre du *Jeune Malade*, du *Mendiant* et de *l'Oarystis*. Les fragments, les petites pièces inachevées surtout, semblables à des ébauches de bas-reliefs avec des figures presque terminées et d'autres seulement dégrossies par le ciseau, donnèrent d'excellentes leçons en laissant voir à nu le travail et l'art du poète.

À l'apparition d'André Chénier, toute la fausse poésie se décolora, se fana et tomba en poussière. L'ombre se fit rapidement sur des noms rayonnants naguère et les yeux se tournèrent vers l'aurore qui se levait. De Vigny faisait paraître les *poèmes antiques et modernes* ; Lamartine, les Méditations ; Victor Hugo, les *Odes et Ballades*, et bientôt venaient se joindre au groupe Sainte-Beuve avec les *Poésies de Joseph Delorme*, Alfred de Musset avec les *Contes d'Espagne et d'Italie*. Si nous avons négligé les poètes intermédiaires, tels, que Soumet, Guiraud, Lebrun, Émile Deschamps, c'est que nous n'avons pas à écrire l'histoire du romantisme et qu'il nous suffit d'indiquer sommairement les origines et les antériorités de l'école poétique actuelle. Après les journées de Juillet, Auguste Barbier fit siffler le fouet de ses *Iambes* et produisit une vive impression par le lyrisme de la satire, la violence du ton et l'emportement du rhythme. Cette gamme, qui s'accordait avec la tumultueuse effervescence des esprits, était difficile à soutenir en temps plus paisible. *Il Pianto*, destiné à peindre le voyage du poète en Italie, est d'une couleur comparativement sereine, et le tonnerre qui s'éloigne n'y gronde plus que par roulements sourds. *Lazare* décrit les souffrances des misérables sur qui roule le poids de la civilisation, les plaintes de l'homme et de l'enfant pris dans les engrenages des machines, et les gémissements de la nature troublée par le travail des pionniers du progrès. Par contraste, Brizeux, dans son idylle de *Marie*, exprima l'amour pur de l'adolescence, le souvenir nostalgique de la lande natale et ce retour à la vie champêtre qu'inspire aux âmes tendres la fatigue de l'existence des villes. Antoni Deschamps imita avec bonheur l'austère allure du style dantesque et peignit dans ses *Italiennes* le pays des chênes verts et des rouges terrains avec le contour net de Léopold Robert et la solide couleur de Schnetz, pendant que Charles Coran, dans *Onyx* et les *Rimes galantes*, vantait la Vénus mondaine et les élégances de la haute vie sans sortir du boudoir.

Cependant les maîtres se développaient magnifiquement. Aux *Méditations* succédaient les *Harmonies*, aux *Orientales, les Feuilles d'automne, les Rayons et les Ombres, les Voix intérieures* ; aux *Contes d'Espagne et d'Italie, le Spectacle dans un fauteuil* ; aux *Poésies de Joseph Delorme, les Consolations, les Pensées d'août*, et autour de chaque génie l'admiration groupait des imitateurs. Lamartine fut copié d'abord avec plus ou moins de bonheur ; Victor Hugo eut ensuite une habile, fervente et nombreuse école ; Alfred de Vigny, retiré dans sa tour d'ivoire, réunit quelques fidèles ; plus tard ce fut Alfred de Musset qui prédomina. Sa sensibilité nerveuse, mêlée de dandysme et de raillerie, sa négligence pleine de grâce, son vers facile marchant parfois tout près de la prose et se relevant comme un oiseau d'un rapide coup d'aile, son rire trempé de larmes, son scepticisme si frais, si candide et si attendri encore dans ses blasphèmes et ses désespérances, devaient séduire et séduisirent en effet la jeunesse. Alfred de Musset est le poète de la vingtième année ; sa muse n'a connu que le printemps et à peine le commencement de l'été : l'automne ni l'hiver ne sont venus pour elle. *Namouna* enfanta une nombreuse famille ; *Frank* eut beaucoup de frères, et *Belcolor* bien des sœurs et des cousines. Aux *Nuits de mai, d'août, d'octobre, de novembre et de décembre* se joignirent d'innombrables *Nuits* qui avaient la meilleure envie d'être élégiaques et lyriques, mais qui ne servirent qu'à montrer combien le génie de l'auteur était inimitable.

La poésie philosophique trouvait un interprète dans Laprade, dont le poème de *Psyché* contient les développements de l'âme humaine arrivant à une plus haute conscience d'elle-même à travers les phases et les épreuves des civilisations. Laprade se rapproche plutôt de la manière d'Alfred de Vigny que de celle de Victor Hugo, quoiqu'il ait dans son idéalité un peu abstraite un accent propre qui s'accusa plus tard avec une décision suprême dans la magnifique pièce adressée à un chêne, qui est le chef-d'œuvre et comme la note dominante du poète. Il a prolongé depuis et répété comme à plaisir cette note en l'affaiblissant peut-être, mais il est resté parmi nous l'hiérophante de la nature végétale et des solitudes alpestres, une espèce de druide ou plutôt de prêtre de Dodone. Il a trouvé pour dire les grands arbres des vers d'une sonore amplitude, d'un nombre majestueux et grave dont l'écho se ressaisit chez maint descriptif venu après lui. Sa muse possède

La lente majesté du port et de la taille.

Un des premiers, Laprade a remis en honneur dans la poésie les dieux du paganisme et tourné ses yeux vers la Grèce, abandonnée comme trop classique par la nouvelle école. Le poème d'*Éleusis, le Cap Sunium* et d'autres pièces encore témoignent de cette inspiration archaïque et alexandrine.

Laprade a fait aussi les *Poèmes évangéliques*, où il baptise l'art grec avec l'eau du Jourdain ; mais le fond de sa nature est une sorte de panthéisme spiritualiste. Sa gloire, discrète et craignant un peu la foule, n'a pas eu le retentissement tumultueux qui fait arriver un poète au public ; mais il n'a pas été sans action sur les esprits littéraires, et son influence est reconnaissable dans plus d'une œuvre célèbre ou vantée.

De ces courants poétiques, fleuves, rivières, torrents, ruisseaux, les uns se sont arrêtés ou taris ; les autres continuent à couler, s'élargissant à mesure qu'ils approchent de la mer. Les poètes de la génération actuelle ont tous puisé à ces eaux vives, les uns avec un cratère d'or, les autres avec une coupe en argile ou en bois de hêtre, d'autres dans le creux de leur main ; mais toujours quelques gouttes de ces ondes se mêlent au vin de leur cru. Qu'on ne voie pas là un reproche ; l'originalité n'est que la note personnelle ajoutée au fonds commun préparé par les contemporains ou les prédécesseurs immédiats.

Nous abrégeons autant que possible ces prolégomènes indispensables. Dans l'art comme dans la réalité, on est toujours fils de quelqu'un, même quand le père est renié par l'enfant, et il nous fallait bien faire la généalogie des talents dont nous allons avoir à nous occuper. Pour beaucoup d'entre eux, éclos après le grand mouvement romantique, nous serons obligé de remonter un peu au delà de 1848. Leur point de départ doit se chercher une dizaine d'années plus haut, bien que la meilleure partie de leur œuvre appartienne à l'époque où se circonscrit notre travail.

Après le grand épanouissement poétique, qui ne peut se comparer qu'à la floraison de la Renaissance, il y eut un regain abondant. Tout jeune homme fit son volume de vers empreint de l'imitation du maître préféré, et quelquefois mêlant plusieurs imitations ensemble. De cette voie lactée, aux nébuleuses innombrables et peu distinctes traversant le ciel de sa blancheur, le premier qui se détacha, avec un scintillement vif et particulier, fut Théodore de Banville. Son premier volume, intitulé *les Cariatides*, porte la date de 1841, et fit sensation. Quoique l'école romantique eût habitué à la précocité dans le talent, on s'étonna de trouver des mérites si rares en un si jeune homme. Théodore de Banville avait vingt et un an à peine et pouvait réclamer cette qualité de mineur si fièrement inscrite par lord Byron au frontispice de ses *Heures de loisir*. Sans doute, dans ce recueil aux pièces diverses de ton et d'allure, on put reconnaître çà et là l'influence de Victor

Hugo, d'Alfred de Musset et de Ronsard, dont le poète est resté à bon droit le fervent admirateur ; mais on y discerne déjà facilement la nature propre de l'homme. Théodore de Banville est exclusivement poète ; pour lui, la prose semble ne pas exister ; il peut dire, comme Ovide : « Chaque phrase que j'essayais d'écrire était un vers. » De naissance, il eut le don de cette admirable langue que le monde entend et ne parle pas ; et de la poésie, il possède la note la plus rare, la plus haute, la plus ailée, le lyrisme. Il est, en effet, lyrique, invinciblement lyrique, et partout et toujours, et presque malgré lui, pour ainsi dire. Comme Euphorion, le symbolique enfant de Faust et d'Hélène, il voltige au-dessus des fleurs de la prairie, enlevé par des souffles qui gonflent sa draperie aux couleurs changeantes et prismatiques. Incapable de maîtriser son essor, il ne peut effleurer la terre du pied sans rebondir aussitôt jusqu'au ciel et se perdre dans la poussière dorée d'un rayon lumineux.

Dans les *Stalactites*, cette tendance se prononce encore davantage, et l'auteur s'abandonne tout entier à son ivresse lyrique. Il nage au milieu des splendeurs et des sonorités, et derrière ses stances flamboient comme fond naturel les lueurs roses et bleues des apothéoses : quelquefois c'est le ciel avec ses blancheurs d'aurore ou ses rougeurs de couchant ; quelquefois aussi la gloire en feux de Bengale d'une fin d'opéra. Banville a le sentiment de la beauté des mots ; il les aime riches, brillants et rares, et il les place sertis d'or autour de son idée comme un bracelet de pierreries autour d'un bras de femme ; c'est là un des charmes et peut-être le plus grand de ses vers. On peut leur appliquer ces remarques si fines de Joubert : « Les mots s'illuminent quand le doigt du poète y fait passer son phosphore ; les mots des poètes conservent du sens même lorsqu'ils sont détachés des autres, et plaisent isolés comme de beaux sons ; on dirait des paroles lumineuses, de l'or, des perles, des diamants et des fleurs. »

    La nouvelle école avait été fort sobre de mythologie. On disait plus volontiers la brise que le zéphyr ; la mer s'appelait la mer et non pas Neptune. Théodore de Banville comme Gœthe, introduisant la blanche Tyndaride dans le sombre manoir féodal du moyen âge, ramena dans le burg romantique le cortège des anciens dieux, auxquels Laprade avait déjà élevé un petit temple de marbre blanc au milieu d'un de ces bois qu'il sait si bien chanter. Il osa parler de Vénus, d'Apollon et des nymphes ; ces beaux noms le séduisaient et lui plaisaient comme des camées d'agate et d'onyx. Il comprit d'abord l'antique un peu à la façon de Rubens. La chaste pâleur et les contours tranquilles des marbres ne suffisaient pas à ce coloriste. Ses déesses étalaient dans l'onde ou dans la nuée des chairs de nacre, veinées d'azur, fouettées de rose, inondées de chevelures rutilantes aux tons d'ambre et de topaze et des rondeurs d'une opulence qu'eût évitée l'art grec. Les roses, les lis, l'azur, l'or, la pourpre, l'hyacinthe abondent chez Banville ; il revêt tout ce qu'il touche d'un voile tramé de rayons, et ses idées, comme les princesses de féeries, se promènent dans des prairies d'émeraude, avec des robes couleur du temps, couleur du soleil et couleur de la lune.

    Dans ces dernières années, Banville, qui a bien rarement quitté la lyre pour, la plume, a fait paraître *les Exilés*, où sa manière s'est agrandie et semble avoir donné sa suprême expression, si ce mot peut se dire d'un poète encore jeune et bien vivant et capable d'œuvres nombreuses. La mythologie tient une grande place dans ce volume, où Banville s'est montré plus Grec que partout ailleurs, bien que ses dieux et surtout ses déesses prennent parfois des allures florentines à la Primatice et aient l'air de descendre, en cothurnes d'azur lacés d'argent, des voûtes ou des impostes de Fontainebleau.

Cette tournure fière et galante de la Renaissance mouvementé à propos la correction un peu froide de la pure antiquité. *Les Améthystes* sont le litre d'un petit volume plein d'élégance et de coquetterie typographiques, dans lequel l'auteur, sous l'inspiration de Ronsard, a essayé de faire revivre des rhythmes abandonnés depuis que l'entrelacement des rimes masculines et féminines est devenu obligatoire. De ce mélange de rimes, prohibé aujourd'hui, naissent des effets d'une harmonie charmante. Les stances des vers féminins ont une mollesse, une suavité, une mélancolie douce dont on peut se faire une idée en entendant chanter la délicieuse cantilène de Félicien David : « Ma belle nuit, oh ! sois plus lente. » Les vers masculins entrelacés se font remarquer par une plénitude et une sonorité singulières. On ne saurait trop louer l'habileté exquise avec laquelle l'auteur manie ces rythmes dont Ronsard, Remy Belleau, A. Baïf, Du Bellay, Jean Daurat et les poètes de la pléiade liraient un si excellent parti. Comme les odelettes de l'illustre Vendômois, ces petites pièces roulent sur des sujets amoureux, galants, ou de philosophie anacréontique.

Nous n'avons encore montré qu'une face du talent de Banville, la face sérieuse. Sa muse a deux masques, l'un grave et l'autre rieur. Ce lyrique est aussi un bouffon à ses heures. Les *Odes funambulesques* dansent sur la corde avec ou sans balancier, montrant l'étroite semelle frottée de blanc d'Espagne de leurs brodequins et se livrant au-dessus des têtes de la foule à des exercices prodigieux au milieu d'un fourmillement de clinquant et de paillettes, et quelquefois elles font des cabrioles si hautes, qu'elles vont se perdre dans les étoiles. Les phrases se disloquent comme des clowns, tandis que les rimes font bruire les sonnettes de leurs chapeaux chinois et que le pitre frappe de sa baguette des toiles sauvagement tatouées de couleurs féroces dont il donne une burlesque explication. Cela tient du *boniment*, de la charge d*atelier, de la parodie et de la caricature. Sur le patron d'une ode célèbre, le poète découpe en riant le costume d'un nain difforme comme ceux de Velasquez ou de Paul Véronèse, et il fait glapir par des perroquets le chant du rossignol. Jamais la fantaisie ne se livra à un plus joyeux gaspillage de richesses, et, dans ce bizarre volume, l'inspiration de Banville ressemble à cette mignonne princesse chinoise dont parle Henri Heine, laquelle avait pour suprême plaisir de déchirer, avec ses ongles polis et transparents comme le jade, les étoffes de soie les plus précieuses, et qui se pâmait de rire en voyant ces lambeaux roses, bleus, jaunes s'envoler par-dessus le treillage comme des papillons.

L'auteur n'a pas signé cette spirituelle débauche poétique qui est peut-être son œuvre la plus originale. Nous croyons qu'on peut admettre dans la poésie ces caprices bouffons comme on admet les arabesques en peinture. Ne voit-on pas dans les loges du Vatican, autour des plus graves sujets, de gracieuses bordures où s'entre-mêlent des fleurs et des chimères, où des masques d'ægipans vous tirent la langue, ou de petits Amours fouettent d'un brin de paille les colimaçons attelés à leur char, fait chez le carrossier de la reine Mab ?

Dans cette catégorie de poètes qui touchent aux deux époques, il faut ranger le marquis de Belloy et le comte de Gramont, ce Pythias et ce Damon de la poésie, dont les noms ne se séparent pas plus que ceux d'Edmond et de Jules de Goncourt.

Mais cette fraternité de cœur, d'opinions, de sentiments, qu'attestent les devises et les dédicaces, ne va pas jusqu'à la fraternité du travail ; chaque poète a sa lyre et chante seul. Quoiqu'il y ait chez les deux le même fond de loyauté et de croyances, le talent a sa note particulière et son accent propre. Chez le marquis de Belloy se mêle à la poésie une nuance toute française et disparue depuis le dix-huitième siècle, l'esprit. Le comte de Gramont est toujours sérieux, sans mauvaise humeur cependant, mais il ne sait pas ou il ne veut pas sourire. Sa muse est grave, d'une pâleur de marbre sous sa couronne de laurier, comme une muse du Parnasse de Raphaël ; celle du marquis de Belloy met pour aller au bal un soupçon de fard et une mouche. Tous deux cherchent la beauté, mais l'un admet le joli, que l'autre repousse ; seulement ils ont le même soin exquis de la forme, le même souci de la langue et du style, la même patiente recherche de la perfection. De Belloy a fait, sous le pseudonyme transparent du *Chevalier d'Aï*, l'histoire intellectuelle de son talent ; il a peint les fluctuations littéraires de l'aimable chevalier, très accessible aux idées modernes, malgré ses préjugés de caste, et qui va du ton des poésies légères de Voltaire au lyrisme et aux colorations de l'école romantique ; mais dans le madrigal ou l'ode, on reconnaît toujours la personnalité fine, élégante et quelque peu aristocratique du poète. Ce livre, dans lequel des intermèdes de prose séparent et en même relient entre elles les pièces de vers, est de tout point charmant.

Un autre volume, les *Légendes fleuries*, contient des poèmes dont quelques-uns ont une certaine étendue. Nous citerons, parmi les plus remarquables *Lilith*, première femme d'Adam selon la tradition orientale ; histoire talmudique, racontée par un vieux rabbin mal converti au christianisme, et entremêlée de digressions et de boutades humoristiques, car il y a chez de Belloy une légère pointe de satire. Ce n'est que l'épine de la rose, mais elle n'en pique pas moins et fait venir à l'épiderme une petite perle rouge. *La Foi sauve* est une légende charmante, et dans *les Byzantins*, dialogue de deux bergers païens, qui entrevoient l'aurore d'une croyance nouvelle, l'auteur, par l'élévation de l'idée, la poésie des détails et la beauté de la forme, fait penser à l'Églogue napolitaine de Sainte-Beuve ; *l'Eau du Léthé* renferme une idée superbe. Le poète refuse de boire avec cette eau sombre l'oubli des douleurs qui l'ont fait homme et des remords qui l'ont purifié. Il refuse courageusement cette morne consolation. À la suite du livre de *Ruth*, traduit avec une gravité et une onction bibliques, M. de Belloy a placé la légende d'*Orpha*, la seconde bru de Noëmi, dont il a supposé les aventures, puisque le silence du texte permettait l'invention au conteur. Cette douce et touchante histoire pourrait s'insérer manuscrite entre les feuillets d'une Bible de famille, tant le style en est pur.

Notre cadre ne nous permet pas de nous étendre sur les pièces de théâtre du marquis de Belloy ; mais ce serait laisser incomplète la physionomie du poète, si nous ne mentionnions pas au moins *Damon et Pythias*, cette charmante pièce antique que le Théâtre-Français a prise a l'Odéon, *la Malaria* et *le Tasse à Sorente*. S'il est très Français, de Belloy est aussi très Italien. Il sait Pétrarque, le Tasse et Métastase sur le bout du doigt, comme son ami de Gramont, qui fait des sonnets dans la langue du beau pays où résonne le *si*.

Les Chants du passé, de M. de Gramont, contiennent une grande quantité de sonnets d'une rare perfection. Cette forme si artistement construite, d'un rhythme si justement balancé et d'une pureté qui n'admet aucune tache, convient à ce talent mâle, austère et sobre, d'une résignation si haute et si noble, et qui, vaincu par la destinée, garde, même dans la douleur, l'attitude musculeuse des captifs de Michel-Ange. Ses croyances ne lui permettant pas de se mêler au mouvement moderne, il s'en va avec une fierté silencieuse, sur la route solitaire, à travers les écroulements du passé. L'on peut regarder comme une personnification de son génie cette magnifique pièce de vers où, seul de sa tribu, qui émigré vers des horizons nouveaux, un jeune homme obstiné reste sur le sol de ses ancêtres. *Endymion* a la pureté d'un marbre antique éclairé par la lune. Le baiser argenté de Diane peut descendre sur ce bel adolescent, que les pasteurs du Latmos vénèrent comme un dieu. Il est digne d'elle pour sa blancheur virginale et sa chasteté neigeuse.

Aux sonnets se joignent des pièces plus étendues, que l'auteur désigne sous le nom de *Rythmes*, et qui, outre l'élévation de la pensée, la beauté du style, montrent la science la plus profonde de la métrique. On voit bien que M. de Gramont a étudié avec amour Dante, Pétrarque, et tous les grands Italiens, ces maîtres d'architectonique dans la structure du vers. M. de Gramont est le seul poète français qui ait pu réussir la *Sextine*, ce tour de force qu'on croirait impossible dans notre langue. La Sextine est une pièce de vers où les rimes de la première stance, toujours reprises, changent de place aux stances suivantes, comme des danseuses qui deviennent tour à tour choryphées de leur groupe et conduisent les évolutions de leurs compagnes.

Arsène Houssaye n'est pas non plus un nouveau venu dans la poésie. Il chantait avant Février, mais il a chanté depuis, et ses meilleurs vers sont les derniers. À travers le roman, la critique, l'histoire littéraire, Arsène Houssaye a mis au jour trois recueils : *les Sentiers perdus, la Poésie dans les bois, les poèmes antiques*, qui datent de 1850 et le rattachent à cette période que nous avons mission d'explorer, sans compter les vers qu'il sème çà et là tout en marchant dans la vie, et qu'il n'a pas recueillis, comme ces magnats hongrois qui ne daignent pas se courber au bal pour ramasser les perles détachées de leurs bottes. Quoiqu'il appartienne par ses sympathies à ce grand mouvement romantique d'où découle toute la poésie de notre siècle, Arsène Houssaye ne s'est fixé sous la bannière d'aucun maître. Il n'est le soldat ni de Lamartine, ni de Victor Hugo ni d'Alfred de Musset. Son indépendance capricieuse n'a pas voulu accepter de joug. Comme certains poètes, il ne s'est pas, d'après un système, modelé un type auquel il fallait rester fidèle sous peine de contradiction et d'inconséquence, Combien aujourd'hui ne sont plus que les imitateurs d'eux-mêmes et n'osent plus sortir du moule invariable où ils condamnent leur pensée !

Ce n'est pas lui qui se chargera de motiver ou de régulariser les contrastes dont ses œuvres sont pleines. Aujourd'hui il peindra au pastel Ninon ou Cidalise, demain d'une chaude couleur vénitienne il fera le portrait de Violante, la maîtresse du Titien. Si le caprice le prend de modeler en biscuit ou en porcelaine de Saxe un berger et une bergère rococo enguirlandés de fleurs, certes, il ne se gêne pas. Mais, le groupe posé sur l'étagère, il n'y pense plus, et le voilà qui sculpte en marbre une Diane chasseresse ou quelque figure mythologique dont la blancheur se détache d'un fond de fraîche verdure. Il quitte le salon resplendissant de lumières pour s'enfoncer sous la verte obscurité des bois, et quand au détour d'une allée ombrageuse il rencontre la Muse, il oublie de retourner à la ville, où l'attend quelque rendez-vous donné à une beauté d'opéra. Sa poésie est ondoyante et diverse comme l'homme de Montaigne. Elle dit ce qu'elle sent à ce moment-là, et c'est le moyen d'être toujours vraie. Les émotions ne se ressemblent pas ; mais être ému, voilà l'important. Sous cette légèreté apparente, le cœur palpite et l'âme soupire, et si le mot est simple, parfois l'accent est profond. Les talents ont un âge idéal qui souvent ne concordent pas avec les années réelles du poète. Tel auteur de vingt ans fait des œuvres qui en ont quarante. D'autres, au contraire, sont éternellement jeunes, comme André Chénier, Murger et Alfred de Musset. Arsène Houssaye est de ceux-là, et ses cheveux blonds comme ceux de la Muse s'obstinent à ne pas blanchir. L'hiver ne vient pas pour lui. En ce temps où les arts font souvent invasion dans le domaine les uns des autres et se prêtent des comparaisons, où le même critique parle à la fois des tableaux et des livres, un poète fait souvent penser à un peintre par on ne sait quelle ressemblance qui se sent plutôt qu'elle ne se décrit. Arsène Houssaye, avec le chatoiement soyeux de ses verdures étoilées de fleurs qui laissent à travers leurs trouées apercevoir dans une clairière, assises sous un rayon de soleil, des femmes ruisselantes de soie et de pierreries, nous rappelle Diaz, ce prestigieux coloriste qui, lui aussi, fait de temps à autre se promener la Vénus de Prudhon sous le clair de lune des *Mille et une nuits*, et encore faut-il remarquer qu'Arsène Houssaye dessine plus nettement que Diaz de la Pena.

Pour dernière touche à cette esquisse rapide, nous ne saurions mieux faire que de citer le mot de Sainte-Beuve, qui dit d'Arsène Houssaye dans ses Portraits de poètes nouveaux : « C'est le poète des roses et de la jeunesse. » Mais dans ces roses la goutte de rosée est souvent une larme.

D'Arsène Houssaye à Amédée Pommier il ne faut pas chercher de transition, ils n'ont de commun que leur constant amour de l'art. Ce n'est pas d'hier qu'il est descendu dans l'arène ; son premier volume date de 1832, et son dernier porte le millésime de 1867. Il a la fécondité opiniâtre, et huit ou dix recueils ne l'ont pas épuisé. Il est un versificateur de première force, et nul ne façonne et XIe retourne avec plus de précision sur l'enclume poétique un alexandrin ou un vers de huit pieds. S'il faut remettre le fer au feu de la forge, ce qui arrive rarement, tant son coup de marteau est sûr, il remue le charbon, active l'haleine du soufflet, et la forme voulue est bientôt imposée au métal rebelle. Le poète se plaît à cette lutte, et il s'agite comme un Vulcain dans son antre, heureux de voir voler à droite et à gauche les rouges étincelles et d'entendre le rhythme sonore retentir sous la voûte. De ce rude travail il lui reste parfois au front des parcelles de limaille et de charbon ; mais le vers bien fourbi reluit, comme de l'acier, et l'on n'y saurait trouver une paille. Amédée Pommier égale, s'il ne la dépasse, l'habileté métrique de

Barthélémy et de Méry, et il eût au besoin fait tout seul la *Némésis*. Les principaux volumes de M. Pommier sont le *Livre de sang*, *Océanides et fantaisies*, *Sonnets sur le salon de 1851*, *Colères*, *Colifichets*, où l'auteur s'est livré à tous les tours de force métriques qu'on puisse imaginer, avec une aisance, une agilité et une souplesse incomparables. On peut dédaigner ces jeux difficiles qui sont comme la fugue et le contre-point de la poésie, mais il faut être un maître pour y exceller, et qui ne les a pas pratiqués peut se trouver un jour devant l'idée sans forme à lui offrir. *L'Enfer*, de tous les volumes d'Amédée Pommier, a été le plus remarqué, et c'est en effet une œuvre des plus originales. L'auteur, trouvant qu'on spiritualisait un peu trop l'enfer, l'a épaissi, comme disait madame de Sévigné à propos de la religion, par quelques bons supplices matériels, tels que chaudières bouillantes, jets de plomb fondu, cuillerées de poix liquide, lits de fer rougi, coups de fourche et de lanières à pointes, introduisant les diableries de Callot dans les cercles de Dante. Idée ingénieuse ! l'adultère est puni par la satisfaction à perpétuité de sa concupiscence ; les amants coupables sont toujours l'un devant l'autre, éternels forçats de l'amour.

L'éternité du tête-à-tête
Ne pouvait manquer à l'enfer.

dit le poète en terminant sa strophe par cette chute heureuse et de l'effet le plus piquant. Le mètre employé est une strophe de douze vers composée d'un quatrain et de deux rimes triplées féminines qui s'encadrent entre deux vers masculins. L'auteur manie cette forme avec une maestria singulière. Il s'en est encore servi dans son volume de *Paris*, espèce de description lyrique et bouffonne de la grand-ville où parfois Victor Hugo coudoie Saint-Amant et Scarron, étrange macédoine de splendeurs et de misères, de types sublimes et grotesques, de tableaux brillants et d'affiches bariolées, de vers splendides et de lignes prosaïques, de chiffons et de bijoux, et d'ingrédients plus bizarres que ceux dont les sorcières de Macbeth remplissent leur chaudron. Parfois le poète, comme lord Byron, qui dans Beppo, se passe le caprice de rimer l'annonce et l'étiquette de l'*Harvey-sauce*, s'amuse à rimer la quatrième page des journaux. Ce qu'on peut reprocher à ce poème d'une grande étendue, c'est une sorte de ribombo venant de la redondance des rimes triplées que ramène chaque strophe.

Amédée Pommier a tenté bien des genres : l'ode, la satire, l'épître, le poème, le sonnet, la fantaisie rhythmique, et partout il a laissé l'empreinte d'un talent vigoureux et robuste nourri de fortes études. Chapelain pourrait dire de lui comme de Molière : « Ce garçon sait du latin. » Sa meilleure pièce, peut-être, est celle qu'il appelle *Utopie* et dans laquelle il décrit son rêve de perfection : un morceau de dimension modeste, un bijou de métal précieux finement ciselé, une perle sertie dans l'or, une fleur à mettre parmi les plus fraîches au cœur d'un bouquet d'anthologie ; il a réalisé son rêve en l'exprimant.

Si le *Poème des champs*, de Calemard de la Fayette, est de publication récente, il y a longtemps que son auteur cultive le champ de la poésie, cette terre ingrate et trop souvent stérile, mais qu'on abandonne toujours à regret ; il a fait autrefois des poésies et une traduction de Dante en vers très remarquables, et le voilà qui, après un long silence, reparaît avec un poème en huit livres.

Les poèmes de longue haleine sont assez rares dans l'école nouvelle, et surtout les poèmes didactiques ; il semble que ce genre soit suranné, il n'est qu'antique pourtant. Hésiode a fait *les Mois et les Jours*, et Virgile *les Géorgiques* ce qui balance bien *les Saisons* de Saint-Lambert et *les Jardins* de l'abbé Delille. Nous pensons qu'avec sa riche palette et son large sentiment de la nature, le romantisme, qui ne craint pas le mot propre et le détail familier, pourrait s'essayer avec bonheur dans le poème descriptif et didactique. La même idée est venue à Calemard de la Fayette. Enlevé au tourbillon de Paris et devenu propriétaire d'un grand domaine rural, il se mit à gérer ses terres lui-même. Mais pour cela il ne renonça pas à ses goûts d'artiste et il essaya d'atteler Pégase à la charrue. Le bon cheval ailé ne se mit pas à ruer formidablement comme le Pégase de la Ballade de Schiller, soumis par un rustre à des travaux ignobles. Ayant reconnu que la main qui le guidait était une main de poète, il ne s'enleva pas dans les étoiles avec l'instrument aratoire fracassé, et traça droit son sillon, car il labourait une bonne terre sur ces pentes douces par lesquelles le Parnasse rejoint la plaine. Pour faire des *Géorgique*, il ne suffit pas d'être Virgile, il faut aussi être un Matthieu de Dombasle, et ces deux qualités se trouvent rarement chez le même homme. Calemard de la Fayette les possède toutes deux, car il n'est pas, qu'on nous permette cette innocente plaisanterie, un agriculteur en chambre ; il connaît la campagne pour l'avoir cultivée : il a de vrais prés, de vraies vignes, de vraies fermes, de vrais bœufs. Chose rare pour un poète, il sait distinguer le blé de l'orge et le trèfle du sainfoin. Dans cette saine vie de *gentleman farmer* il a pris sérieusement goût à la nature et aux occupations rustiques, et sa rêverie se mêlant à son travail, il a fait, au jour le jour, presque sans y songer, en marchant le long de ses pièces de blés ou de ses haies d'aubépine en fleur, *le Poème des champs*, qui a sur tous les ouvrages de ce genre l'avantage de sentir le foin vert plus que l'huile de la lampe. Les descriptions ont été faites *ad vivum*, comme disaient les anciens peintres, non pas d'après un croquis rapide, mais d'après des études terminées avec conscience devant un modèle qui n'était pas avare de ses séances. On voit à la précision du dessin et à la justesse de la couleur que le peintre a longtemps vécu dans l'intimité de son sujet, et que son enthousiasme pour la vie champêtre n'a rien de factice.

La fable d'un semblable poète ne saurait être bien compliquée, et Calemard de la Fayette a eu le bon goût de ne pas chercher à y introduire une action romanesque ou des épisodes superflus. Les semailles, les moissons, la vendange, les tableaux variés des saisons, la peinture de la ferme, des étables, de la basse-cour, des chevaux allant à l'abreuvoir, des bœufs revenant du labour, des paysans ni embellis ni enlaidis, mais pris dans leur forte simplicité et leur majesté naturelle, l'expression des sentiments que ces spectacles inspirent, et çà et là, dans une juste proportion, des fleurs de poésie mêlées aux préceptes d'agriculture comme des coquelicots et de bluets dans les blés, voilà les éléments employés par le poète pour composer ses tableaux et remplir heureusement son cadre.

N'allez pas croire que les poètes de ville puissent en remontrer à ce poète des champs ; il n'a oublié aucun des secrets du métier. Son vers est plein, solide, grave ; ses rimes sont riches, s'étayant toujours à la consonne d'appui, d'un son pur comme le tintement de la clochette suspendue au col des vaches descendant de la montagne, nouvelles sans bizarrerie et toujours bien amenées. Virgile, tout en soulignant quelques lourdeurs, applaudirait à ces nouvelles *Géorgiques*.

Henri Blaze de Bury, quoiqu'il soit jeune encore et n'ait pas déserté le champ de bataille de la poésie, comme cela est arrivé à plusieurs et des mieux méritants, détournés de l'art sacré par la critique plus lucrative et de placement plus facile, a débuté vers 1853, en plein mouvement romantique, avec *le Souper chez le commandeur*, inséré d'abord dans la *Revue des Deux Mondes*, et réimprimé plusieurs fois depuis. — C'était une œuvre excessive et bizarre, où la prose se mélangeait au vers dans une proportion shakespearienne, et où l'on sentait que le don Juan de Tirso de Molina et de Molière avait lu Byron, Hoffmann, et écouté la musique de Mozart. Il y a eu dans la composition du poète, chez Henri Blaze, trois éléments très reconnaissables : l'homme du monde ou, pour être plus intelligible, le dandy, le dilettante et le critique. Tout jeune, il savait l'allemand, la musique, il portait des gants paille, et l'autorité paternelle lui ouvrait les coulisses et les loges intimes des théâtres lyriques. Ajoutez à cela un reflet de diplomatie, quelques relations avec les cours du Nord, et vous aurez un poète élégant et mondain, quoique très lettré, très savant et très romantiqne, d'une physionomie toute particulière. Henri Blaze traduisit le *Faust* de Gœthe, non-seulement le premier, mais le second, ce qui est d'une bien autre difficulté, à la satisfaction générale des Allemands, étonnés d'être si bien compris par un Français dans l'œuvre la plus abstraite et la plus volontairement énigmatique de leur plus haut génie. — Ses vers, d'une facture très savante, quoique d'une apparence parfois négligée, rappellent en quelques endroits l'allure d'Alfred de Musset ; ils portent, comme les fashionables de ce temps-là, la rose à la boutonnière et le chapeau un peu penché sur une touffe de frisure ; mais là s'arrête la ressemblance. Alfred de Musset est Anglais et Blaze est Allemand : l'un jure par Byron et l'autre par Gœthe, tout en se réservant chacun son originalité. Les vergiss-mein-nicht, les roses, les rossignols, les rêveries sentimentales et le clair de lune allemand n'empêchent en aucune façon Henri Blaze d'être un esprit français très net, très moqueur et très clair ; il sait mettre une petite fleur bleue cueillie au bord du Rhin dans le limpide verre d'eau de Voltaire. La connaissance de la musique et des grands maîtres de cet art lui fournit une veine de comparaisons et d'effets qui ne sont pas à la disposition des poètes, ordinairement médiocres dilettanti. Nous ne pouvons pas analyser ici en détail son œuvre poétique, qui est considérable, et il a fallu nous contenter d'esquisser le caractère du talent de l'auteur. Au *Souper chez le commandeur* sont joints : *la Voie lactée, Ce que disent les marguerites, Églantine*. Dans les *Intermèdes et poèmes* publiés en 1855, sont contenus : *Perdita, le Petit Chaperon rouge, Vulturio, Bella, Frantz Coppola* et *Jenny Plantin*, qui est peut-être la maîtresse pièce du recueil. C'est l'histoire touchante d'une jeune fille qui s'est éprise d'un faux poète, comme il y en a tant de nos jours, l'épouse, l'enrichit et se tue pour mettre une grande et noble douleur dans cette vie bourgeoise et prosaïque. Sacrifice inutile ! le Manfred de boulevard oublie la morte et devient vaudevilliste. Le mélange d'exaltation et d'ironie de ce poème produit des effets nouveaux que rend plus sensibles encore un cadre de vie moderne.

Dans *l'Enfer de l'esprit*, son premier volume, et les *Demi-teintes*, autre recueil de vers qui le suivit bientôt, Auguste Vacquerie, qu'une critique superficielle désignait comme disciple et enthousiaste de Victor Hugo, a fait preuve au contraire d'une originalité presque farouche, qui l'isole dans le clan romantique. On peut aimer, admirer un maître et se dévouer à lui jusqu'au fanatisme, sans le copier pour cela. Rien ne ressemble moins au débordant lyrisme, à l'exubérance intarissable de Victor Hugo, que la manière décisive, brève et tendant toujours au but de Vacquerie. La volonté chez lui domine toujours l'inspiration et le caprice. Il faut qu'une pièce de vers exprime d'abord l'idée qu'on lui confie, et l'auteur ne lui permet guère de courir en chemin après les fleurs et les papillons, à moins que cela ne rentre dans son plan et ne serve comme contraste ou comme dissonance. S'il retouche un morceau, c'est pour retrancher et non pour ajouter ; il ne greffe pas, il coupe, ne voulant rien laisser que d'essentiel. Auguste Vacquerie pourrait dire comme Joubert : « S'il est un homme tourmenté par la maudite ambition de mettre tout un livre dans une page, toute une page dans une phrase, et cette phrase dans un mot, c'est moi. » Cette sobriété mâle, sans complaisance pour elle-même, et qui s'interdit tout ornement inutile, l'auteur de *l'Enfer de l'esprit* et des *Demi-teintes* l'apporte dans tout ce qu'il fait. Ce poète a en lui un mathématicien qui se demande toujours : « À quoi bon ? » Sa pensée, haute, droite peu flexible, ne connaît pas les moyens termes, et quand par hasard elle se trompe, c'est avec une conscience imperturbable, un aplomb effrayant et une rigueur de déduction qui vous stupéfie. L'erreur, avec cette netteté et cette logique de formes, prend le caractère de la vérité. Dans sa froide outrance, le poète, parfaitement tranquille, pousse les choses jusqu'à leurs dernières conséquences logiques, le point de vue une fois accepté. Il est bien entendu qu'il ne s'agit ici que de détails purement littéraires. Malgré des bizarreries auxquelles on a donné trop d'importance, Vacquerie aime le beau, le vrai et le bien, d'un amour qui ne s'est jamais démenti. Depuis 1845, date de son dernier volume, il semble avoir quitté la poésie pure pour le théâtre et la critique.

Maintenant nous voici dans un grand embarras ; il conviendrait de mettre à la suite de ces écrivains, qui ont versifié avant 1848, et versifient encore de nos jours, un auteur qui nous est cher, mais qu'il nous serait difficile de louer et impossible de maltraiter. Comme les poètes ne se gênent guère pour dire aux prosateurs qui les critiquent : *Ne sutor ultra crepidam*, on a confié à un poète la tâche difficile de parler de ses confrères. Mais ce poète, qui n'est autre que nous-même et qui doit à ses travaux de journaliste la petite notoriété de son nom, a naturellement fait des œuvres en vers. Trois recueils portent son nom : *Albertus, la Comédie de la Mort, Émaux et Camées*. Les deux premiers rentrent dans le cycle carlovingien du romantisme ; ils vont de 1830 à 1838. Fondus en un seul volume et complétés par des pièces de vers de date plus récente, ils représentent la vie poétique de l'auteur jusqu'en 1845. Nous n'avons pas à nous en occuper. Mais *Émaux et Camées*, imprimés en 1853, réunissent toutes les conditions nécessaires pour être cités dans ce travail : les omettre semblerait peut-être une affectation de modestie plus déplaisante que l'amour-propre d'en parler. D'ailleurs nous ne le ferons que sous toutes les réserves commandées par la position du critique et de l'auteur. Ce titre, *Émaux et Camées* exprime le dessein de traiter sous forme restreinte de petits sujets, tantôt sur plaque d'or ou de cuivre avec les vives couleurs de l'émail, tantôt avec la roue du graveur de pierres fines, sur l'agate, la cornaline ou l'onyx. Chaque pièce devait être un médaillon à enchâsser sur le couvercle d'un coffret, un cachet à porter au doigt, serti dans une bague, quelque chose qui rappelât les empreintes de médailles antiques qu'on voit chez les peintres et les sculpteurs. Mais l'auteur ne s'interdisait nullement de découper dans les tranches laiteuses ou fauves de la pierre un pur profil moderne, et de coiffer à la mode des médailles syracusaines des Grecques de Paris entrevues au dernier bal. L'alexandrin était trop vaste pour ces modestes ambitions, et l'auteur n'employa que le vers de huit pieds, qu'il refondit, polit et cisela avec tout le soin dont il était capable. Cette forme, non pas nouvelle, mais renouvelée par les soins du rhythme, la richesse de la rime et la précision que peut obtenir tout ouvrier patient terminant à loisir une petite chose, fut accueillie assez favorablement, et les vers de huit pieds groupés en quatrains devinrent pour quelque temps un sujet d'exercice parmi les jeunes poètes.

II

La révolution de Février ne fut pas une révolution littéraire ; elle produisit plus de brochures que d'odes. La rumeur de la rue étourdissait la rêverie ; la politique, les systèmes, les utopies occupaient et passionnaient les imaginations, et les poètes se taisaient, sachant qu'ils auraient chanté pour des sourds. Cependant, de tout ce tumulte, il jaillit une figure originale : Pierre Dupont. Il réalisa à peu près l'idéal qu'on se faisait d'un poète populaire, et fut l'Auguste Barbier de cette révolution, bien qu'il n'y eût aucun rapport entre ses *Chansons* et les *Iambes*. Pierre Dupont, quelque temps avant Février, avait obscurément cherché sa voie et essayé plusieurs sentiers qui l'éloignaient du but. Laissant, enfin, les imitations et les formes convenues, il osa être lui-même et inventa une chanson nouvelle qui ne doit rien à Béranger et semble d'abord étrangère à l'art, quoiqu'il y en ait du plus fin et du plus délicat, caché sous une apparente rusticité. Cette chanson n'a pas l'air d'être faite par un homme de lettres dans son cabinet. Elle rappelle les cantilènes des paysans suivant leurs charrues, des pâtres gardant leurs troupeaux, des filles tournant leurs fuseaux au seuil des chaumières, des compagnons faisant leur tour de France, ou des mères endormant leurs nourrissons.

Ces chansons-là, où l'âme du peuple balbutie ses secrets sentiments dans une langue naïve, incomplète et charmante comme celle de l'enfance, se font toutes seules, sur des vieux thèmes toujours jeunes et aussi anciens que le monde. L'air naît avec les paroles d'un soupir de pipeau, d'une plainte du vent, d'une roulade du rossignol ou d'un trille de l'alouette. Un bouvreuil dans la haie siffle la rime qui manque, et si la rime ne vient pas, on s'en passe ou on la remplace par une vague assonance. Quel poète de profession n'a parfois jalousé ces couplets d'une grâce si naturelle et si touchante, et ne s'est dit qu'il donnerait volontiers ses plus beaux bouquets composés avec d'éclatantes fleurs de serre, pour une de ces poignées d'herbes des champs mêlées de fleurettes sauvages au parfum agreste !

Le mérite de Pierre Dupont est d'avoir donné cette saine et fraîche impression à un public animé de passions brûlantes. Il a fait apparaître la nature au milieu de l'émeute et reporté la pensée aux calmes horizons. Sa chanson des *Bœufs* a eu une vogue immense, vogue dont elle était digne, chose rare, car souvent le peuple s'engoue de quelque inepte refrain. Toute la France, vers ce temps-là, a chanté d'une voix plus ou moins juste a les grands bœufs blancs marqués de roux. » C'était à la fois une chanson de paysan et de poète, où un sentiment énergique s'exprimait avec des images naïvement charmantes et tirées de la vie champêtre dans un style d'un fin travail, dont l'artifice ne se laissait pas voir.

La Musette est dans son genre un petit chef-d'œuvre, une sorte d'idylle de Théocrite en couplets d'un ton plus humble et plus familier. À entendre le poète donnant des conseils sur la peau et le bois à choisir, sur la manière de percer les trous des tuyaux à leur juste place et la façon de faire dire à l'instrument gonflé par le souffle d'une poitrine humaine les douleurs, les joies et les amours, on dirait un Faune enseignant à un berger d'églogue l'art de joindre avec de la cire les roseaux d'une flûte de Pan. Mais n'allez pas croire à une imitai ion ou à une réminiscence classique. La chanson est telle qu'un pâtre la pourrait chanter en surveillant ses chèvres du haut d'une roche. Pas un mot littéraire n'y détone, et cependant l'art est satisfait. *Les Louis d'or, la Véronique, le Repos du soir*, sont de charmantes inspirations, ainsi que d'autres morceaux peignant la vie des champs avec une sincérité de couleur qui n'exclut ni la grâce ni la poésie. Il y a du Burns chez Pierre Dupont. Sa pensée, habituée au spectacle de la nature, prend aisément un tour rêveur et contemplatif ; mais l'auteur des *Bœufs* n'est pas seulement un poète bucolique qui, dans son vallon de Tempé, reste étranger aux agitations des villes ou n'en perçoit que de lointaines rumeurs, comme les bergers de Virgile se demandant sous l'ombrage ce que peut bien être cette Rome dont on parle tant. Pierre Dupont vivait en pleine fournaise sur le cratère même du volcan, et chaque événement politique lui inspirait un chant dont il composait l'air, et qu'il chantait lui-même comme un aède antique dans les réunions, les clubs et les ateliers, d'une voie pure et sonore, que bientôt la fatigue brisa, car on lui redemandait sans cesse ces stances dont le refrain était souvent repris en chœur, dès le second couplet, par l'assistance enthousiasmée. On eut ainsi pendant quelques mois ce spectacle assurément original et rare dans une civilisation aussi avancée que la nôtre, d'un poète accomplissant sa fonction d'une façon directe, et communiquant en personne avec le public au lieu de confier son inspiration au livre. Il ne lui manquait que la lyre primitive faite d'une écaille de tortue et de cornes de bœuf.

La chanson politique de Pierre Dupont contient plus d'utopie que de satire, plus de tendresse que de haine. Il rêve la fraternité, la paix universelle, l'accession de tous au bonheur. Selon lui, le glaive brisera le glaive et l'amour sera plus fort que la guerre. L'étreinte de la lutte est une sorte d'embrassement, et les peuples qui se sont combattus sont bien près de s'aimer. À travers toutes ces chimères aU moins généreuses reparait toujours l'aspiration à la vie champêtre. Le sentiment profond de la nature perce au milieu d'un couplet qui veut être socialiste. Le *Chant des ouvrions*, qui ressemble sous plus d'un rapport à la fameuse chanson des *Gueux* de Béranger, et qui exprime avec une insouciance joyeuse et mélancolique la solidarité des braves cœurs dans la misère, renferme une note toute particulière et spéciale à Pierre Dupont. Ce cri soudain :

Nous nous plairions au grand soleil
    Et sous les rameaux verts des chênes !

enlève l'âme du milieu sombre où elle se trouve. Une bouffée d'air pur et un gai rayon de lumière entre dans ces taudis sombres faits pour loger des hiboux plutôt que des hommes. Ce coup d'aile vers l'azur manque à la chanson de Béranger, d'un tour si net d'ailleurs et d'un rhythme si entraînant.

À ce moment, et sans fol éblouissement d'orgueil, Pierre Dupont put se dire un poète populaire et national. Il croyait avoir à jamais mêlé son nom à la grandeur des choses ou du moins à ce qui paraissait grand alors ; mais dans l'art les événements passent, et la beauté seule reste. La Muse est jalouse ; elle a la fierté d'une déesse et ne reconnaît que son autonomie. Il lui répugne d'entrer au service d'une idée, car elle est reine, et dans son royaume tout doit lui obéir. Elle n'accepte de mot d'ordre de personne, ni d'une doctrine ni d'un parti, et si le poète, son maître, la force à marcher en tête de quelque bande chantant un hymne ou sonnant une fanfare, elle s'en venge tôt ou tard. Elle ne lui souffle plus ces paroles ailées qui bruissent dans la lumière comme des abeilles d'or, elle lui retire l'harmonie sacrée, le nombre mystérieux, elle fausse le timbre de ses rimes et laisse s'introduire dans ses vers des phrases de plomb prises au journal ou au pamphlet. Ce n'est pas qu'elle se refuse absolument à l'inspiration contemporaine ; elle peut être émue des grands événements et jeter dans l'ode un cri sublime, mais elle veut garder la liberté d'aller à ses heures écouter dans les bois les voix éternelles de la nature ou reprendre grain à grain le chapelet de ses souvenirs. Elle fera toujours aux partis la fière réponse du poète allemand Lenau.

« La poésie alla dans le bois profond, cherchant les sentiers sacrés de la solitude : soudain s'abat autour d'elle un bruyant essaim qui crie à la rêveuse : « Que cherches-tu ici ? laisse donc briller les fleurs, murmurer les arbres, et cesse de semer çà et là de tendres plaintes impuissantes, car voici venir une école virile et faite pour les armes ! Ce ne sont pas les bois qui t'inspireront un chant énergique. Viens avec nous, mets tes forces au service de notre cause ; des éloges dans nos journaux récompenseront généreusement chaque pas que tu feras pour nous. Élève-toi à des efforts qui aient pour but le bonheur du monde ; ne laisse pas ton cœur se rouiller dans la solitude ; sors enfin de tes rêves ; deviens sociale ; fais-toi la fiancée de l'action, sans quoi tu te rideras comme une vieille fille ! »

« La poésie répondit : « Laissez-moi : vos efforts me sont suspects ; vous prétendez affranchir la vie et vous n'accordez pas à l'art la liberté ! Les fleurs n'ont jamais fait de mensonge ; bien plus sûrement que vos visages bouleversés parla fureur, leurs fraîches couleurs m'annoncent que la profonde blessure de l'humanité va se guérir. Le murmure prophétique des bois me dit que le monde sera libre ; leur murmure me le crie plus intelligiblement que ne le font vos feuilles avec tout leur fracas de mots d'où l'âme est absente, avec toutes leurs fanfaronnades discréditées. Si cela me plaît, je cueillerai ici des fleurs : si cela me plaît, à la liberté un chant, mais jamais je ne me laisserai enrôler par vous. » Elle dit et tourna le dos à la troupe grossière. »

Pierre Dupont n'eut pas le mépris hautain de Lenau pour cette popularité du moment ; il fit chanter à sa muse le refrain voulu, mais il n'y gagna pas grand-chose.

Peu à peu tout ce tumulte s'apaisa. Ces refrains qui vous poursuivaient de la rue au théâtre, comme un motif obsesseur dont on ne peut se débarrasser et qu'on entend toujours bourdonner à son oreille, cessèrent de voltiger sur la bouche des hommes. Le silence se fit autour du poète. À la vogue méritée succéda l'oubli injuste. L'ombre descendit sur le front où la popularité semblait avoir posé un laurier éternel. D'autres préoccupations s'emparèrent des esprits ;

mais Pierre Dupont gardera cette gloire d'avoir cru à la poésie lorsque tout le monde se tournait vers la politique.

Un nouveau poète n'allait pas tarder à surgir, et si dans Pierre Dupont on sentait palpiter l'époque où il a chanté, il serait impossible d'assigner aucune date aux *poèmes antiques* de Leconte de Lisle, dont s'émurent tout de suite ceux qui, en France, sont sensibles encore à l'art sérieux. Rien de plus hautement impersonnel, de plus en dehors du temps, de plus dédaigneux de l'intérêt vulgaire et de la circonstance. Tout ce qui peut attirer et charmer le public, l'auteur semble l'avoir évité avec une pudeur austère et une fierté résolue. Aucune coquetterie, aucune concession au goût du jour. Profondément imprégné de l'esprit antique, Leconte de Lisle regarde les civilisations actuelles comme des variétés de décadence et, ainsi que les Grecs, donnerait volontiers le titre de barbares aux peuples qui ne parlent pas l'idiome sacré. Gœthe, l'olympien de Weimar, n'eut pas, même à la fin de sa vie, une plus neigeuse et plus sereine froideur que n'en montra ce jeune poète à ses débuts, et pourtant Leconte de Lisle est créole ; il est né sous ce climat incandescent où le soleil brûle, où les fleurs enivrent, conseillant les vagues rêveries, la paresse et la volupté. Mais rien n'a pu amollir cette forte et tranquille nature dont l'enthousiasme est tout intellectuel et pour laquelle le monde n'existe que transposé sous des formes pures dans la sphère éternelle de l'art.

Après une période où la passion avait été en quelque sorte divinisée, où le lyrisme effaré donnait ses plus grands coups d'aile parmi les nuages et les tonnerres, où les poètes hasardeux montant Pégase à cru lui jetaient la bride sur le col et ne se servaient que des éperons, c'était une nouveauté étrange que ce jeune homme venant proclamer presque comme un dogme l'impassibilité et en faisant un des principaux mérites de l'artiste.

Le volume des *poèmes antiques* s'ouvre par une pièce adressée à la belle Hypatie, cette sainte païenne qui souffrit le martyre pour les anciens dieux. Hypatie est la muse de Leconte de Lisle et représente admirablement le sens de son inspiration. Elle avait droit à être invoquée par lui au commencement de ses poèmes, et il lui devait bien le premier de ses chants. Il a comme elle le regret de ses dieux superbes, les plus parfaits symboles de la beauté, les plus magnifiques personnifications des forces naturelles, et qui, déchus de l'Olympe, n'ayant plus de temples ni d'adorateurs, règnent encore sur le monde par la pureté de la forme. À l'antique mythologie, le poète moderne, qui eût dû naître à Athènes au temps de Phidias, mêle les interprétations platoniciennes et alexandrines. Il retrouve sous les fables du paganisme les idées primitives oubliées déjà, et comme l'empereur Julien, il le ramène à ses origines. Il est parfois plus Grec que la Grèce, et son orthodoxie païenne ferait croire qu'il a été, ainsi qu'Eschyle, initié aux mystères d'Eleusis. Singulier phénomène à notre époque qu'une âme d'où toute idée moderne est absolument bannie. Dans son fervent amour de l'hellénisme, Leconte de Lisle a rejeté la terminologie latine adaptée aux noms grecs, on ne sait trop pourquoi, et qui enlève à ces mots si beaux en eux-mêmes une partie de leur sonorité et de leur couleur. Chez lui Jupiter redevient Zeus, Hercule Héraclès, Neptune Poséidon, Diane Artémis, Junon Héré, et ainsi de suite. Le centaure Chiron a repris le *k*, qui lui donne un aspect plus farouche, et les noms de lieux ne se produisent dans les vers du poète qu'avec leur véritable orthographe et leurs épithètes traditionnelles. Ce sont là sans doute des détails purement extérieurs, mais qui ne sont pas indifférents. Ils ajoutent à la beauté métrique par leur harmonie et leur nouveauté ; leurs désinences inusitées amènent en plusieurs endroits des rimes imprévues, et dans notre poésie, privée de brèves et de longues, c'est un bonheur qu'une surprise de ce genre ; l'oreille qui attend un son aime à être trompée par une résonance d'un timbre antique. Peut-être Leconte de Lisle pousse-t-il la logique de son système trop loin lorsqu'il appelle les parques les *moires*, les destinées les *kères*, le ciel *ouranos*. Il serait plus simple alors d'écrire en grec ; mais bientôt l'on se fait à ces restitutions des noms antiques qui occupent d'abord un peu l'œil, et l'on jouit sans effort et sans fatigue de cette poésie austère, noble et pure, qui produit l'effet d'un temple d'ordre dorique découpant sa blancheur sur un fond de montagnes violettes ou sur un pan de ciel bleu. Quelquefois, non loin du temple, des statues de héros, de déesses ou de nymphes, ayant derrière elles des massifs de myrtes et de lauriers-roses, dessinent leur beauté chastement nue dans la chair étincelante du Paros. C'est tout l'ornement que le sobre artiste se permet.

Le grec d'André Chénier, quoiqu'il respire le plus pur sentiment de l'antiquité, est encore mêlé de latin comme un passage d'Homère imité par Virgile, comme une ode de Pindare qu'aurait traduite Horace. L'hellénisme de Leconte de Lisle est plus franc et plus archaïque ; il jaillit directement des sources, et il ne s'y mélange aucun flot moderne. Certains de ses poèmes font l'effet d'être traduits d'originaux grecs ignorés ou perdus. On n'y trouve pas la grâce ionienne qui fait le charme du *Jeune malade*, mais une beauté sévère, parfois un peu froide et presque éginétique, tellement le poète est rigoureux pour lui-même. Ce n'est pas lui qui ajouterait trois cordes à la lyre, comme Terpandre ; les quatre cordes primitives lui suffisent. Peut-être même Leconte de Lisle est-il trop sévère, car il y a, ce nous semble, dans le génie grec quelque chose de plus ondoyant, de plus souple et de moins résolument arrêté.

Il se dégage des vers de Leconte de Lisle, en dépit de ses aspirations antiques, un sentiment qu'on ne rencontre pas dans la poésie grecque et qui lui est personnel. C'est un désir d'absorption au sein de la nature, d'évanouissement dans l'éternel repos, de contemplation infinie et d'immobilité absolue qui touche de bien près au *nirvana* indien. Il proscrit la passion, le drame, l'éloquence, comme indignes de la poésie, et de sa main droite il arrêterait volontiers le cœur dans la poitrine marmoréenne de la Muse. Le poète, selon lui, doit voir les choses humaines comme les verrait un dieu du haut de son Olympe, les réfléchir sans intérêt dans ses vagues prunelles et leur donner, avec un détachement parfait, la vie supérieure de la forme : telle est, à ses yeux, la mission de l'art. De semblables doctrines font bientôt quitter le Pinde pour le mont Mérou et l'Ilissus pour le Gange. Aussi aux poèmes helléniques succèdent des poèmes indous, où des noms harmonieusement bizarres s'épanouissent comme des lotus et résonnent comme les grelots d'or aux chevilles de Vasantaséna. L'hymne orphique est coudoyé par l'hymne védique ; Çurya, Bhagavat, Çunacépa, Viçvamitra, Çanta, déroulent les vagues cosmogonies indiennes en vers magnifiques tantôt constellés d'images qui ressemblent aux pierreries et aux perles semées sur le vêtement des maharadjahs, tantôt inextricablement touffus comme les jungles où se rase le tigre, où se lève le cobra capello, où le singe descendant d'Hanouman rit et grince des dents, suspendu aux lianes ; mais toujours par quelque trouée, apparaît la pensée sereine du poète dominant son œuvre comme le sommet blanc d'un Himalaya, dont aucun soleil, même celui de l'Inde, ne saurait fondre la neige éternelle et immaculée.

Nous l'avons dit, Leconte de Lisle est créole, et, quoiqu'il n'ait pas subi l'énervante influence du climat, il excelle à reproduire cette nature si riche et si colorée avec sa flore, dont les noms résonnent voluptueusement à l'oreille comme de la musique, et semblent répandre des parfums inconnus. *La ravine Saint-Gilles, le Manchy, le Sommeil du condor expriment avec un éclat incomparable ce monde étincelant, où les fleurs s'épanouissent au milieu d'une fraîcheur embrasée.*

Mais le chef-d'œuvre peut-être du poète est une pièce intitulée Midi, que sait par cœur quiconque en France aime encore les vers. La scène semble se passer dans un paysage de la Provence, de l'Italie méridionale ou de l'Afrique du Nord, car ce n'est plus la luxuriante végétation des forêts vierges, mais le feuillage sobre et la ligne accusée de l'Europe. Midi, l'heure de l'implacable clarté et du soleil vertical versant ses rayons plombés sur la terre silencieuse, l'heure qui ne laisse à l'ombre qu'une étroite ligne bleue au bord des bois où rêvent les bœufs agenouillés dans l'herbe. Midi convient à ce poète ferme et précis, ennemi des contours vaporeux et fuyants. Il sait en rendre, mieux que personne ne l'a fait avant lui, l'accablement lumineux et la sereine tristesse. Dans ses vers, la flamme de l'atmosphère semble danser aux chants des cigales ; mais le poète ne demande aucune consolation à la nature indifférente et morne ; il n'implore d'elle que son éternel repos et son néant divin.

La Grèce, l'Inde et la nature tropicale ne retiennent pas exclusivement Leconte de Lisle ; il fait de nombreuses excursions dans les mythologies du Nord ; il feuillette les runes et les sagas, et dans ses poèmes barbares on le prendrait pour un scalde chantant la guerre avant la bataille, car il s'assimile avec une aisance merveilleuse le sentiment, la forme et la couleur des poésies primitives. Retiré dans sa fière indifférence du succès ou plutôt de la popularité, Leconte de Lisle a réuni autour de lui une école, un cénacle, comme vous voudrez l'appeler, de jeunes poètes qui l'admirent avec raison, car il a toutes les hautes qualités d'un chef d'école, et qui l'imitent du mieux qu'ils peuvent, ce dont on les blâme à tort, selon nous, car celui qui n'a pas été disciple ne sera jamais maître, et quoi qu'on en puisse dire, la poésie est un art qui s'apprend, qui a ses méthodes, ses formules, ses arcanes, son contre-point et son travail harmonique. L'inspiration doit trouver sous ses mains un clavier parfaitement juste, auquel ne manque aucune corde.

On peut regarder Leconte de Lisle comme une des plus fortes individualités poétiques qui se soient produites dans cette dernière période : il a son cachet partout reconnaissable. Si le fond de son talent est antique, s'il relève, dans une certaine proportion, d'André Chénier, d'Alfred de Vigny et de Laprade, et s'il a profité des perfectionnements apportés dans la métrique et le rhythme par la nouvelle école, il possède un coin à son effigie avec lequel il frappe toute sa monnaie, qu'elle soit d'or, d'argent ou de bronze.

BIEN QU'IL se rattache par ses admirations et la nature de son talent à la grande école de 1830, Louis Bouilhet appartient par son âge et son début à la période actuelle. Il s'est laissé détourner de la poésie pure par le théâtre, où le brillant accueil qu'il a reçu le retiendra peut-être toujours. Mais il n'en a pas moins fait trois volumes de vers qui eussent suffi à sa réputation, quand même il n'eut pas abordé la scène, où la lumière se fait si vite sur un nom parfois obscur la veille. Le premier de ces recueils, intitulé Melænis, est un poème d'assez longue haleine pour remplir à lui seul le volume. Le cas vaut la peine d'être noté dans ce temps d'inspirations élégiaques, lyriques, intimes et presque toujours personnelles. Les poèmes sont rares parmi les livres de vers, presque toujours composés de pièces détachées. En général, la composition est assez négligée par les poètes modernes, qui se fient trop aux hasards heureux de l'exécution et à ces beautés de détail qu'amènent quelquefois la recherche ou la rencontre des rimes ; car, de même qu'un motif jaillit sous les doigts du musicien laissant errer ses doigts sur les touches, une idée, une image résultent souvent des chocs de mots évoqués pour les nécessités métriques.

Melænis est un poème romain où se révèle, dès les premiers vers, une familiarité intime avec la vie latine. L'auteur se promène dans la Rome des empereurs sans hésiter un instant, du quartier de Saburre au mont Capitolin. Il connaît les tavernes où, sous la lampe fumeuse, boivent, se battent et dorment les histrions, les gladiateurs, les muletiers, les prêtres saliens et les poètes, pendant que danse quelque esclave syrienne ou gaditane. Il a pénétré dans le laboratoire des pâles Canidies, ténébreuse officine de philtres et de poisons, et sait par cœur les incantations des sorcières thessaliennes. S'il vous fait asseoir sur le lit de pourpre d'un banquet chez un riche patricien, croyez que Lucullus, Apicius ou Trimalcion ne trouveraient rien à redire au menu. Pétrone, l'arbitre des élégances et l'intendant des plaisirs de Néron, n'ordonne pas une orgie avec une volupté plus savante, et quand Paulus, le héros du poème, oublieux, déjà de Melænis, la belle courtisane amoureuse, quitte le triclinium pour errer dans le jardin mystérieux où l'attend Marcia, la jeune femme de l'édile, le vers, qui, tout à l'heure, s'amusait à rendre avec un sérieux comique les bizarres somptuosités de la cuisine romaine ou les grimaces grotesques du nain Stellio, devient tout à coup tendre, passionné, baigné de parfums, azuré par des reflets de clair de lune, opposant sa douce lueur bleuâtre au rouge éclat de la salle du festin. Mais nous n'avons pas à faire l'analyse de *Melænis*, l'espace nous manque pour cela. Qu'il nous suffise de dire que Louis Bouilhet, dans le cadre d'une histoire romanesque, a fait entrer de nombreux tableaux de la vie antique, où la science de l'archéologue ne nuit en rien à l'inspiration du poète. Melænis est écrite dans celle stance de six vers à rime triplée qu'a employée souvent l'auteur de Namouna, et nous le regrettons, car cette ressemblance purement métrique a fait supposer chez Bouilhet l'imitation volontaire ou involontaire d'Alfred de Musset, et jamais poètes ne se ressemblèrent moins. La manière de Bouilhet est robuste et imagée, pittoresque, amoureuse de couleur locale ; elle abonde envers pleins, drus, spacieux, soufflés d'un seul jet, pour nous servir des expressions de Sainte-Beuve dans ses remarques si fines sur les différences de la poésie classique et de la poésie romantique, qui accompagnent l'œuvre de Joseph Delorme.

Les Fossiles, le titre l'indique assez, ont pour sujet le monde antédiluvien, avec sa population de végétaux étranges et de bêtes monstrueuses, informes ébauches du chaos s'essayant à la création. Bouilhet a tracé dans cette œuvre, la plus difficile peut-être qu'ait tentée un poète, des tableaux d'une bizarrerie grandiose, où l'imagination s'étaye des données de la science, en évitant la sécheresse didactique.

Comme si ce n'était pas assez des difficultés naturelles du sujet, l'auteur s'est interdit tout terme technique, tout mot qui rappellerait des idées postérieures. Les ptérodactyles, les plésiosaures, les mammouths, les mastodontes apparaissent, se dégageant du chaud limon de la planète à peine refroidie et dont les volcans crèvent la croûte, rondelles fusibles du feu central, évoqués par une description puissante, mais innomés ; on les reconnaît seulement à leur forme et à leur allure. Rien de plus terrible que leurs amours et leurs combats à travers les végétaux gigantesques de la première période, au bord de la mer bouillonnante, dans une atmosphère chargée d'acide carbonique et sillonnée par les foudres de nombreux orages. Le colossal, l'énorme, le bizarre, tout ce qui est empreint d'une couleur étrange et splendide attire M. Bouilhet, et c'est à la peinture de tels sujets qu'est surtout propre son hexamètre large, sonore et puissant, d'une facture vraiment épique, qui rappelle parfois la matière ample et forte de Lucrèce. L'apparition du premier couple humain clôt le poème, et l'auteur, prévoyant dans l'avenir de nouvelles révolutions cosmiques, salue l'avénement d'un Adam nouveau, personnification d'une humanité supérieure. Dans son volume *Festons et Astragales*, Louis Bouilhet se livre à tous les caprices d'une fantaisie vagabonde. En de courtes pièces, il résume la couleur d'une civilisation ou d'une barbarie. L'Inde, l'Egypte, la Chine, peintes avec quelques traits caractéristiques, y figurent tour à tour dans tout l'éclat de leur bizarrerie. Les sujets modernes semblent moins favorables à la verve du poète, quoique Festons et Astragales contiennent quelques pièces personnelles d'un tour vif et d'un sentiment exquis.

C'est presque au lendemain de la révolution de Février, quand à peine les pavés des barricades étaient remis en place, que fut représentée à l'Odéon la *Fille d'Eschyle*, de Joseph Autran, et avec un succès qui l'emporta sur les graves préoccupations politiques du moment.

Nous transcrivons ici les quelques lignes servant de début à notre feuilleton du 27 mars 1848 ; elles donnent la note juste de l'impression ressentie à cette fiévreuse époque. « Du premier coup, M. J. Autran a conquis l'escabeau d'ivoire sous le portique de marbre blanc où trônent les demi-dieux de la pensée. Ces Grecs de Marseille qui habitent une rive dorée entre le double azur du ciel et de la mer, ont de naissance la familiarité de l'antique : le rhythme, le nombre, l'harmonie leur sont naturels ; d'une sensualité athénienne à l'endroit du beau, ils ont un amour de la forme plastique rare en France, où Ton est plus penseur qu'artiste. Marseille est la patrie de la rime riche, des épithètes sonores, de l'alexandrin musical. Là, les poètes ont encore une lyre et improviseraient aisément leurs vers sur quelque promontoire, en face des flots et du soleil, au milieu d'un cercle d'auditeurs, comme sur le cap Sunium ou le môle de Naples. »

La couronne de l'Académie confirma le jugement du public, et la *Fille d'Eschyle* put mettre le laurier sur le front de son père, injustement vaincu par d'indignes rivaux à son dernier combat tragique.

Nous n'avons ici à nous occuper que de la poésie proprement dite, en dehors de la forme scénique ; mais il fallait bien mentionner cette élégante et noble tragédie, sculptée dans le plus pur marbre pentélique, et que l'auteur appelle modestement « étude, » puisque c'est au théâtre que le poète s'est produit pour la première fois d'une façon si brillante.

Après un tel triomphe, car l'auteur, rappelé par les cris d'enthousiasme de toute la salle, fut obligé de paraître sur la scène tout tremblant et comme effrayé de son succès, il faut une rare philosophie et un bien pur amour de l'art pour rentrer dans l'ombre studieuse et rimer loin de la foule, comme un poète inconnu.

Il faut le dire, la *Fille d'Eschyle* n'était pas la première œuvre du poète ; il avait lancé, de 1835 à 1840, quelques ballons d'essai que l'œil distrait de la foule avait laissés se perdre dans l'azur ou dans le nuage. On n'arrive guère chez nous à la notoriété soudaine que par le théâtre, et Autran, malgré sa réussite à l'Odéon, était encore plus un poète lyrique qu'un poète dramatique.

Né au bord de la Méditerranée, il avait eu tout enfant l'œil rempli de cet azur amer, plus pur encore que celui du ciel. Il aimait les vagues venant briser en écume d'argent leurs volutes harmonieuses, qui se succèdent, avec régularité comme de belles rimes aux syllabes sonores, les voiles fuyant à l'horizon, pareilles à des plumes de colombe, les fanaux des pêcheurs illuminant les flots sombres et faisant lutter leurs reflets rouges contre les lueurs bleues de la lune, et cette idée lui vint que, jusqu'à ce jour, la mer n'avait pas eu de poète spécial. Sans doute, Homère, Virgile la donnent pour fond à leurs figures ; mais ils en parlent plutôt avec un respect craintif qu'avec un véritable enthousiasme lyrique.

Les passages où ils font allusion à l'élément *perfide* et *stérile* ne sont pas des *marines* dans le vrai sens du mot. Byron, de tous les poètes, celui qui aime le mieux la mer, lui adresse souvent de belles strophes, et, dans son épopée semi-séria, il a peint un naufrage avec une vérité étonnante. La barque de don Juan vaut bien le radeau de la Méduse ; mais Byron n'est pas, non plus que Delacroix, qui a tiré des octaves du noble lord un si admirable tableau, un peintre spécial de marines. J. Autran a voulu combler cette lacune en publiant vers 1852 les *Poèmes de la mer*, où il la représente sous tous ses aspects, lumineuse et sereine, écumante et sombre, dans le calme ou la tempête, dorée par le soleil, argentée par la lune, roulant dans ses plis une feuille du laurier de Virgile ou une orange de Sorrente, effleurée au vol de la mouette, sillonnée de barques aux voiles blanches, belle de sa beauté fluide et multiforme qui se défait et se refait sans cesse, et cela, non pas d'une manière sèche et didactique à la façon des vieux poèmes descriptifs, mais avec l'âme humaine mêlée à l'immensité et plus grande qu'elle encore.

Dans la préface de ce livre, l'auteur semble se tracer sa tâche pour l'avenir, tâche qu'il a remplie déjà avec une fidélité que n'ont pas toujours les poètes. Voici ses propres paroles : « Selon nous, il est ici-bas trois grands et trois magnifiques métiers, auxquels sont dus les honneurs de la muse : l'agriculture, la guerre, la navigation. Laboureurs, soldats et maletots, telles sont les trois primordiales divisions de la famille humaine ; les trois plus considérables catégories de notre espèce laborieuse, souffrante et glorieuse, résident là tout entières. »

Laboureurs et soldats ont suivi de près *les poèmes de la mer*, et les trois grandes catégories humaines ont été célébrées en beaux vers, qui tiennent de Laprade pour la sérénité lumineuse et de Méry pour le timbre d'or des rimes. *Milranah et la Vie* rurale, qui servent de complément à Soldats et laboureurs, montrent chez le poète la persistance de l'idée émise en son premier volume.

L'école romantique a remis en honneur le sonnet, depuis si longtemps délaissé. La gloire de cette réhabilitation appartient à Sainte-Beuve, qui, dans les poésies de *Joseph Delorme*, s'écria le premier :

Ne ris pas des sonnets, ô critique moqueur !

Il en a fait lui-même qui valent de longs poèmes, car ils sont sans défauts, et depuis lors cette forme charmante, taillée à facettes comme un flacon de cristal, et si merveilleusement propre à contenir une goutte de lumière ou d'essence, a été essayée par un grand nombre de jeunes poètes. On a remarqué toutefois que Victor Hugo, le grand forgeur de mètres, l'homme à qui toutes les formes, toutes les coupes, tous les rythmes sont familiers, n'a jamais fait de sonnet ; Gœthe s'abstint aussi de cette forme pendant longtemps, ces deux aigles ne voulant sans doute pas s'emprisonner dans celle cage étroite. Cependant Gœthe céda, et tardivement il composa un sonnet qui fut un événement dans l'Allemagne littéraire.

Entre tous ceux qui aujourd'hui *sonnent le sonnet*, pour parler comme les Ronsardisants, le plus fin joaillier, le plus habile ciseleur de ce bijou rhythmique, est Joséphin Soulary, l'auteur des *Sonnets humouristiques*, imprimés, avec un soin à ravir les bibliophiles, par Perrin, de Lyon. L'écrin valait presque les diamants qu'il contenait, et avertissait qu'on avait affaire à des choses précieuses. Ce sont, en effets des joyaux rares, exquis et de la plus grande valeur, que les sonnets de Joséphin Soulary ; toutes les perles y sont du plus pur orient, tous les diamants de la plus belle eau, toutes les fleurs des nuances les plus riches et des parfums les plus suaves.

Au commencement de son livre, il compare sa Muse à une belle fille enfermant son corps souple dans un corset juste et un vêtement qui serre les formes en les faisant valoir.

L'idée entrant dans le sonnet qui la contient, l'amincit et en assure le contour, ressemble en effet à cette beauté qu'un peu de contrainte rend plus svelte, plus élégante et plus légère. Le talent de Joséphin Soulary, d'une concentration extrême, est une essence passée plusieurs fois par l'alambic et qui résume en une goutte les saveurs et les parfums qui flottent épars chez les autres poètes. Il possède au plus haut degré la concision, la texture serrée du style et du vers ; l'art de réduire une image en une épithète, la hardiesse d'ellipse, l'ingéniosité subtile et l'adresse d'emménager dans la place circonscrite qu'il est interdit de dépasser jamais, une foule d'idées, de mots et de détails qui demanderaient ailleurs des pages entières aux vastes périodes. Ceux qui aiment les lectures faciles et tournent les pages d'un doigt distrait pourraient trouver le style de Joséphin Soulary un peu obscur ou malaisé à comprendre ; mais le sonnet comporte cette difficulté savante. Pétrarque ne se lit pas couramment, et l'Italie, où l'on sait apprécier le sonnet, a envoyé au poète une médaille d'or avec cette inscription : *Giuseppe Soulary le muse francesi guida ad attingere alle Itale fonti.*

Dans un temps de fécondité débordante, c'est bien peu, nous le savons, qu'un volume de sonnets ; mais nous préférons à des bibliothèques de gros volumes d'un intérêt mélodramatique cette fine étagère finement sculptée qui soutient des statuettes d'argent ou d'or d'un goût exquis et d'une élégance parfaite dans leur dimension restreinte, des buires d'agate ou d'onyx, des cassolettes d'émail contenant des parfums concentrés, de précieux vases myrrhins opalisés de tous les reflets de l'iris, et parfois un de ces charmants petits vases lacrymatoires d'argile antique contenant une larme durcie en perle pour qu'elle ne s'évapore pas.

Sur les confins extrêmes du romantisme, dans une contrée bizarre éclairée de lueurs étranges, s'est produit, quelque peu après 1848, un poète singulier, Charles

Baudelaire, l'auteur des Fleurs du mal, un recueil qui fit à son apparition un bruit dont n'est pas ordinairement accompagnée la naissance des volumes de vers. *Les Fleurs du mal* sont en effet d'étranges fleurs, ne ressemblant pas à celles qui composent habituellement les bouquets de poésies. Elles ont les couleurs métalliques, le feuillage noir ou glauque, les calices bizarrement striés, et le parfum vertigineux de ces fleurs exotiques qu'on ne respire pas sans danger. Elles ont poussé sur l'humus noir des civilisations corrompues, ces fleurs qui semblent avoir été rapportées de l'Inde ou de Java, et le poète se plaît à les cultiver de préférence aux roses, aux lis, au jasmins, aux violettes et aux vergiss-mein-nicht, innocente flore des petits volumes à couverture jaune paille ou gris de perle. Baudelaire, il faut l'avouer, manque d'ingénuité et de candeur ; c'est un esprit très subtil, très raffiné, très paradoxal, et qui fait intervenir la critique dans l'inspiration. Sa familiarité de traducteur avec Edgar Poe, ce bizarre génie d'outre-mer qu'il a le premier fait connaître en France, a beaucoup influé sur son esprit, amoureux des originalités voulues et mathématiques. Virgile a été l'auteur de Dante, Edgar Poe a été l'auteur de Baudelaire, et le *Corbeau* du poète américain semble parfois croasser son irréparable *Never, oh ! never more*, dans les vers du poète parisien ; car, bien qu'il ait voyagé aux Indes pendant sa première jeunesse, Baudelaire appartient à Paris, où s'est passée sa vie presque entière et où il vient de s'éteindre, hélas ! bien jeune encore. Comme Edgar Poe, il croit à la perversité native. Par perversité il faut entendre cet instinct étrange qui nous pousse en dépit de notre raison à des actes absurdes, nuisibles ou dangereux, sans autre motif que : « Cela ne se doit pas, » cette méchanceté gratuite, et cette rébellion secrète qui, au milieu des joies du paradis, fit écouler à la première femme les suggestions du serpent, conseils perfides que l'humanité a trop bien retenus.

Du reste, le poète n'a aucune indulgence pour les vices, les dépravations et les monstruosités qu'il retrace avec le sang-froid d'un peintre de musée anatomique. Il les renie comme des infractions au rhythme universel ; car, en dépit de ces excentricités, il aime l'ordre et la norme. Impitoyable pour les autres, il se juge non moins sévèrement lui-même ; il dit avec un mâle courage ses erreurs, ses défaillances, ses délires, ses perversités, sans ménager l'hypocrisie du lecteur atteint en secret de vices tout pareils. Le dégoût des misères et des laideurs modernes le jette dans un spleen à faire paraître Young folâtre.

Quoiqu'il aime Paris comme l'aimait Balzac, qu'il en suive, cherchant des rimes, les ruelles les plus sinistrement mystérieuses à l'heure où les reflets des lumières changent les flaques de pluie en mares de sang, et où la lune roule sur les anfractuosités des toits noirs comme un vieux crâne d'ivoire jaune, qu'il s'arrête parfois aux vitres enfumées de bouges, écoutant le chant rauque de l'ivrogne et le rire strident de la prostituée, ou sous la fenêtre de l'hôpital pour noter les gémissements du malade dont l'approche d'une aurore blafarde comme lui avive les douleurs, souvent des récurrences de pensée le ramènent vers l'Inde, son paradis de jeunesse, par une percée de souvenir ; on aperçoit comme aux féeries, à travers une brume d'azur et d'or, des palmiers qui se balancent sous un vent tiède et balsamique, des visages bruns, aux blancs sourires, essayant de distraire la mélancolie du maître.

Si les artifices de la coquetterie parisienne plaisent au poète raffiné des *Fleurs du mal,* il ressent une vraie passion pour la singularité exotique. Dans ses vers dominant les caprices, les infidélités et les dépits, reparaît opiniâtrement une figure étrange, une Vénus coulée en bronze d'Afrique, fauve, mais belle, *nigra sed formosa,* espèce de madone noire dont la niche est toujours ornée de soleils en cristal et de bouquets en perles ; c'est vers elle qu'il revient après ses voyages dans l'horreur, lui demandant sinon le bonheur, du moins l'assoupissement et l'oubli. Cette sauvage maîtresse, muette et sombre comme un sphinx, avec ses parfums endormeurs et ses caresses de torpille, semble un symbole de la nature ou de la vie primitive, à laquelle retournent les aspirations de l'homme las des complications de la vie civilisée dont il ne pourrait se passer peut-être.

Nous ne pouvons pas analyser en détail dans un cadre nécessairement restreint ce volume d'une bizarrerie si profonde. Chaque poésie est réduite par ce talent concentrateur en une goutte d'essence renfermée dans un flacon de cristal taillé à mille facettes : essence de rose, haschich, opium, vinaigre ou sel anglais qu'il faut boire ou respirer avec précaution, comme toutes les liqueurs d'une exquisité intense.

Nous citerons *les Petites Vieilles*, fantaisie singulière, où, sous les délabrements de la misère, de l'incurie ou du vice, l'auteur retrouve avec une pitié mélancolique des vestiges de beauté, des restes d'élégance, un certain charme fané et comme une étincelle d'âme. Une des pièces les plus remarquables du volume est intitulée par le poète *Rêve parisien* : c'est un cauchemar splendide et sombre, digne des Babels à la manière noire de Martynn. Figurez-vous un paysage extra-naturel ou plutôt une perspective magique faite avec du métal, du marbre et de l'eau, et d'où le végétal est banni comme irrégulier. Tout est rigide, poli, miroitant sous un ciel sans lune, sans soleil et sans étoiles. Au milieu d'un silence d'éternité montent, éclairés d'un feu personnel, des palais, des colonnades, des tours, des escaliers, des châteaux d'eau, d'où tombent comme des rideaux de cristal des cascades pesantes. Des eaux bleues s'encadrent comme l'acier des miroirs antiques dans des quais ou des bassins d'or bruni, ou coulent sous des ponts de pierres précieuses ; le rayon cristallisé enchâsse le liquide, et les dalles de porphyre des terrasses reflètent les objets comme des glaces. Le style de cette pièce a le brillant et l'éclat noir de l'ébène. Nous sommes loin, dans ce court poème, composé tout exprès d'éléments factices et produisant des effets contraires aux aspects habituels de la nature, des poésies naïvement sentimentales et des petites chansons de mai où l'on célèbre la tendre verdure des feuilles, le gazouillement des oiseaux et les sourires du soleil.

Baudelaire a pensé qu'il venait dans l'art une époque où tous les grands sentiments généraux et ce qu'on pourrait appeler les sublimes lieux communs de l'humanité avaient été précédemment exprimés aussi bien que possible par des poètes devenus classiques. Selon lui, il était puéril de chercher à paraître simple dans une civilisation compliquée et de faire semblant d'ignorer ce qu'on savait parfaitement bien ; il pensait qu'à l'art naturel des beaux siècles devait succéder un art souple, complexe, à la fois objectif et subjectif, investigateur, curieux, puisant des nomenclatures dans tous les dictionnaires, demandant des couleurs à toutes les palettes, des harmonies à toutes les lyres, empruntant à la science ses secrets, à la critique ses analyses, pour rendre les pensées, les rêves et les postulations du poète. Ces pensées, il est vrai, n'ont plus la fraîche simplicité du jeune âge ; elles sont subtiles, maniérées, entachées de gongorisme, bizarrement profondes, égoïstiquement individuelles, tournant sur elles-mêmes comme la monomanie et poussant la recherche du nouveau jusqu'à l'outrance et au paroxysme. Pour emprunter une comparaison à l'écrivain dont nous essayons de caractériser le talent, c'est la différence de la lumière crue, blanche et directe du midi écrasant toutes choses, à la lumière horizontale du soir incendiant les nuées aux formes étranges de tous les reflets des métaux en fusion et des pierreries irisées. Le soleil couchant, pour être moins simple de ton que celui du matin, est-il un soleil de décadence digne de mépris et d'anathème ? On nous dira que cette splendeur tardive où les nuances se décomposent, s'enflamment, s'exacerbent et triplent d'intensité, va bientôt s'éteindre dans la nuit. Mais la nuit, qui fait éclore des millions d'astres, avec sa lune changeante, ses comètes échevelées, ses aurores boréales, ses pénombres mystérieuses et ses effrois énigmatiques, n'a-t-elle pas bien aussi son mérite et sa poésie ?

Pour compléter cette physionomie, qu'on nous permette d'emprunter un morceau à une étude que nous écrivions, il y a quelques années, lorsque rien encore ne faisait présager la fin du poète qui vient de s'éteindre si tristement. Nous rendions l'effet qu'avaient produit sur nous les *Fleurs du mal* par une analogie tirée d'un auteur américain que certes Baudelaire avait dû connaître.

« On lit dans les *Contes* de Nathaniel Hawthorne la description d'un jardin singulier où un botaniste toxicologue a réuni la flore des plantes vénéneuses : ces plantes aux feuillages bizarrement découpés, d'un vert noir ou minéralement glauque, comme si le sulfate de cuivre les teignait, ont une beauté sinistre et formidable. On les sent dangereuses malgré leur charme ; elles ont dans leur attitude hautaine, provocante ou perfide, la conscience d'un pouvoir immense ou d'une séduction irrésistible ; de leurs fleurs férocement bariolées et tigrées, d'un pourpre semblable à du sang figé ou d'un blanc chlorotique, s'exhalent des parfums acres, pénétrants, vertigineux. Dans leurs calices empoisonnés, la rosée se change en aqua-tofana, et il ne voltige autour d'elles que des cantharides cuirassées d'or vert, ou des mouches d'un bleu d'acier dont la piqûre donne le charbon. L'euphorbe, l'aconit, la jusquiame, la ciguë, la belladone y mêlent leurs froids venins aux ardents poisons des tropiques et de l'Inde. Le mancenillier y montre ses petites pommes mortelles comme celles qui pendaient à l'arbre de science ; l'upa distille son suc laiteux plus corrosif que l'eau-forte. Au-dessus du jardin flotte une vapeur malsaine qui étourdit les oiseaux lorsqu'ils la traversent. Cependant la fille du docteur vit impunément au milieu de ces miasmes méphitiques ; ses poumons aspirent sans danger cet air où tout autre qu'elle et son père boirait une mort certaine. Elle se fait des bouquets de ces fleurs ; elle en pare ses cheveux ; elle en parfume son sein ; elle en mordille les pétales comme les jeunes allés font des roses. Saturée lentement des sucs vénéneux, elle est devenue elle-même un poison vivant qui neutralise tous les toxiques. Sa beauté, comme celle des plantes de son jardin, a quelque chose d'inquiétant, de fatal et de morbide ; ses cheveux d'un noir bleu tranchent sinistrement sur sa peau d'une pâleur mate et verdâtre, où éclate sa bouche qu'on croirait empourprée à quelque baie sanglante. Un sourire fou découvre ses dents enchâssées dans des gencives d'un rouge sombre, et ses yeux fascinent comme ceux des serpents. On dirait une de ces Javanaises, vampires d'amour, succubes diurnes, dont la passion tarit en quinze jours le sang, la moelle et l'âme d'un Européen. Elle est vierge cependant, la fille du docteur, et languit dans la solitude ; l'amour essaye en vain de s'acclimater à cette atmosphère hors de laquelle elle ne saurait vivre. »

La muse de Baudelaire s'est longtemps promenée dans ce jardin avec impunité ; mais un soir, faible et languissante, elle est morte en respirant un bouquet de ces fleurs fatales.

On peut mettre après Baudelaire, par une sorte de rapprochement qu'autorise leur mort prématurée et lamentable, Henri Mürger, le romancier de la bohème, qui est aussi un des types caractéristiques de ce temps. Murger a le droit de figurer dans cette étude. À travers les difficultés d'une vie d'aventures et de travail, il était poète à ses heures et il a laissé comme testament un volume de vers, la dernière publication dont il ait corrigé les épreuves. Sans doute, comme tous ceux qui ont commencé par écrire en prose, Mürger manquait de cette science profonde du rhythme qu on n'acquiert que par une longue habitude. Il n'avait pas sur le clavier poétique le doigté libre et bien rompu ; mais l'esprit, le goût elle sentiment y suppléaient. Il savait mettre dans ses vers, comme dans sa prose, cet accent ému et railleur, ce sourire qui retient une larme, celle mélancolie qui veut s'égayer et cherche en vain à rejeter le souvenir, cet esprit toujours trompé, mais jamais dupe, qui sait mieux que Shakspeare que « le nom de la fragilité est femme. » Il se distinguée par une certaine grâce féminine et nerveuse qui est bien à lui, et dont il faut lui tenir compte. Cette note prédomine sur les imitations d'Alfred de Musset, trop sensibles dans le livre. Dans ce volume il y a un chef-d'œuvre, une larme devenue une perle de poésie, nous voulons dire : « la Chanson de Musette ; » tout Mürger est là. Ces six ou cinq couplets résument son âme et sa vie, sa poétique et son talent.

Thomas Hood l'humoriste et le caricaturiste anglais, dessinait un jour le plan de son tombeau par une fantaisie jovialement funèbre, et pour toute épitaphe il y mettait ces mots : « Il fit la chanson de la Chemise. » — On pourrait écrire sur cette tombe de Murger, où la jeunesse jette ses dernières fleurs : « Il fit la chanson de Musette. »

Nous venons de parler de chansons. Dans la nouvelle école elles sont rares ; l'art de Boufflers, de Désaugiers et de Béranger est un peu dédaigné comme frivole et badin. La guitare est abandonnée pour la lyre, et Pierre Dupont lui-même visait à l'ode populaire, à la Marseillaise poétique. C'est pourtant, comme on dit, un genre bien français que la chanson, aussi français que l'opéra-comique et le vaudeville. Gustave Nadaud a fait une chanson moderne qui reste dans les limites du genre et pourtant contient les qualités nouvelles d'images, de rhythme et de style indispensables aujourd'hui. Il fait lui-même la musique de ses vers, et il les chante avec beaucoup de goût et d'expression. La chanson est une muse bonne fille qui permet la plaisanterie et laisse un peu chiffonner son fichu, pourvu que la main soit légère ; elle trempe volontiers ses lèvres roses dans le verre du poète où pétille l'écume d'argent du vin de Champagne. À un mot risqué elle répond par un franc éclat de rire qui montre ses dents blanches et ses gencives vermeilles. Mais sa gaieté n'a rien de malsain, et nos aïeux la faisaient patriarcalement asseoir sur leurs genoux. Maintenant qu'on est plus corrompu, la pudeur est naturellement plus chatouilleuse, et Gustave Nadaud a eu besoin de beaucoup d'art et de discrétion pour conserver, malgré ces scrupules, la liberté d'allures de la chanson, à laquelle il faut une pointe de gaillardise, d'enivrement bachique vrai ou feint, et d'opposition railleuse. Gustave Nadaud a souvent mêlé à cette veine, qui vient d'Anacréon en passant par Horace et en continuant par Béranger, des morceaux d'une inspiration élevée et d'un sentiment exquis que le refrain seul empêche d'être des odes. Mais bientôt il reprend le ton léger, tendre, spirituel ou comique qui convient à son instrument, car après tout Nadaud, quoique poète, est un véritable chansonnier !

Nous avons signalé les quatre ou cinq figures qui se présentent d'elles-mêmes à la mémoire et à la plume du critique dans le recensement de la poésie depuis 1848. Elles ont une originalité naturelle ou volontaire qui les distingue de la foule sans leur donner cependant de domination sur elle. Chacun de ces poètes est admiré dans son école et par une certaine portion du public, mais aucun d'entre eux n'a encore conquis cette notoriété générale qui avec le temps devient la gloire. Cela n'a rien d'injurieux pour leur talent très réel et qui à une autre époque eût attiré bien vite l'attention. Il est triste à dire qu'aujourd'hui on peut faire paraître deux ou trois volumes de vers pleins de mérite et rester parfaitement inconnu. Combien de jeunes gens sont dans ce cas, qui ont des idées, du sentiment, de la grâce, de la fraîcheur, du style et une remarquable science de versification. Ils doivent se demander avec une sorte d'étonnement pourquoi personne ne les lit, et en vérité il serait difficile de leur faire une réponse satisfaisante. L'esprit, en proie à d'autres préoccupations et tourné vers les recherches scientifiques et historiques, s'est détourné de la poésie. Les revues n'accueillent plus les vers, les journaux n'en rendent jamais compte lorsque le moindre vaudeville accapare les feuilletons les plus accrédités, et l'on ne saurait peindre l'effarement naïf d'un éditeur à qui un jeune homme propose d'imprimer un volume de vers. Deux ou trois poètes semblent suffire à la France, et la mémoire publique est paresseuse à se charger de noms nouveaux. Pourtant, au-dessous des gloires consacrées, il est des poètes qui ont du talent et même du génie, et dont les vers, s'ils pouvaient sortir de leur ombre, supporteraient la comparaison avec bien des morceaux célèbres perpétuellement cités. Chanter pour des sourds est une mélancolique occupation, mais les poètes actuels s'y résignent ; bien que parfaitement sûrs de n'être pas entendus, ils continuent à rimer pour eux et n'essayent même plus de faire arriver leurs vers au public. Ils s'exercent dans le silence, l'ombre et la solitude, comme ces pianistes qui la nuit travaillent à se délier les doigts sur des claviers muets pour ne pas importuner leurs voisins. On ne saurait trop louer ce culte de l'art, ce désintéressement parfait et cette fidélité à la poésie que la cité nouvelle semble vouloir bannir de son sein comme le faisait la république de Platon, sans toutefois la renvoyer couronnée de fleurs. Les esprits qu'on est convenu d'appeler pratiques peuvent mépriser ces rêveurs qui suivent là Muse dans les bois, cherchent tout un jour la quatrième rime d'un sonnet, le vers final d'une terzine, et rentrent contents le soir de quelques lignes dix fois raturées sur la page de leur calepin. Ils n'auront pas connu leur pur enchantement : contempler la nature, aspirer à l'idéal, en sculpter la beauté dans cette forme dure et difficile à travailler du vers, qui est comme le marbre de la pensée, n'est-ce pas là un noble et digne emploi de ce temps qu'on regarde aujourd'hui comme de la monnaie ?

Puisque nous venons de prononcer ces mots « jeunes poètes, » ouvrons un livre qu'ils ont édité eux-mêmes sous ce titre : *le Parnasse contemporain*, et qui est comme une anthologie où chaque talent a mis sa fleur. Dans ce bouquet printanier, quelques roses d'antan ont été admises, puisque nous y figurons en compagnie d'Émile et d'Antoni Deschamps ; mais ce n'est là qu'une marque de bon souvenir de jeunes débutants aux jeux du cirque pour de vieux athlètes, qui feraient peut-être bien de déposer leur ceste comme Entelle. Le ton du livre est tout à fait moderne et représente assez justement l'état actuel de la poésie. Leconte de Lisle, qui est comme le soleil central de ce système poétique et autour duquel gravitent des astres implanés assez nombreux, sans compter les comètes vagabondes un instant influencées et bientôt reprenant leur ellipse immense à travers le bleu sombre, se présente avec cinq ou six pièces qui caractérisent bien les notes diverses de son talent. Le *Rêve du jaguar* est un de ces tableaux de nature tropicale qu'il peint de si vigoureuses couleurs : la Véranda, sorte de sixtine dont certaines rimes reviennent comme des refrains, a le charme d'une incantation ; Ekhidna respire un hellénisme archaïque et farouche ; Ekhidna, cette fille monstrueuse et superbe de Kallirhoé et de Klirysaor, montre à l'entrée de sa grotte, pour attirer les hommes, sa tête à la beauté fascinante, ses bras plus blancs que ceux d'Héré, et sa gorge semblable à du marbre du Paros, tandis que dans l'ombre de la caverne traîne son ventre squameux sur les ossements polis comme de l'ivoire des amants dévorés. Le *Cœur d'Hialmar,* morceau d'une sauvagerie Scandinave, où le héros mourant sur le champ de bataille invite le corbeau à lui prendre dans la poitrine son cœur rouge et fumant pour le porter à la blanche fille d'Ymer, semble dicté par une Walkyrie ! et la *Prière pour les morts,* hymne védique d'une profonde solennité religieuse, serait approuvée des rishis et des mounis de l'Inde, assis sur leurs peaux de panthère entre quatre réchauds.

Quelques pages plus loin se trouvent des sonnets de Louis Ménard, non moins amoureux du génie grecque Leconte de Lisle. Ménard, à la fois savant, peintre et poète, est un des esprits modernes qui ont le mieux compris l'hellénisme et pénétré le sens de cette civilisation douce et charmante où l'homme s'épanouissait dans toute sa beauté, parmi des dieux presque pareils à lui. Entre ces sonnets, il en est un précisément intitulé *Nirbana* : l'auteur y exprime ses aspirations à l'éternel repos et au néant divin comme tous ceux qui ne sont pas nés de leur temps, que lassent les combats d'une vie sans intérêt pour eux et que poursuit le souvenir nostalgique d'une patrie idéale perdue. Louis Ménard était évidemment fait pour les entretiens du cap Sunium et des jardins d'Académus. C'est un Grec né deux mille ans trop tard, et quand nous le vîmes pour la première fois, il nous fit songer à ce dernier prêtre d'Apollon que Julien rencontra dans un petit dème de l'Attique, allant, faute de mieux, sacrifier une oie sur l'autel demi-écroulé de son dieu tombé en désuétude.

L'Exil des Dieux de Banville peuple une vieille forêt druidique des dieux chassés de l'Olympe, et montre sous son aspect sérieux un thème poétique que Henri Heine, avec son scepticisme attendri et sa sensibilité moqueuse, avait traité plus légèrement. Jupiter, qui est redevenu Zeus, selon la terminologie de Leconte de Lisle, n'est plus marchand de peaux de lapin dans une petite île de la mer du Nord, et ne s'entretient pas avec les matelots venus de Syra en vieux grec homérique, comme le prétend le railleur allemand. Il conduit tristement sous les chênes, qui ne rendent plus d'oracles, comme ceux de Dodone, la troupe dépossédée des Olympiens exhalant leurs douleurs en vers superbes, les plus beaux que Théodore de Banville ait jamais écrits.

Après avoir imité, en l'outrant dans sa manière, l'Alfred de Musset de *Mardoche*, des *Marrons du feu*, de la *Ballade à la lune*, non pas en écolier, mais en maître déjà habile, M. Catulle Mendès s'est lassé bien vite de ces allures tapageuses et de cette gaminerie poétique. Il s'est calmé et a mis, comme on dit, de l'eau dans son vin ; mais cette eau est de l'eau du Gange. Quelques gouttes du fleuve sacré ont suffi pour éteindre dans la coupe du poète le pétillement gazeux du vin de Champagne. Pandit élevé à l'école du brahmine Leconte de Lisle, il explique maintenant les mystères du lotus, fait dialoguer Yami et Yama, célèbre l'enfant Krishna et chante Kamadéva en vers d'une rare perfection de forme, malgré la difficulté d'enchâsser dans le rhythme ces vastes noms indiens qui ressemblent aux joyaux énormes dont sont ornés les caparaçons d'éléphants. *Les Mystères du lotus,* ne brillent pas par la clarté, mais souvent l'obscurité des choses jette de l'ombre sur les mots, et l'on ne saurait que louer la manière savante dont se déroulent les tercets de cette pièce dans leur mouvement régulier, comme les vagues de la mer d'Amrita, où flotte Purucha sur un lit dont le dais est formé par les mille têtes du serpent Çécha, rêveur et regardant sortir de son nombril le lotus mystique. Cette étrange mythologie indienne avec ses dieux aux bras multiples, ses avatars, ses légendes cosmogoniques et ses mystères inextricables touffus comme des jungles, nous semble, malgré tout le talent qu'on y dépense, d'une acclimatation difficile dans notre poésie un peu étroite pour ces immenses déploiements de formes et de couleurs.

Dans le même recueil sont groupés MM. François Coppée, l'auteur du *Reliquaire*, charmant volume qui promet et qui tient ; Paul Verlaine, Léon Dierx, Auguste Villiers de l'Isle-Adam, José Maria de Heredia, que son nom espagnol n'empêche pas de tourner de très beaux sonnets en notre langue ; Stéphane Mallarmé, dont l'extravagance un peu voulue est traversée par de brillants éclairs ; Albert Mérat, qui a là un sonnet, *les Violettes*, d'un parfum doux comme son titre ; Louis-Xavier de Ricard, Henry Winter, Robert Luzarche, toute une bande de jeunes poètes de la dernière heure, qui rêvent, cherchent, essayent, travaillent de toute leur âme et de toute leur force, et ont au moins ce mérite de ne pas désespérer d'un art que semble abandonner le public. Il serait bien difficile de caractériser, à moins de nombreuses citations, la manière et le type de chacun de ces jeunes écrivains, dont l'originalité n'est pas encore bien dégagée des premières incertitudes, Quelques-uns imitent la sérénité impassible de Leconte de Lisle, d'autres l'ampleur harmonique de Banville, ceux-ci l'âpre concentration de Baudelaire, ceux-là la grandeur farouche de la dernière manière d'Hugo, chacun, bien entendu, avec son accent propre, qui se mêle à la note empruntée. Alfred de Musset, qui donnait son allure à bien des talents, il y a quelques années, ne semble plus influencer beaucoup la génération présente. Les jeunes poètes le trouvent trop incorrect, trop lâché, trop pauvre de rimes, et pourquoi ne pas le dire, trop sensible, trop ému, trop humain en un mot. Le calme est à la mode aujourd'hui. Quelques nouvelles Fleurs du Mal, de Baudelaire, s'épanouissent bizarrement au milieu de ce bouquet comme des roses noires, et se distinguent au premier flair à leur parfum vertigineux. *Le Jet d'eau, la Malabaraise, Bien loin d'ici, les Yeux de Berthe* montrent que le poète de l'horreur, qui a « doté le ciel de l'art d'on ne sait quel rayon macabre et créé un frisson nouveau, » est aussi, quand il veut, le poète de la grâce, non pas, il est vrai, de la grâce molle et vague, mais de la grâce étrange, mystérieuse et fascinatrice qui peut séduire des esprits raffinés.

Cette époque, où la poésie tient en apparence si peu de place, est, au contraire, tellement encombrée de poètes, ou tout au moins de versificateurs habiles, qu'il faudrait, pour les citer tous, des dénombrements plus longs que ceux d'Homère, de Rabelais ou de Cervantes, quand don Quichotte désigne à Sancho Panza les illustres paladins qu'il croit apercevoir, à travers la poussière, dans l'armée des moutons.

Un des plus nouveaux venus de cette jeune troupe est Sully-Prudhomme, et déjà il se détache du milieu de ses compagnons par une physionomie aisément reconnaissable, sans contorsion et sans grimace d'originalité. Dans son premier volume, qui date de 1865 et qui porte le titre de Stances et poèmes, les moindres pièces ont ce mérite d'être composées, d'avoir un commencement, un milieu et une fin, de tendre à un but, d'exprimer une idée précise. Un sonnet demande un plan comme un poème épique, et ce qu'il y a de plus difficile à composer, en poésie comme en peinture, c'est une figure seule. Beaucoup d'auteurs oublient cette loi de l'art, et leurs œuvres s'en ressentent ; ni la perfection du style ni l'opulence des rimes ne rachètent cette faute. Dès les premières pages du livre on rencontre une pièce charmante, d'une fraîcheur d'idée et d'une délicatesse d'exécution qu'on ne saurait trop louer et qui est comme la note caractéristique du poète : le *Vase brisé*. Un beau vase de cristal, où trempe un bouquet de verveine, a reçu un léger coup d'éventail, choc imperceptible que rien n'a révélé, et pourtant la fêlure, plus fine que le plus fin cheveu, s'étend et se prolonge. L'eau s'en va par cette fissure inaperçue, les fleurs altérées se dessèchent, penchent la tête et meurent. Quant au vase, il reste intact aux yeux de tous ; mais n'y touchez pas ! il se briserait. Sa blessure invisible pleure toujours. C'est bien là en effet la poésie de M. Sully-Prudhomme : un vase de cristal bien taillé et transparent où baigne une fleur et d'où l'eau s'échappe comme une larme. Les stances, qui commencent ainsi : « L'habitude est une étrangère, » renferment une idée ingénieuse et se terminent par un mâle conseil contre cette ménagère à l'apparence humble, dont on ne s'occupe pas et qui finit par être la maîtresse du logis, chassant la jeune liberté. Nous ne pouvons signaler tout ce que ce volume contient de remarquable. Il faudrait prendre chaque pièce une à une, et comme l'inspiration de Sully-Prudhomme est très diverse, on ne saurait guère en donner une idée générale. Les rayons, les souffles, les sonorités, les couleurs, les formes modifient à tout instant l'état d'âme du poète. Son esprit hésite entre divers systèmes : tantôt il est croyant, tantôt il est sceptique ; aujourd'hui plein de rêves, demain désenchanté, il maudit ou bénit l'amour, exalte l'art ou la nature, et, dans un vague panthéisme, se mêle à l'âme universelle des choses. Il a la mélancolie sans énervement, et sous ses incertitudes on sent une volonté persistante qui s'affirmera bientôt. Un second volume, celui-là entièrement composé de sonnets, tient toutes les promesses du premier. Le poète y enferme une pensée plus haute et plus profonde dans une forme que désormais il domine en maître ; il ne pourra plus se plaindre, comme à la fin des *Stances et poèmes*, de l'impuissance de son art, et se comparer au musicien dont la lyre trompe les doigts, ou au statuaire à qui l'argile refuse le contour demandé. Quoique Sully-Prudhomme restreigne habituellement ses sujets en des cadres assez étroits, son pinceau est assez large pour entreprendre de grandes fresques. *Les Étables d'Augias*, qu'on peut lire dans le *Parnasse contemporain*, sont faites avec la certitude de trait, la simplicité de ton et l'ampleur de style d'une peinture murale. Ce poème pourrait s'appliquer parmi les autres travaux d'Hercule sur la cella ou le pronaos d'un temple grec. — S'il persiste encore quelques années et n'abandonne pas pour la prose ou toute autre occupation fructueuse un art que délaisse l'attention publique, Sully-Prudhomme nous semble destiné à prendre le premier rang parmi ces poètes de la dernière heure, et son salaire lui sera compté comme s'il s'était mis à l'œuvre dès l'aurore.

Moins récemment venu que Sully-Prudhomme, Louis Ratisbonne tient une place importante dans la littérature poétique ; il est capable de labeur et d'inspiration.

En ce siècle hâtif qu'effrayent les longues besognes à moins que ce ne soient d'interminables romans bâclés au jour le jour, il faut un singulier courage et une patience d'enthousiasme extraordinaire pour traduire en vers, avec une fidélité scrupuleuse qui n'exclue pas l'élégance, tout l'enfer de la *Divine Comédie* depuis le premier cercle jusqu'au dernier. Ce courage et cette patience, Ratisbonne les a eus, et tout jeune il s'est joint à ce groupe de Virgile et de Dante pour descendre derrière eux les funèbres spirales. Ce rude travail est le plus excellent exercice que puisse faire un versificateur pour se développer les muscles et devenir un redoutable athlète aux jeux olympiques de la poésie. Le seul danger à craindre, c'est de garder à jamais la hautaine et farouche attitude du maître souverain qu'on a copié, et de rester comme Michel-Ange, après avoir peint le plafond de la Sixtine, les yeux et les bras levés vers le ciel. Mais c'est un danger qu'on aime à courir. Louis Ratisbonne y a pourtant échappé. Ses poésies originales ne sont pas noircies par les fumées de l'enfer dantesque ; elles ont au contraire une grâce, une fraîcheur et parfois même une coquetterie qui ne rappellent en rien le traducteur du vieux gibelin au profil morose. Ce sont de charmants vers d'amour dont la simplicité aime de temps à autre à se parer de concetti shakespeariens, et, comme la

Marguerite de Goethe, à essayer devant son petit miroir les bijoux laissés sur sa table par Méphistophélès. Mais la muse de M. de Ratisbonne ne se laisse pas tenter, et elle remet bien vite les joyaux séducteurs dans le coffret pour rester la vierge irréprochable qu'elle est, et tracer avec une plume qui semble arrachée à l'aile d'un ange le chaste et naïf répertoire de la *Comédie enfantine*, un de ces recueils que les mères lisent par-dessus l'épaule des enfants et que les pères emportent dans leur chambre, charmés par les délicatesses d'un art qui se cache. Louis Ratisbonne a été choisi comme exécuteur testamentaire par Alfred de Vigny, ce cygne de la poésie, dont il a publié les derniers chants. C'est le plus bel éloge qu'on puisse faire de son caractère et de son talent.

A. Lacaussade a publié, en 1852, son volume de *Poèmes et Paysages*, qui fut couronné par l'Académie. La nature des tropiques souvent décrite, rarement chantée, revit dans ces paysages, presque tous empruntés à l'île Bourbon, l'île natale du poète, l'une des plus belles des mers de l'Inde. Ce que l'auteur de *Paul et Virginie* a fait avec la langue de la prose, Lacaussade a pensé qu'il pouvait le tenter avec la langue des vers. Il se circonscrit et se renferme volontiers dans son île comme Brizeux dans sa Bretagne. Il s'en est fait le chantre tout filial. Il en dit avec amour les horizons, le ciel, les savanes, les aspects tantôt riants, tantôt sévères ; il lui emprunte le cadre et le fond de ses tableaux. Les pièces qui nous semblent résumer le mieux sa première veine d'inspiration sont celles qu'il intitule : *Souvenir d'Enfance, le Champ borne, le Cap Bernard* et surtout *le Bengali*.

À quelques années d'intervalle, le poète, loin de son île enchanteresse, assombri par la nostalgie de l'azur et l'expérience amère de la vie, a fait paraître un autre volume que désigne un titre découragé : Épaves, comme si un naufrage inconnu avait jeté à la côte, parmi des débris de navire, ces vers qui méritent si bien d'aborder au port à pleines voiles et par une brise heureuse. Que sa nef dans la traversée ait été battue des vents, que peut-être, pour l'alléger, le nautonier ait été forcé de jeter à la mer bien des choses précieuses, nous le comprenons ; mais nous n'admettons pas que le vaisseau lui-même ait sombré. La tristesse du poète est mâle ; elle résiste à la douleur en l'acceptant avec un calme stoïque et ne se laisse pas aller, même dans les jours les plus mauvais, à ces énervements de mélancolie qui détendent l'âme et lui ôtent son ressort. La courageuse idée du devoir domine les désespérances passagères, et la contemplation de la nature calme les douleurs morales du poète. Le talent de Lacaussade a une gravité douce, une résignation virile et une sorte de charme sévère qu'on sent mieux qu'on ne peut le définir ; ce qu'il chante, l'auteur la non-seulement pensé, il l'a éprouvé, il l'a vécu, et ses désenchantements ne sont pas des comédies de douleur. Il y a dans tout livre de vers une pièce qui en est comme la caractéristique, et Sainte-Beuve a finement désigné celle où vibre la note particulière de Lacaussade. Elle porte un titre bizarre et charmant : les Roses de l'oubli, une fleur hybride que ne mentionnent pas les nomenclatures botaniques, mais qui tient bien sa place dans le jardin de la poésie.

Le volume de Maxime Ducamp, les Chants modernes, a ses premières pages remplies par une préface très remarquable, dans laquelle l'auteur cherche, avec une sagacité courageuse, au lieu de se lamenter sur l'indifférence du public en matière de poésie, les raisons de cette indifférence. Il en trouve plusieurs : le manque de grandes croyances, d'enthousiasme pour les idées généreuses, de passion et de sens humain. À ces motifs il en ajoute d'autres : l'ignorance réelle ou volontaire de la vie actuelle, des sublimes inventions de la science et de l'industrie, le retour opiniâtre au passé, aux vieux symboles et aux mythologies surannées, la doctrine de l'art pour l'art, le soin puéril de la forme en dehors de l'idée et tout ce qu'on peut reprocher à de pauvres poètes qui n'en peuvent mais.

Il essaye ensuite de réaliser ses théories, et il y dépense beaucoup de talent, d'énergie et de volonté. Si l'inspiration ne veut pas venir, effrayée par quelque sujet par trop moderne et réfractaire, il la force et lui arrache au moins des vers sobres, corrects et bien frappés : il chante les féeries de la matière, le télégraphe électrique, la locomotive, ce dragon d'acier et de feu. En lisant cette pièce, assurément fort bien faite, nous pensions à une esquisse de Turner que nous avons vue à Londres et qui représentait un convoi de chemin de fer s'avançant à toute vapeur sur un viaduc, par un orage épouvantable. C'était un vrai cataclysme. Éclairs palpitants, des ailes comme de grands oiseaux de feu, babels de nuages s'écroulant sous les coups de foudre, tourbillons de pluie vaporisée par le vent : on eût dit le décor de la fin du monde. À travers tout cela se tordait, comme la bête de l'Apocalypse, la locomotive, ouvrant ses yeux de verre rouge dans les ténèbres et traînant après elle, en queue immense, ses vertèbres de wagons. C'était sans doute une pochade d'une furie enragée, brouillant le ciel et la terre d'un coup de brosse, une véritable extravagance, mais faite par un fou de génie. On pourrait peut-être poétiser et rendre pittoresque, à moins de frais, cette locomotive que nos littérateurs n'admirent pas suffisamment ; mais un peu de ce désordre et de cet effet fantastique à la Turner ne messiérait pas dans le chant que le poète consacre au cheval métallique qui doit remplacer Pégase.

Heureusement, parmi les *Chants modernes* se sont glissées un certain nombre de pièces charmantes, variations délicieuses sur ces trois thèmes anciens : la beauté, la nature et l'amour, qui jusqu'à présent ont suffi aux poètes peu curieux de nouveautés. Jamais Maxime Ducamp ne réussit mieux que lorsqu'il n'exécute pas le programme qu'il s'est tracé ; il n'en faut d'autre exemple que les *Sonnets d'amour, les Femmes turques, la Vie au désert*, et surtout la *Maison démolie*, où le souvenir mélancolique s'assoit sur les ruines dans la pose de l'ange d'Albert Durer, et rappelle en stances harmonieuses les joies, les peines, les deuils et les paisibles heures d'étude qu'ont abrités ces murs attaqués par le pic du maçon. C'est, toute proportion gardée, *la Tristesse d'Olympio* du volume.

Malgré les théories de Maxime Ducamp, la poésie s'occupe assez peu de l'époque où elle vit, et tourne encore la tête vers le passé au lieu de regarder vers l'avenir. La *Flûte de Pan* d'André Lefèvre en est la preuve. L'inspiration qui l'anime est tout antique, et un souffle du grand Pan traverse le roseau de sa flûte inégale. Une petite préface de deux pages, d'où nous extrayons ces quelques lignes, contient l'esthétique de l'auteur, et le caractérisera mieux que nous ne saurions le faire : « Rêveries sereines et plaintes passionnées, idylles antiques et poèmes amoureux, tous les tableaux ici rassemblés, quelle que soit la variété des sujets et des styles, sont liés par une chaîne continue, la croyance à la vie des choses. Les inspirations nous sont venues du dehors. S'il est resté dans notre œuvre quelque chose de nous, si les objets que nous avons touchés gardent une apparence presque humaine, c'est que l'esprit s'unit à ce qu'il embrasse et pénètre ce qu'il anime ; vainement il voudrait n'être qu'un écho, il demeure un interprète. Tantôt nous décrivons des paysages solitaires, des bois, des monts, des océans livrés à eux-mêmes ; tantôt nous enchâssons dans un cadre étroit des idées à moitié transformées en images ; parfois encore, des femmes jeunes et belles paraissent à la lisière d'un bois ; on les voit s'ébattre au son de pipeaux invisibles. Mais sous toutes les couleurs, sous tous les visages, c'est la nature qui vit telle que la font les heures et les saisons ; la nature, l'enchanteresse qui préside à l'épanouissement des fleurs, à la naissance involontaire des instincts amoureux ; la consolatrice qui berce et qui apaise les désir inassouvis ; l'antique Cybèle enfin, celle à qui les Grecs donnèrent tant de noms, tant de masques divinisés ! »

André Lefèvre est, comme on le voit, franchement panthéiste, en poésie du moins. Les formes se dégagent perpétuellement du sein des choses pour y retomber bientôt et renaître encore. Dans le moule idéal, la matière en fusion coule et se fige jusqu'à ce que le contour ne puisse plus la retenir. L'âme universelle circule du minéral à la plante, de la plante à l'animal, de l'animal à l'homme. La vie prodigue lutte avec la mort avare, qui redemande les éléments qu'elle lui a prêtés, et la nature inconsciente se tait, n'ayant point de parole et ne pouvant que répéter comme un écho la voix de l'homme ou plutôt de l'humanité.

Le monde est comme le Titan Prométhée ; le vautour funèbre lui ronge un foie qui renaît toujours. La vie et la mort ne sont que la recomposition et la décomposition des formes qui, sous le voile de la couleur, se métamorphosent sans cesse, et la matière éternelle de Spinoza a pour levain, dans la fermentation qui ne s'arrête jamais, le perpétuel devenir de Hegel. Ces idées sont développées par le poète avec une rare puissance dé style et une grandeur tranquille, vraiment digne de l'antiquité. L'image dans ses vers s'applique à l'idée philosophique et flotte autour d'elle comme une draperie laissant deviner le corps qu'elle cache et dont elle caresse les contours. L'abstraction se pare de couleurs chatoyantes ; tout palpite, tout brille, tout se meut, et l'immense fourmillement de la nature en travail anime jusqu'aux moindres pièces du recueil. Même lorsqu'il traite des sujets tels que Danaé et Léda, le poète, allant au delà du fait mythologique, découvre dans la fable des sens cosmogoniques. Danaé captive en sa prison d'airain, c'est la terre glacée par l'hiver et attendant que les rayons d'or pleuvent pour la féconder. Léda, c'est l'humanité s'unissant avec la nature, et de cet hymen résulte Hélène, c'est-à-dire la beauté parfaite. Ces interprétations sont peut-être subtiles, mais elles ne répugnent nullement au génie hellénique, et comme elles n'ôtent rien à la pureté des lignes, au charme des coloris, et que, pour être des mythes, Danaé et Léda n'en restent pas moins d'admirables figures qu'avouerait la statuaire grecque et qui ont l'étincelante blancheur du marbre de Paros, on ne peut reprocher au poète sa trop grande ingéniosité. Dès à présent, André Lefèvre nous semble pouvoir être catalogué comme étoile de première grandeur parmi la pléiade poétique de l'époque actuelle.

Après la *Flûte de Pan*, André Lefèvre a publié la Lyre intime, un second volume où sa verve, plus libre, plus personnelle, moins confondue dans le grand tout, s'est réchauffée et colorée comme la statue de Pygmalion quand le marbre blanc y prit les teintes roses de la chair. *La Lyre intime* vaut *la Flûte de Pan*, si même elle ne lui est supérieure, et les cordes répondent aussi bien aux doigts du poète que les roseaux joints avec de la cire résonnaient harmonieusement sous ses lèvres.

Il a fait paraître dernièrement une traduction en vers des *Bucoliques*, et dans le même volume il a placé comme contraste une traduction également en vers d'un poème sanscrit de Kâlidâsa, *le Nuage messager*.

Aucun exercice n'était mieux fait pour solliciter le pinceau descriptif d'André Lefèvre. Son habileté se joue à l'aise au milieu de ces comparaisons empruntées à des mœurs et à une nature très nouvelles et même étranges pour des lecteurs européens. Mettre ainsi face à face dans un même volume Virgile et Kalidâsa, l'antiquité latine et l'antiquité indoue, c'est nous mettre à même de faire de la littérature comparée et montrer utilement un admirable talent de versificateur. On ne saurait mieux employer ses loisirs de poète.

Emmanuel des Essarts, quoiqu'il ait fait déjà deux ou trois recueils de vers, *les Élévations* et *les Poésies parisiennes*, et qu'il en prépare un autre dont il a paru plusieurs fragments dans des revues littéraires sous le titre un peu singulier d'*Idylles de la Révolution*, n'en est pas moins tout jeune et des plus frais éclos. Il peut mettre au service de son talent poétique une science acquise par de sévères études, et nous ne sommes pas de ceux qui croient que la science nuit à l'inspiration ; elle est, au contraire, une des ailes qui soulèvent le poète et l'aident à planer au-dessus de la foule. Nourri de l'antiquité grecque et latine, des Essarts la mélange dans les proportions les plus heureuses avec la modernité la plus récente. Parfois, la robe à la mode dont sa muse est revêtue dans *les Poésies parisiennes* prend des plis de tunique et appelle quelque chaste statue grecque. Le beau antique corrige à propos le joli et l'empêche de tourner au coquet. Une goutte de vieux nectar mythologique tombe parfois au fond du verre à vin de Champagne et en empêche le pétillement trop vif. Il faut encourager ces tentatives très difficiles et qui exigent le goût le plus délicat, d'amener à la forme poétique les choses de la vie actuelle, nos mœurs, nos habitudes, nos fêtes, nos tristesses en habit noir, nos mélancolies en robe de bal, les beautés qui nous plaisent et que nous admirons sur l'escalier des Italiens ou de l'Opéra, à qui nous donnons des violettes de Parme, pour qui nous faisons des sonnets, et dont, enfin, nous sommes amoureux. On reproche toujours aux artistes de ne pas s'inspirer de leur temps et d'aller chercher dans le passé des sujets qu'ils trouveraient autour d'eux s'ils voulaient regarder. Mais la routine est si forte que le moindre détail familièrement moderne, qu'on accepte très bien en prose, choque en poésie. Il faut outrer un peu le dandysme et la moquerie byronienne pour faire supporter les tableaux de la vie que nous voyons tous les jours, même ceux encadrés d'or et appendus sur de riches tentures. Ces élégances mondaines se plient difficilement aux sévérités du rhythme, et c'est un des mérites de des Essarts de les y avoir contraintes sans leur rien faire perdre de leur désinvolture et de leur grâce. Le jeune auteur est d'ailleurs passé maître en ces escrimes. Le vers ne lui résiste jamais ; il en fait ce qu'il veut, et pour la richesse de la rime il est millionnaire. Dans *les Élévations,* l'auteur peut laisser ouvrir à son lyrisme des ailes qui se seraient brûlées aux bougies d'un salon ; il vole à plein ciel, chassant devant lui l'essaim des strophes, et ne redescend que sur les cimes.

Si *les Poésies parisiennes* d'Emmanuel des Essarts nous conduisent au bal, *le Chemin des bois* (tel est le titre du volume de Theuriet) nous ramène à la campagne, et l'on fait bien de le suivre sous les verts ombrages où il se promène comme Jacques le mélancolique dans la forêt de *Comme il vous plaira,* faisant des réflexions sur les arbres, les fleurs, les herbes, les oiseaux, les daims qui passent, et le charbonnier assis au seuil de sa hutte en branchages. C'est un talent fin, discret, un peu timide que celui de Theuriet ; il a la fraîcheur, l'ombre et le silence des bois, et les figures qui animent ses paysages glissent sans faire de bruit comme sur des tapis de mousse, mais elles vous laissent leur souvenir et elles vous apparaissent sur un fond de verdure, dorées par un oblique rayon de soleil. Il y a chez Theuriet quelque chose qui rappelle la sincérité émue et la grâce attendrie d'Hégésippe Moreau dans la *Fermière.*

On pourrait mettre auprès de Theuriet, pour rester dans la nuance, Auguste Desplaces, un charmant poète qui, effrayé du tumulte de Paris, s'est depuis longtemps réfugié dans la Creuse, et dont l'Artiste insérait de loin en loin quelque pièce exquise, fin régal pour les délicats, quelque élégie rêvée ou sentie et rimée lentement à travers les loisirs de la solitude. Nous ne savons pas si ces morceaux, que connaissent les vrais amateurs de poésie, sont réunis en volume et parvenus sous cette forme à un public plus large.....

Les pages s'accumulent, et combien peu notre tâche est avancée encore. Il faut se résoudre à citer seulement les vers d'André Lemoyne, d'un sentiment si tendre, d'une exécution si délicate et si artiste ; les poésies de Gustave Levavasseur, d une saveur toute normande et qui fourniraient bien des fleurs à une anthologie ; celles de son ami Ernest Prarond, les romans en vers de Valéry Vernier, les petits poèmes d'Eugène Grenier, souvent couronné par l'Académie ; les poèmes de l'Amour, d'Armand Renaud ; *les Vignes folles* et *les Flèches d'or*, de Glatigny, dont plus d'une, comme le dit un illustre critique, porte haut et loin ; le poème des *Heures*, d'Alfred Busquet ; *les Deux Saisons*, de Philoxène Boyer, où l'éloquent orateur du quai Malaquais, qui est aussi un vrai poète, résume ses joies, hélas ! bien rares, ses douleurs et ses résignations ; la Mariska, de Nicolas Martin, cet esprit à la fois si allemand et si français, qui éclaire son talent d'un rayon bleu de lune germanique ; les poésies d'Auguste de Châtillon, peintre, sculpteur et poète, dont les vers pourraient parfois être pris pour de vieilles ballades ou d'anciens chants populaires, tant le sentiment en est vrai et la forme naïve.

Dans une gamme différente, mentionnons les Pages intimes, d'Eugène Manuel, ouvrage couronné par l'Académie ; les poésies de Stéphane du Halga, qui chante la nature bretonne avec le sentiment de Brizeux et l'allure d'Alfred de Musset ; les idylles de Thalès Bernard ; les tableaux rustiques de Max Buchon, une sorte de Courbet de la poésie, très réaliste, mais aussi très vrai, ce qui n'est pas la même chose ; le Donaniel de Grandet, qui semble avoir été à l'école de Mardoche, de Hassan et de Rafaël, gentilhomme français ; les poésies gracieuses et spirituelles d'Alphonse Daudet, de Bataille, d'Amédée Rolland et de tant d'autres... la liste se prolongerait indéfiniment.

À mesure que nous avançons dans notre tâche, elle se complique et devient de plus en plus impossible à remplir. L'étude de la matière nous révèle des œuvres ignorées, des noms inconnus ou du moins restés dans la pénombre et qui mériteraient la lumière, mais en telle quantité qu'il faudrait plusieurs volumes pour en donner l'idée la plus succincte. Trois ou quatre rayons de notre bibliothèque sont chargés de volumes de vers édités pendant ces dernières années, et la collection est loin d'être complète.

Qu'on nous permette une comparaison. Supposez qu'après être sorti de la ville pour rêver plus librement, on entre dans un petit bois dont les premiers arbres apparaissaient au bout de la plaine. Parmi les herbes rarement foulées un étroit sentier se présente ; on le suit en ses premiers détours. Sur ses lisières, au pied des chênes, à demi-cachées sous les feuilles sèches du dernier automne, quelques violettes se font deviner à leur parfum. Parmi les branches que le vent froisse et remue avec un sourd murmure, vous entendez le gazouillement d'un oiseau invisible. Votre approche le fait envoler et vous l'apercevez gagnant d'un rapide coup d'aile un autre abri. Vous cueillez quelques violettes, vous notez le chant de l'oiseau et vous poursuivez votre route ; mais bientôt le bois se change en forêt ; des clairières s'y ouvrent comme des salons de verdure, des sources babillent entre les pierres moussues et forment des miroirs où viennent se regarder les cerfs. Les violettes s'enhardissent et s'offrent à vos doigts. Votre petit bouquet devient une gerbe où s'ajoutent le muguet avec ses grelots d'argent, la jolie bruyère rose et toute la sauvage flore des bois. Des arbres, des buissons, des halliers, des profondeurs de la forêt s'élèvent mille voix qui chantent ensemble, chardonnerets, rouges-gorges, bouvreuils, pinsons, bergeronnettes, mésanges, merles, et, brochant sur le tout, quelques geais et quelques pies jetant leur dissonance à travers l'harmonie générale. À force d'attention, vous parvenez à distinguer la partie que fait chaque oiseau dans le concert, vous appréciez sa qualité de voix, son trille et sa roulade ; vous nommez chacune des fleurs de votre bouquet, déjà énorme. Mais il y a dans la forêt des milliers d'oiseaux que vous n'avez pas entendus, qui chantent à une autre heure, au fond d'un massif où ne conduit aucune route. Des violettes aussi fraîches, aussi pures, aussi parfumées que celles dont se compose votre bouquet, croissent solitairement sous des gazons où nul œil humain ne les découvre. Elles s'y fanent dans le silence et le mystère sans que personne les ait respirées. Cependant, le soir descend, et fatigué, vous vous dites : « Puisque je ne puis compter tous les oiseaux ni toutes les violettes, je donnerai le prix au rossignol et à la rose. » Bientôt le rossignol lance son étincelante fusée de notes qui s'épanouit dans le silence comme un feu d'artifice musical ; mais, pendant qu'il reprend haleine, un autre rossignol élève la voix, et son chant n'est pas moins beau ; un troisième, qui n'est pas sans talent, continue. Vous allez au rosier, mais la rose n'est pas seule, elle est entourée de compagnes aussi jolies qu'elle, sans compter les jeunes boutons qui n'ont pas encore délacé leur corset de velours vert.

La nuit est venue. À l'horizon passe avec son panache de fumée et son cri strident un convoi de chemin de fer. Les voyageurs retournent à la ville. Nul n'a eu l'idée de s'arrêter dans le bois où chantent les oiseaux, où fleurissent les violettes. Mais, à vrai dire, l'humanité a autre chose à faire que d'écouter des chansons et de respirer des parfums. Quel dommage pourtant quêtant de charmantes choses soient perdues ! La poésie est prodigue comme la nature.

Mais voici qu'au moment de finir nous apercevons dans notre travail une lacune. Nous n'avons pas parlé des femmes poètes. Mesdames Desbordes-Valmore, Amable Tastu, Delphine de Girardin, Anaïs Ségalas, appartiennent à une période antérieure ; mais la lyre est encore sollicitée par des mains de femmes. L'emploi de dixième muse est toujours tenu, bien que le nombre des prêtresses ait beaucoup diminué, car le roman accapare bien vite à son profit les vocations poétiques féminines,

Mme Ackermann, qui nous semble aujourd'hui mériter la couronne aux feuilles d'or de la muse, est la veuve d'un philologue distingué. Elle lit les poètes grecs et sanscrits dans leur langue. Le volume qu'elle a publié sous le titre *Contes et poésies* renferme des traductions et des pièces originales. Mme Ackermann ne relève ni de l'école romantique, ni de l'école de Leconte de Lisle ; elle remonte plus haut, et son vers familier, se prêtant avec souplesse à toutes les digressions du récit, a quelque chose de la bonhomie rêveuse de La Fontaine. C'est une note qu'on n'est plus habitué à entendre et qui vous cause une surprise pleine de charme. Mais si, par quelques formes de son style, Mme Ackermann se rapproche du XVIIe siècle, elle est bien du nôtre par le sentiment qui respire dans les pièces où elle parle en son propre nom. Elle appartient à cette école des grands désespérés, Chateaubriand, lord Byron, Shelley, Leopardi, à ces génies éternellement tristes et souffrant du mal de vivre, qui ont pris pour inspiratrice la mélancolie. Désillusions, amertumes, lassitudes, défaites mystérieuses, tout cela est voilé par un pâle et faible sourire, car cette douleur a sa fierté. Lara et le Giaour ne se lamentent pas bourgeoisement. Mais par les sujets qu'aime à traiter le poète, le sommeil sans terme, la nuit éternelle, la mort libératrice, on voit que Mme Ackermann en est arrivée comme le poète italien à goûter le charme de la mort. Elle redoute le souvenir comme une nouvelle souffrance. Un critique très compétent, M. Lacaussade, s'exprimait ainsi à propos d'elle : « Elle a des pièces d'un grand souffle, par exemple, les Malheureux, où se trahit magnifiquement la lassitude des jours. On y sent la contemporaine par l'âme des grands élégiaques modernes.

« Le scepticisme douloureux, le doute philosophique, la protestation de la conscience en face de l'énigme de la vie, mélange inextricable de bien et de maux, la révolte de la raison s'écriant avec désespoir :

Celui qui pouvait tout a voulu la douleur,

toutes ces angoisses de l'âme s'expriment en beaux vers dans le Prométhée de Mme Ackermann. »

Mme Blanchecotte a un tout autre tempérament poétique. Elle a mérité une couronne académique pour son premier recueil *Rêves et réalités*. Élève de Lamartine, elle a gardé du maître la forme et le mouvement lyriques, mais avec un accent profond et personnel qui fait penser à Mme Valmore. Comme celle-ci, Mme Blanchecotte a souvent des éclats et des véhémences de passion d'une sincérité poignante. Elle a de vraies larmes dans la voix. Elle peut dire avec, vérité : « Ma pauvre lyre, c'est mon âme. » Née dans une position obscure et difficile, elle en est sortie grâce à des efforts persévérants. Elle s'est faite elle-même ce qu'elle est. Ouvrière par nécessité, elle a su économiser assez de son temps pour se donner une instruction rare chez une femme ; elle sait l'anglais, l'allemand et même le latin. Sa lecture est étendue et variée. En résumé, c'est une intelligence assez forte pour n'être pas dupe de son cœur. Elle a écrit en bonne prose des pages de moraliste qui prouvent que cette élégiaque sait observer aussi bien que sentir. Béranger l'appréciait beaucoup, Saint-Beuve fait grand cas de son talent et de son caractère. Elle est l'amie de Lamartine, la visiteuse assidue de ses tristesses et de son foyer délaissé. Mme Blanchecotte, la chose est assez rare pour qu'on la remarque, a contribué comme correctrice à la publication des *Quatrains de Khayam*, un poète persan d'un mysticisme lyrique encore plus raffiné que celui de Hafiz et de Sadi.

Ce n'est pas tout ; il n'y a pas en France que des poètes français. La vieille Armorique a encore des bardes et la Provence des troubadours. Brizeux, l'auteur de *Marie*, est aussi l'auteur de *Leiz-Breiz*, un recueil de poésies en pur celtique. Tout récemment, un Breton, M. Luzel, qui chante dans l'idiome du barde Guîclan, a fait paraître des légendes locales dont nous ne pouvons apprécier la poésie que par la traduction juxtaposée. Le mérite du style et de la facture nous échappe nécessairement ; il faudrait pour le goûter être un descendant des Kimris, un gars du Morbihan ou de la Cornouaille aux larges braies et aux longs cheveux.

La France du Midi a pour langue maternelle la langue d'oc, que parlait le roi René, et dans laquelle Richard Cœur de Lion et Frédérick de Hohenstauffen rimaient leurs sirventes. Cette langue, qui ne s'est pas fondue dans le français comme la langue d'oïl et demeure fidèle à son antique origine, a fourni un admirable instrument à un grand poète en pleine activité de génie. Tout le monde a nommé Mistral, même ceux qui ne comprennent pas plus que de l'italien, de l'espagnol ou du portugais, l'idiome particulier qu'il emploie. Chacun a lu Mireio, ce poème plein d'azur et de soleil, où les paysages et les mœurs du Midi sont peints de couleurs si chaudes et si lumineuses, où l'amour s'exprime avec la candeur passionnée d'une idylle de Théocrite, dans un dialecte qui, pour la douceur, l'harmonie, le nombre et la richesse, ne le cède en rien au grec et au latin. Le succès a été plus grand qu'on n'eût osé l'espérer pour un livre écrit en une langue inconnue de la plupart des lecteurs ; mais Frédéric Mistral, qui sait aussi le français, avait accompagné son texte d'une version excellente, et presque tout le charme se conservait comme dans ces *Lieder* de Henri Heine traduits par lui-même. *Calendau* est une légende sur l'histoire de Provence, qui pour la conduite du récit, l'intérêt des épisodes, l'éclat des peintures, le relief et la grandeur des personnages mis en action, l'allure héroïque du style, mérite à juste titre le nom d'épopée.

Comme Tommaso Grossi el Carlo Porta de Milan, l'auteur de cette *Vision de Prina*, proclamée par Stendhal le plus beau morceau de poésie moderne ; comme Baffo et Buralli de Venise, qui a eu l'honneur de donner le la au Beppo et au Don Juan de lord Byron, Mistral a ce malheur d'être un grand poète dans un idiome qui n'est entendu que par un public restreint. Ce malheur, il faut le dire, ne t'afflige pas beaucoup, car, selon lui, le français n'est compris que dans huit ou dix départements du centre. Dans une trentaine d'autres, on parle le basque, l'espagnol, le celte, l'allemand, le wallon, l'italien, sans compter les patois, tandis que le provençal ou la langue d'oc compte pour elle quinze millions d'hommes.

Auprès de Mistral, il est juste de placer Aubanel, auteur de la *Grenade entr'ouverte*, dont les vers ont la fraîcheur vermeille des rubis que laisse voir en se séparant la blonde écorce de ce fruit, éminemment méridional.

III

Nous nous sommes attaché, dans cette étude, aux figure nouvelles, et nous leur avons donné une place importante, car c'était celles-là qu'il s'agissait avant tout de faire connaître. Mais pendant cet espace de temps, les maîtres n'ont pas gardé le silence. Victor Hugo a fait paraître *les Contemplations*, la *Légende des siècles*, les *Chansons des rues et des bois*, trois recueils d'une haute signification, où se retrouvent avec des développements inattendus les anciennes qualités qu'on admirait dans *les Orientales* et *les Feuilles d'automne*. Des *Contemplations* date la troisième manière de Victor Hugo, car les grands poètes sont comme les grands peintres : leur talent a des phases aisément reconnaissables. La pratique assidue de l'art, les enseignements multiples de la vie, les modifications du tempérament apportées par l'âge, l'élargissement des horizons vus de plus haut, tout contribue à donner aux œuvres, selon l'époque où elles se sont produites, une physionomie particulière.

Ainsi, le Raphaël du *Sposalizio*, de *la Belle Jardinière*, de *la Vierge au voile*, n'est pas le Raphaël des chambres du Vatican et de *la Transfiguration* ; le Rembrandt de *la Leçon d'anatomie du docteur Tulp* ne ressemble guère au Rembrandt de *la Ronde de nuit*, et le Dante de *la Vita nuova* fait à peine soupçonner le Dante de *la Divine Comédie*.

Chez Hugo, les années, qui courbent, affaiblissent et rident le génie des autres maîtres, semblent apporter des forces, des énergies et des beautés nouvelles. Il vieillit comme les lions : son front, coupé de plis augustes secoue une crinière plus longue, plus épaisse et plus formidablement échevelée. Ses ongles d'airain ont poussé, ses yeux jaunes sont comme des soleils dans des cavernes, et, s'il rugit, les autres animaux se taisent. On peut aussi le comparer au chêne qui domine la forêt ; son énorme tronc rugueux pousse en tous sens, avec des coudes bizarres, des branches grosses comme des arbres ; ses racines profondes boivent la sève au cœur de la terre, sa tête touche presque au ciel. Dans son vaste feuillage, la nuit, brillent les étoiles, le matin, chantent les nids. Il brave le soleil et les frimas, le vent, la pluie et le tonnerre ; les cicatrices même de la foudre ne font qu'ajouter à sa beauté quelque chose de farouche et de superbe.

Dans les *Contemplations*, la partie qui s'appelle Autrefois est lumineuse comme l'aurore ; celle qui a pour titre *Aujourd'hui* est colorée comme le soir. Tandis que le bord de l'horizon s'illumine incendié d'or, de topaze et de pourpre, l'ombre froide et violette s'entasse dans les coins ; il se mêle à l'œuvre une plus forte proportion de ténèbres, et, à travers cette obscurité, les rayons éblouissent comme des éclairs. Des noirs plus intenses font valoir les lumières ménagées, et chaque point brillant prend le flamboiement sinistre d'un microcosme cabalistique. L'âme triste du poète cherche les mots sombres, mystérieux et profonds, et elle semble écouter dans l'altitude du Pensiero de Michel-Ange « ce que dit la bouche d'ombre. »

On a beaucoup plaint la France de manquer de poèmes épique. En effet, la Grèce a *l'Iliade* et *l'Odyssée* ; l'Italie antique, *l'Énéide* ; l'Italie moderne, *la Divine Comédie, le Roland Furieux, la Jérusalem délivrée* ; l'Espagne, *le Romancero* et *l'Araucana* ; le Portugal, *les Lusiades* ; l'Angleterre, *le Paradis perdu*. À tout cela, nous ne pouvions opposer que la *Henriade*, un assez maigre régal puisque les poèmes du cycle carlovingien sont écrits dans une langue que seuls les érudits entendent. Mais maintenant, si nous n'avons pas encore le poème épique régulier en douze ou vingt-quatre chants, Victor Hugo nous en a donné la monnaie dans *la Légende des siècles*, monnaie frappée à l'effigie de toutes les époques et de toutes les civilisations, sur des médailles d'or du plus pur titre. Ces deux volumes contiennent, en effet, une douzaine de poèmes épiques, mais concentrés, rapides, et réunissant en un bref espace le dessin, la couleur et le caractère d'un siècle ou d'un pays.

Quand on lit *la Légende des siècles,* il semble qu'on parcoure un immense cloître, un espèce de *campo santo* de la poésie dont les murailles sont revêtues de fresques peintes par un prodigieux artiste qui possède tous les styles, et, selon le sujet, passe de la raideur presque byzantine d'Orcagna à l'audace titanique de Michel-Ange, sachant aussi bien faire les chevaliers dans leurs armures anguleuses que les géants nus tordant leurs muscles invincibles. Chaque tableau donne la sensation vivante, profonde et colorée d'une époque disparue. La légende, c'est l'histoire vue à travers l'imagination populaire avec ses mille détails naïfs et pittoresques, ses familiarités charmantes, ses portraits de fantaisie plus vrais que les portraits réels, ses grossissements de types, ses exagérations héroïques et sa poésie fabuleuse remplaçant la science, souvent conjecturale.

La Légende des siècles, dans l'idée de l'auteur, n'est que le carton partiel d'une fresque colossale que le poète achèvera si le souffle inconnu ne vient pas éteindre sa lampe au plus fort de son travail, car personne ici-bas n'est sûr de finir ce qu'il commence. Le sujet est l'homme, ou plutôt l'humanité, traversant les divers milieux que lui font les barbaries ou les civilisations relatives, et marchant toujours de l'ombre vers la lumière. Cette idée n'est pas exprimée d'une façon philosophique et déclamatoire ; mais elle ressort du fond même des choses. Bien que l'œuvre ne soit pas menée à bout, elle est cependant complète. Chaque siècle est représenté par un tableau important et qui le caractérise, et ce tableau est en lui-même d'une perfection absolue. Le poème fragmentaire va d'abord d'Ève à Jésus-Christ, faisant revivre le monde biblique en scènes d'une haute sublimité et d'une couleur que nul peintre n'a égalée. Il suffit de citer *la Conscience, les Lions, le Sommeil de Booz,* pages d'une beauté, d'une largeur et d'un grandiose incomparables, écrites avec l'inspiration et le style des prophètes. *La Décadence de Rome* semble un chapitre de Tacite versifié par Juvénal. Tout à l'heure, le poète s'était assimilé la Bible ; maintenant, pour peindre Mahomet, il s'imprègne du Coran à ce point qu'on le prendrait pour un fils de l'Islam, pour Abou-Bekr ou pour Ali. Dans ce qu'il appelle le cycle héroïque chrétien, Victor Hugo a résumé, en trois ou quatre courts poèmes tels que *le Mariage de Roland, Aymerillot, Bivar, le Jour des Rois*, les vastes épopées du cycle carlovingien. Cela est grand comme Homère et naïf comme la Bibliothèque bleue. Dans *Aymerillot*, la figure légendaire de Charlemagne *à la barbe florie* se dessine avec sa bonhomie héroïque, au milieu de ses douze pairs de France, d'un trait net comme les effigies creusées dans les pierres tombales et d'une couleur éclatante comme celle des vitraux. Toute la familiarité hautaine et féodale du *Romancero* revit dans la pièce intitulée *Bivar*.

Aux héros demi-fabuleux de l'histoire succèdent les héros d'invention, comme aux épopées succèdent les romans de chevalerie. Les chevaliers errants commencent leur ronde cherchant les aventures et redressant les torts, justiciers masqués, spectres de fer mystérieux, également redoutables aux tyrans et aux magiciens. Leur lance perce tous les monstres imaginaires ou réels, les endriagues et les traîtres. Barons en Europe, ils sont rois en Asie de quelque ville étrange aux coupoles d'or, aux créneaux découpés en scie ; ils reviennent toujours de quelque lointain voyage, et leurs armures sont rayées par les griffes des lions qu'ils ont étouffés entre leurs bras. Eviradnus, auquel l'auteur a consacré tout un poème, est la plus admirable personnification de la chevalerie errante et donnerait raison à la folie de Don Quichotte, tant il est grand, courageux, bon et toujours prêt à défendre le faible contre le fort. Rien n'est plus dramatique que la manière dont il sauve Mahaud des embûches du grand Joss et du petit Zéno. Dans la peinture du manoir de Corbus à demi-ruiné et attaqué parles rafales et les pluies d'hiver, le poète atteint à des effets de symphonie dont on pouvait croire la parole incapable. Le vers murmure, s'enfle, gronde, rugit comme l'orchestre de Beethoven. On entend à travers les rimes siffler le vent, tinter la pluie, claquer la broussaille au front des tours, tomber la pierre au fond du fossé, et mugir sourdement la forêt ténébreuse qui embrasse le vieux château pour l'étouffer. À ces bruits de la tempête se mêlent les soupirs des esprits et des fantômes, les vagues lamentations des choses, l'effarement de la solitude et le bâillement d'ennui de l'abandon. C'est le plus beau morceau de musique qu'on ait exécuté sur la lyre.

La description de cette salle où, suivant la coutume de Lusace, la marquise Mahaud doit passer sa nuit d'investiture, n'est pas moins prodigieuse. Ces armures d'ancêtres chevauchant sur deux files, leurs destriers caparaçonnés de fer, la large aux bras, la lance appuyée sur le faulcre, coiffées de morions extravagants, et se trahissant dans la pénombre de la galerie par quelque sinistre éclair d'or, d'acier ou d'airain, ont un aspect héraldique, spectral et formidable. L'œil visionnaire du poète sait dégager le fantôme de l'objet, et mêler le chimérique au réel dans une proportion qui est la poésie même.

Zim-Zizimi et le sultan Mourad nous montrent l'Orient du moyen âge avec ses splendeurs fabuleuses, ses rayonnements d'or et ses phosphorescences d'escarboucles sur un fond de meurtre et d'incendié, au milieu de populations bizarres venues de lieux dont la géographie sait à peine les noms. L'entretien de Zim-Zizimi avec les dix sphinx de marbre blanc couronnés de roses est d'une sublime poésie ; l'ennui royal interroge, et le néant de toutes choses répond avec une monotonie désespérante par quelque histoire funèbre.

Le début de *Ratbert* est peut-être le morceau le plus étonnant et le plus splendide du livre. Victor Hugo seul, parmi tous les poètes, était capable de récrire. Ratbert a convoqué sur la place d'Ancône, pour débattre quelque expédition, les plus illustres de ses barons et de ses chevaliers, la fleur de cet arbre héraldique et généalogique que le sol noir de l'Italie nourrit de sa sève empoisonnée. Chacun apparaît fièrement campé, dessiné d'un seul trait du cimier au talon, avec son blason, son titre, ses alliances, son détail caractéristique résumé en un hémistiche, en une épithète. Leurs noms, d'une étrangeté superbe, se posant carrément dans le vers, font sonner leurs triomphantes syllabes comme des fanfares de clairon, et passent dans ce magnifique défilé avec des bruits d'armes et d'éperons.

Personne n'a la science des noms comme Victor Hugo. Il en trouve toujours d'étranges, de sonores, de caractéristiques, qui donnent une physionomie au personnage et se gravent ineffaçablement dans la mémoire. Quel exemple frappant de cette faculté que la chanson des *Aventuriers de la mer* ! Les rimes se renvoient, comme des raquettes un volant, les noms bizarres de ces forbans, écume de la mer, échappés de chiourme venant de tous les pays, et il suffit d'un nom pour dessiner de pied en cap un de ces coquins pittoresques campés comme des esquisses de Salvator Rosa ou des eaux-fortes de Callot.

Quel étonnant poème que le morceau destiné à caractériser la Renaissance et intitulé *le Satyre* ! C'est une immense symphonie panthéiste, où toutes les cordes de la lyre résonnent sous une main souveraine. Peu à peu le pauvre Sylvain bestial, qu'Hercule a emporté dans le ciel par l'oreille et qu'on a forcé de chanter, se transfigure à travers les rayonnements de l'inspiration et prend des proportions si colossales, qu'il épouvante les Olympiens ; car ce satyre difforme, dieu à demi dégagé de la matière, n'est autre que Pan, le grand tout, dont les aïeux ne sont que des personnifications partielles et qui les résorbera dans son vaste sein.

Et ce tableau qui semble peint avec la palette de Vélasquez, *la Rose de l'infante* ! Quel profond sentiment de la vie de cour et de l'étiquette espagnoles ! comme on la voit cette petite princesse avec sa gravité d'enfant, sachant déjà qu'elle sera reine, roide dans sa jupe d'argent passementée de jais, regardant le vent qui enlève feuille à feuille les pétales de sa rose et les disperse sur le miroir sombre d'une pièce d'eau, tandis que le front contre une vitre, à une fenêtre du palais, rêve le fantôme pâle de Philippe II, songeant à son Armada lointaine, peut-être en proie à la tempête et détruite par ce vent qui effeuille une rose.

Le volume se termine, comme une bible, par une sorte d'apocalypse. *Pleine mer, Plein ciel, la Trompette du jugement dernier,* sont en dehors du temps. L'avenir y est entrevu au fond d'une de ces perspectives flamboyantes que le génie des poètes sait ouvrir dans l'inconnu, espèce de tunnel plein de ténèbres à son commencement et laissant apercevoir à son extrémité une scintillante étoile de lumière. La trompette du jugement dernier, attendant la consommation des choses et couvant dans son monstrueux cratère d'airain le cri formidable qui doit réveiller les morts de toutes les Josaphats, est une des plus prodigieuses inventions de l'esprit humain. On dirait que cela a été écrit à Patmos, avec un aigle pour pupitre et dans le vertige d'une hallucination prophétique. Jamais l'inexprimable et ce qui n'avait jamais été pensé n'ont été réduits aux formules du langage articulé, comme dit Homère, d'une façon plus hautaine et plus superbe. Il semble que le poète, dans cette région où il n'y a plus ni contour ni couleur, ni ombre ni lumière, ni temps ni limite, ait entendu et noté le chuchotement mystérieux de l'infini.

Les Chansons des rues et des bois, comme le titre l'indique, marquent dans la carrière du poète une espèce de temps de repos et comme les vacances du génie. Il conduit au pré vert de l'idylle, pour y brouter l'herbe fraîche et les fleurs, ce cheval farouche près duquel le Pégase classique n'est qu'un bidet de paisible allure, et que seuls peuvent monter les Alexandre de la poésie. Mais ce coursier formidable, à la crinière échevelée, aux nasaux pleins de flamme, dont les sabots font jaillir des étoiles pour étincelles et qui saute d'une cime à l'autre de l'idéal à travers les ouragans et les tonnerres, se résigne difficilement à cette halte, et l'on sent que, s'il n'était entravé, il regagnerait en deux coups d'aile les sommets vertigineux et les abîmes insondables. Pendant que sa terrible monture est au vert, le poète s'égaye en toutes sortes de fantaisies charmantes. Il remonte le cours du temps, il redevient jeune. Ce n'est plus le maître souverain que les générations admirent, mais un simple bachelier qui, ennuyé de sa chambrette encombrée de bouquins poudreux, court les rues elles bois, poursuivant les grisettes et les papillons. Il ne fait le difficile ni pour le site, ni pour la nymphe. Pour lui Meudon est Tivoli, et Javotte Amaryllis. Les lavandières remplacent très bien Léda dans les roseaux, et les oies prennent des blancheurs de cygne. Le petit vin d'Argenteuil a des saveurs de nectar dans le verre à côtes du cabaret. L'imagination du poète transforme tout et sait mettre sur le ventre d'une cruche vulgaire la paillette lumineuse de l'idéal.

Dans ce volume, Victor Hugo a renoncé à l'alexandrin et à ses pompes et n'emploie que les vers de sept ou de huit pieds séparés en petites stances, mais quel merveilleux doigté ! Jamais le clavier poétique n'a été parcouru par une main plus légère et plus puissante. Les tours de force rythmiques se succèdent accomplis avec une grâce et une aisance incomparables. Liszt, Thalberg, Dreyschok ne sont rien à côté de cela. À la fin du volume, le poète enfourche sa monture impatiente, lui donne de l'éperon et s'enfonce dans l'infini.

Du fond de la tombe, Alfred de Vigny nous tend de sa main d'ombre le volume des Destinées, sa plus belle œuvre peut-être, où se trouve un chef-d'œuvre de tristesse hautaine et de robuste mélancolie : le poème de Samson. L'Hercule juif sait qu'il est trahi par Dalilah, et, volontairement, par dégoût des petites ruses de la courtisane, il se laisse prendra au piège grossier qu'il pourrait rompre d'un mouvement. Mais à quoi bon ? L'amour de l'homme ne provoque-t-il pas toujours la trahison chez la femme,

La femme, enfant malade et douze fois impur ?

Autant en finir tout de suite. Jamais vers plus magnifiques n'ont exprimé la satiété de l'héroïsme et le blasement de la force.

Des réimpressions de l'œuvre poétique de Sainte-Beuve ont fait connaître de nouvelles pièces du savant critique, d'un charme exquis et d'une délicatesse rare ; Dans les *Sylves*, Auguste Barbier, l'auteur des *Iambes*, semble un poète plein de grâce et de fraîcheur qui débute ignorant de sa gloire, et chante l'amour et la nature comme s'il n'avait que vingt ans ; Alfred de Musset ajoute à son œuvre quelques pièces inédites où palpite son cœur toujours ému sous une allure cavalière.

Un poète qui dès sa jeunesse avait pris un rôle élevé, un rôle de précurseur, et qui a su introduire du naturel et de la fraîcheur dans une poésie qui jusque-là semblait trop craindre ces mêmes qualités, l'auteur du *Cid d'Andalousie* et du *Poème de la Grèce*, M. Lebrun, en publiant en 1858 une édition complète de ses œuvres, nous a montré, par quelques pièces de vers charmantes, que dès l'époque du premier Empire il y avait bien des élans et des essors vers ces heureuses oasis de poésie qu'on a découvertes depuis et qu'il a été des premiers à pressentir, comme les navigateurs devinent les terres prochaines au souffle odorant des brises.

Quelle conclusion tirer de ce long travail sur la poésie ? Nous sommes embarrassé de le dire. Parmi tous ces poètes dont nous avons analysé les œuvres, lequel inscrira son nom dans la phrase glorieuse et consacrée : Lamartine, Victor Hugo, Alfred de Musset ? Le temps seul peut répondre.